RESEARCH
ON DIGITAL CREATIVE INDUSTRY

数字创意
产业研究

臧志彭 ◎ 著

知识产权出版社
全国百佳图书出版单位

图书在版编目（CIP）数据

数字创意产业研究 / 臧志彭著 . —北京：知识产权出版社，2019.6
ISBN 978–7–5130–6351–7

Ⅰ. ①数… Ⅱ. ①臧… Ⅲ. ①数字技术—应用—文化产业—产业发展—研究—中国 Ⅳ. ①G124–39

中国版本图书馆 CIP 数据核字（2019）第 131289 号

责任编辑：雷春丽　　　　　　　　责任校对：王　岩
封面设计：韩建文　　　　　　　　责任印制：孙婷婷

数字创意产业研究

臧志彭　著

出版发行：知识产权出版社 有限责任公司	网　　址：http：//www.ipph.cn
社　　址：北京市海淀区气象路 50 号院	邮　　编：100081
责编电话：010–82000860 转 8004	责编邮箱：leichunli@cnipr.com
发行电话：010–82000860 转 8101/8102	发行传真：010–82000893/82005070/82000270
印　　刷：北京九州迅驰传媒文化有限公司	经　　销：各大网上书店、新华书店及相关专业书店
开　　本：720mm×1000mm　1/16	印　　张：16.25
版　　次：2019 年 6 月第 1 版	印　　次：2019 年 6 月第 1 次印刷
字　　数：230 千字	定　　价：68.00 元
ISBN 978–7–5130–6351–7	

出版权专有　侵权必究
如有印装质量问题，本社负责调换。

前 言
数字创意产业：融合的起源、失衡的现实与不确定的未来

20世纪四五十年代爆发第三次工业革命以来，科学、技术与文化的融合互动提升到人类历史上前所未有的高度，数字创意产业是其中最为集中的体现。数字创意产业的发展史，是一部科学、技术与文化融合发展的演进史。

源起与发展：文化与科学、技术的互动融合

数字创意产业诞生的技术源头可以追溯到1946—1958年第一代电子管数字计算机的发明以及1969年阿帕网（Advanced Research Projects Agency Network，ARPANET）的开创性组建。这些技术发明以数学、计算科学、信息科学、工程学、密码学、语言学、逻辑学和图形学等一系列科学发展为基础。例如，1848年二进制代数学的创立，为现代二进制计算机技术发明提供了理论支撑。20世纪60年代末期，美国发明了可供千人同时在线的PLATO远程教育系统，并在此基础上开发了第一款远程连线网络游戏"SPACEWAR"，可以看作数字创意产业的开端。

20世纪70年代，科学、技术与文化的互动融合进入产业化阶段。1971年微处理器技术发明，催生了人类历史上第一部个人电脑和第一部手机，文化内容创意有了广阔而坚实的载体和平台。1972年，街机游戏

"Pong"开始出现于美国大街小巷的酒吧、游乐场等休闲娱乐场所。1978年，街机游戏"太空入侵者"在日本一经发布便异常火爆，甚至引起日元硬币的短缺。20世纪80年代，随着桌面式计算机操作系统的出现，各类电子出版物、数字音乐、数字电影、数字电视等创新文化载体开始活跃。进入20世纪90年代，随着互联网技术、数字技术、移动技术的应用普及，网络新闻、网络出版、网络影视、网络游戏等一系列数字创意内容业态如雨后春笋般呈现在大众面前。21世纪以来，现代信息科技、大众传播科技，特别是2010年以来的移动互联网、大数据等新兴科技的产业化、商业化应用性创新，促使数字创意产业爆发式发展，成为世界各国人们日常生活娱乐和学习工作离不开的基础产业。

协同的美好：超越地球的"数字新世界"

尼葛洛庞帝（Negroponte）在其1996年出版的名著——《数字化生存》中带有预测性地指出，数字科技是一种具有强大吸引力的自然动力，这种自然动力将把人类吸引到更加和谐的新世界。在科学、技术的协同加持下，人类的文化生活和生存方式已经大大超越了物质地球赋予我们的"有限"物理空间，进入一个可以无限扩展、充满无限可能的数字化新世界。

在这个新世界里，原本牢牢掌控在精英和统治者手中的话语权被数字世界的自由和平等所分解，草根阶层有了表达自我的多元媒体和个性空间；而原本只有少数人掌握的信息和知识被迅捷且无孔不入的数字化网络加速扩散和分享，整个人类社会的文明进程被大大加速；不受地理限制的比特可以在瞬间穿越国境线触达异国人群，国与国之间的文化交流不再需要翻山越岭、跨海渡河，互相难以理解的文明冲突正在因为开放、互联的数字科技得以更加包容、彼此认同。

与此同时，科学、技术与文化协同基础上的数字创意产业正在广泛与农业、工业、服务业等各行各业深度融合，将数字技术、文化创意注入传统的生产力与生产关系网络，不断缔造新的产品、新的业态、新的社会。人类的生产、生活、生存方式从来没有像今天这样缤彩纷呈、绚丽多姿。

失衡的裂痕：科技对文化的"驾驭"企图

18世纪，法国思想家卢梭（Rousseau）指出，科学技术在让人们生活更舒适、更奢侈的同时，也导致了伦理道德的退化。工业革命带来了科技的发展，同时也带来了科技与文化的分裂，工具理性越来越凌驾于价值理性之上。1952年，英国经济学家哈耶克（Hayek）在《科学的反革命——理性滥用之研究》一书中对科技的狂妄予以批判。而在1818年，英国小说家雪莱（Shelley）在其创造的科幻文学开山之作《弗兰肯斯坦》中早已警示，缺乏文化理性约束的科技将变成"恐怖的怪兽"给人类带来灾难。然而令人遗憾的是，前人的警示无法阻止科技的自我膨胀。崛起于第三次工业革命的数字创意产业，经过半个世纪的"一路狂奔"，已日渐背离科学、技术与文化的协同发展逻辑，虚妄的科技之辉正试图驾驭人文理性之光。尼葛洛庞帝（Negroponte）所预言之更加和谐的世界至今还未能实现。

《2018 DIGITAL REPORT》数据显示，全球已有超过40亿网民，全球网民平均上网时长已高达6小时/天。[1] 换言之，除去睡觉时间外，人类有1/3的时间花费在网络空间。根据对美国人1900年以来空闲时间分配的研究发现，110年前美国人有2/3的空闲时间花费在人与人的面对面聊天上；而2010年，美国人每天空闲时间的52.8%花费在电脑、手机、平板等新型科技媒体上，34.1%花费在电视机上。由此可见，数字创意产业几乎占据了大众85%以上的空闲时间。美国哲学家马尔库塞（Marcuse）曾指出，广播、电影、电视等媒介技术进步促使发达工业社会对人的控制变得"无孔不入"，人们的闲暇时间被越来越多地侵占，进而形成了"单

---

[1] http：//wearesocial. com/all/blog/2018/02/2018 - digital - report - australia ［R/OL］. ［2018 - 10 -28］.

向度的极权主义社会"。结合上述数据可以发现，马尔库塞（Marcuse）的断言正在逐渐变为现实。

数字创意产业在为我们创造精彩生活的同时，超越文化理性的科技"弗兰肯斯坦"正在借助数字创意产业的力量将人类一步步引向"深渊"。越来越多的人脱离现实社会进入虚拟世界，数字科技助推起来的"娱乐至上"消费社会价值观让更多的人类"心甘情愿"地抛弃理性和秩序，逐渐被肤浅和碎片化内容所"奴役"，成为娱乐的附庸。

建构于互联网络的数字创意产业具有天然的全球一体化基础，科技强国的数字创意产品借助万维网已经抢占全球市场。美国国际贸易委员会（United States International Trade Commission，USITC，2017年）报告显示，全球65%的数字音乐市场份额已经被美国Apple Music和瑞典的Spotify占领，而亚马逊则牢牢占据全球电子出版物市场；Facebook的月活跃用户已达21.7亿，超过全球1/4的人口体量，覆盖世界128个国家；Google占据全球搜索份额的90%以上；Android和iOS系统已经占领全球移动操作系统99.9%的市场份额。强国价值观已通过数字创意产业全球价值链触达世界的每个角落。

不确定的未来：系统协同构筑人类命运共同体

未来学家阿尔文·托夫勒（Alvin Toffler）在20世纪七八十年代就曾明确提出，高科技社会的文化也必须高度发达，这样才能保持整体的平衡。科学家李政道也曾指出，科技和艺术是一枚硬币的两面。哲学家海德格尔（Heidegger）更是鲜明地指出，如果没有了人文关怀，科技发展将成为"最高意义上的危险"。

数字创意产业的可持续发展，从根本上讲，需要科学、技术与文化三大系统的融合协同。21世纪以前，数字创意产业所依托的科学、技术与文化三大系统中，科学和技术处于相对短板。21世纪以来的第一个十年，科学和技术对于数字创意产业的掌控力逐渐超越了文化的力量。近年以来，以大数据、云计算、3D打印、VR/AR、物联网、区块链、人工智能、量子信息等为代表的新一代科技革命浪潮风起云涌，正不断将数字创意产业推升至全新的高度，文化系统的弱势已经成为数字创意产业可持续发展的关键掣肘。

2016年，AlphaGo战胜李世石标志着人类进入人工智能时代的大幕逐渐开启，数字创意产业的人工智能时代也将来临。2017年1月，全球著名人工智能企业领导人和人工智能专家共计两千多人共同判定了旨在规约人工智能伦理和价值观的"阿西洛马人工智能原则"（Asilomar AI Principles）；与此同时，联合国发表《机器人伦理初步报告草案》强调机器人需要尊重人类社会伦理规范；2018年3月，欧盟政治战略中心发布了全球第一份格外强调文化价值观基础的人工智能战略规划——《人工智能时代：确立以人为本的欧盟人工智能战略》，国际社会已普遍开始关注人工智能的伦理与价值观导向问题。然而，包括史蒂芬·霍金（Stephen Hawking）在内的很多科学家和未来学家都曾指出，要想将人工智能完全纳入一个遵循科学伦理的、可预测的算法体系非常困难，甚至可能难以实现。

数字科技将世界各国空前紧密地连在一起，在这个共同的星球上，人类的命运早已相互依存、融为一体。面对充满不确定性的未来，唯有弥合不同文明间的文化冲突，构筑人类命运共同体，促进科学、技术与文化三维系统的生态协同，数字创意产业才能真正持续地为人类创造美好的生活。

特别说明

最后需要特别说明的是，本书之所以能够顺利完成，得益于社会各界朋友们的支持、鼓励和帮助，在此一并致谢。同时，还要特别感谢知识产权出版社责任编辑雷春丽老师，正是她的专业眼光和敬业精神让本书得以顺利且高质量地出版，感谢知识产权出版社为本书编辑出版付出辛勤劳动的各位老师们！

关于本书出现的一切问题与缺陷，作者敬请各界专家学者指导、批评、指正！本书的相关成果和后续研究发现将陆续在微信公益平台"文化上市公司"（ID：CulturalCompanies）发布，敬请关注。

谨以此书，献给广大文化与数字创意产业研究学者、从事文化与数字创意产业的公共管理者和实践者以及关心全球文化与数字创意产业发展的各界人士。

臧志彭
2019 年 3 月　上海

目 录
CONTENTS

第一章　数字创意产业内涵机理：技术、内容与制度的协同创新　1

　　一、数字创意产业国内外研究回顾　3
　　二、数字创意产业内涵与创新驱动机理　7
　　三、数字创意产业创新驱动的历史脉络　13
　　四、数字创意产业战略地位的政策变迁　17

第二章　数字创意产业价值链：内涵辨析与理论阐释　23

　　一、文化创意产业价值链解析与模型构建　25
　　二、数字创意产业价值链内涵与四大效应　27
　　三、数字创意产业价值链与制造业价值链辨析　32

第三章　数字创意产业全球价值链：概念模型与重构战略　35

　　一、数字创意产业全球价值链的概念模型与演化机理　37
　　二、中国重构数字创意产业全球价值链的必要性与
　　　　现实基础　42
　　三、数字创意产业全球价值链重构战略模型与关键路径　50
　　四、中国数字创意产业全球价值链重构的六大战略举措　62

第四章　数字创意产业创新基础：文化产业科技创新评价　71

　　一、科技创新能力评价指标体系构建　75

　　二、科技创新能力评价实证分析　78

　　三、实证结果分析　83

　　四、结论与讨论　91

第五章　数字创意产业生态发展：以网络文化产业为例　95

　　一、构建网络生态理论模型　97

　　二、网络生态要素识别与优化路径　102

　　三、中国网络文化产业发展指数　112

第六章　数字创意产业湾区集群：粤港澳大湾区与世界一流湾区比较　127

　　一、湾区城市群与数字文化创意产业的融合共生机理　129

　　二、世界四大湾区传媒产业集聚度比较　131

　　三、世界四大湾区互联网产业集聚度比较　137

　　四、世界四大湾区影视娱乐产业集聚度比较　144

第七章　数字创意产业主流价值：基于人工智能的文化传播　151

　　一、人工智能时代数字创意产业主流价值传播的内在机理　154

　　二、数字文化内容生产与主流价值智能嵌入　156

　　三、主流价值文化内容的智能运营与智能分发　159

　　四、文化产品消费与主流价值智能引导　161

　　五、构建数字创意产业主流价值国际化智能传播体系　162

第八章　数字创意产业行政变革：协同治理与政府绩效管理体系　165

一、数字创意产业多头管理体制与协同治理变革　167

二、数字创意产业行政机关亟须构建科学的绩效管理体系　168

主要参考文献　183

附　录　206

一、数字创意产业列入《"十三五"国家战略性
新兴产业发展规划》　206

二、国家《战略性新兴产业分类》中的
"数字创意产业"　211

三、全球文化创意产业上市公司"龙文化指数"100 强　224

四、全球数字创意相关细分行业上市公司数量
前十强：2008—2017 年　240

第一章

数字创意产业内涵机理：
技术、内容与制度的协同创新

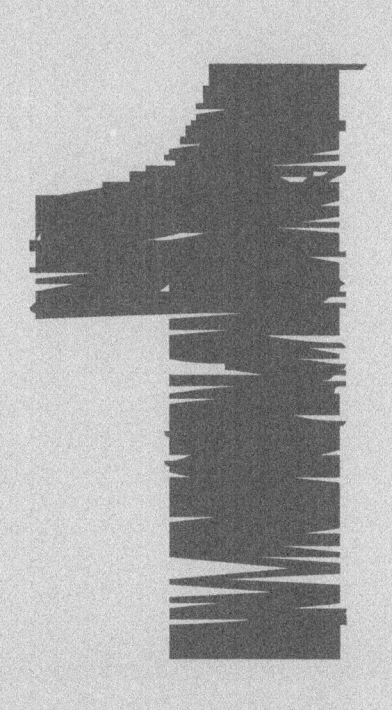

2016年11月29日，国务院印发《"十三五"国家战略性新兴产业发展规划》，该规划提出"到2020年，形成文化引领、技术先进、链条完整的数字创意产业发展格局，相关行业产值规模达到8万亿元"，标志着数字创意产业正式成为国家战略性新兴产业。

一、数字创意产业国内外研究回顾[①]

国外对数字创意产业的研究，起源于创意产业数字化变革带来的发展机遇和挑战。20世纪六七十年代麦克卢汉（McLuhan）与雷蒙德·威廉斯（Raymond Williams）就曾对媒介与技术之间的关系进行了深入的讨论（周荣庭、宋怡然等，2017）。[②] Blythe（2001）指出数字化再生产时代创意产业成为英国经济振兴的重要工具。[③] Shin（2002）则指出数字化带来的法律问题，重点研究了数字内容产业相关的版权立法问题。[④] Molly（2002）以游戏中资产的销售为例分析了知识产权法在保护数字内容创作者方面存在漏洞。[⑤] Koiso - Kanttila（2004）对数字内容的营销研究进行了系统梳理。[⑥] Edward和Sanjeev等（2008）研究构建了全球电影产业数字媒体资产生态系统框架。[⑦] Mangematin和Sapsed等（2014）研究指出数字技术是创意产业解构与重构的驱动力，数字创意产业生产创意信息技

[①] 臧志彭.数字创意产业全球价值链重构：战略地位与中国路径[J].科学学研究，2018，36（5）：825 - 830.
[②] 周荣庭，宋怡然，田红林.2017年度数字创意产业研究述评[N].中国社会科学报，2018 - 01 - 03.
[③] Blythe, M. The work of art in the age of digital reproduction: The significance of the creative industries [J]. Journal of Art & Design Education, 2001, 20 (2): 144 - 150.
[④] Shin, J. The Legal Protection of Digital Contents under the On - line Digital Contents Industry Development Law [J]. Journal of Industrial Property, 2002 (11): 257 - 286.
[⑤] Molly, S. Sales of In - Game Assets: An Illustration of the Continuing Failure of Intellectual Property Law to Protect Digital - Content Creators [J]. Texas Law Review, 2002, 80 (6): 151 - 153.
[⑥] Koiso - Kanttila, N. Digital Content Marketing: A Literature Synthesis [J]. Journal of Marketing Management, 2004, 20 (1): 45 - 65.
[⑦] Edward, A., Sanjeev, G., Sahu, S. A Digital Media Asset Ecosystem for the Global Film Industry [J]. Journal of Digital Asset Management, 2008, 2 (1) 6 - 16.

术产品，为人们在日常生活中遇到各种困难时提供解决方案。[1] Benghozi 和 Salvador（2016）深入研究分析了数字出版业的研发投入的方向和方法问题。[2] Saragih 和 Rahayu 等（2017）认为数字创意产业是一种在产品和服务中融合创意与数字元素的产业，该研究采用问卷调查法和结构方程模型探讨了印尼数字创意产业在面对外部环境变化时，动态能力对企业绩效的中介效应。[3] 也有学者关注到了数字创意产业的人力资源培育与开发问题（Leung & Bentley, 2017[4]；Nam - Hee, 2017[5]）。韩国学术界高度重视数字创意产业的发展研究。Choi（2002）强调了韩国数字内容产业发展政策的重要作用，提出了网络游戏、网络电影等产业的内容生产、海外营销、金融支持及人力资源等多方面措施。[6] Shin（2005）研究了在线数字内容产业促进案的修订。[7] Kim（2004）对美国电影业与数字电影制片厂的扩张经验进行了深度解析。[8] 还有一些学者聚焦研究韩国数字创意产业

---

[1] Mangematin, V., Sapsed, J., Schüßler, E. Disassembly and reassembly: An introduction to the Special Issue on digital technology and creative industries [J]. Technological Forecasting and Social Change, 2014, 83: 1-9.

[2] Benghozi, P. J., Salvador, E. How and where the R&D takes place in creative industries? Digital investment strategies of the book publishing sector [J]. Technology Analysis & Strategic Management, 2016, 28 (5): 568-582.

[3] Saragih, R., Rahayu, A., Wibowo, L. A. External environment impact on business performance in digital creative industry: Dynamic capability as mediating variable [J]. International Journal of Advanced and Applied Sciences, 2017, 4 (9): 61-69.

[4] Leung, L., Bentley, N. Producing Leisured Laborers: Developing Higher Education Courses for the Digital Creative Industries [J]. Journal of Arts Management Law and Society, 2017, 47 (2): 148-160.

[5] Nam - Hee. The Age of Cultural Industry and The Establishment of 'Digital Humanities' - Digital Area Studies and Creative Human Resources [J]. Won - Buddhist Thought & Religious Culture, 2017, 74, 227-251.

[6] Choi, Moonkyung. Policies for Developing Digital Contents Industry [J]. Productivity Review, 2002, 16 (1): 85-105.

[7] Shin, J. A Study on the Amendment of Online Digital Contents Industry Promotion Act [J]. Journal of Industrial Property, 2005 (18): 343-368.

[8] Kim, H. Y. The American Film Industry and the Expansion of Digital Studio - Focusing on Creative Strategy of Industrial Light and Magic [J]. Bulletin of Korean Society of Basic Design & Art, 2004, 5 (3): 227-236.

优化发展与国际竞争力提升问题（Han，2004[①]；Noh&Bang，2012[②]；Lee，2012[③]）。

国内关于数字创意产业的研究虽然可以追溯至 2000 年，但是在长达近 20 年的时间里研究比较分散、产业总体层面文献数量比较匮乏。作为一个新兴的产业门类，数字创意产业作为一个正式的产业名称确立于 2016 年，而在这之前学术界的研究比较分散，研究对象关键词非常零散。本书梳理了与数字创意产业相关的产业总体层面的主要研究文献类型数量及起始年度，如表 1-1 所示。从该表的统计数据可以看出，关于数字创意产业的研究实际上起源于 20 世纪 90 年代末期的"网络产业"和"互联网产业"研究，然后进一步聚焦到"数字内容产业"和"网络文化产业"这两个与数字创意产业更为接近的主题，从 2007 年开始，聚焦于"数字创意产业"的专题学术研究起步。从期刊文献数量来看，直接以"数字创意产业"为标题的学术期刊论文在长达 11 年间仅有 26 篇。由此可见，国内关于数字创意产业的整体产业层面的研究还比较匮乏。

表 1-1　中国数字创意产业及其相关研究文献数量及起始年度（产业总体层面梳理）

（单位：篇）

研究对象（关键词）	文献总量	期刊文献	国内外会议文献	硕博论文	最早的期刊文献年份
数字创意产业	79	26	1	0	2007 年
数字内容产业	250	146	6	13	2003 年
网络文化产业	196	120	2	10	2003 年
数字文化产业	68	29	6	0	2010 年

[①] Han, B. A Study on the Facilitating of Global Competitiveness in the Digital Contents Industry for Korea [J]. The Journal of Korea Research Society for Customs, 2004, 5 (2): 177-204.

[②] Noh, S., Bang, K. C. A Study on Creative Industry Development Vision based on Digital Contents [J]. Journal of Digital Convergence, 2012, 10 (2): 47-53.

[③] Lee J., Gereffi, G. Global value chains, rising power firms and economic and social upgrading [J]. Critical Perspectives on International Business, 2015, (7): 319-341.

续表

研究对象（关键词）	文献总量	期刊文献	国内外会议文献	硕博论文	最早的期刊文献年份
网络创意产业	5	2	0	0	2011 年
数字产业	77	22	0	0	2000 年
网络产业	302	171	3	23	1997 年
互联网产业	1253	448	9	45	1999 年

注：（1）数据来源于中国知网检索。检索方式：标题关键词；检索时间：2018 年 2 月 8 日。（2）这里仅统计产业总体层面的研究文献，不包含数字创意产业各个细分行业。

在国内现有学术文献中，学者们主要探讨了数字创意产业的概念界定、制约因素、生态环境与发展对策等方面。数字创意产业是创意内容与数字技术融合发展的新兴业态，设计服务、文化创意（内容）、动漫网游、数字出版、移动传媒、社交媒体等都是其典型代表（汤永川等，2017①）。少量国外学者关注到中国数字创意产业发展，Montgomery（2010）研究了数字时代中国创意产业的版权、社会网络市场与文化商业。② 国内学者在数字内容产业方面的研究更为系统、深入。"数字内容产业"这一概念是 1995 年西方七国集团在"七国信息技术部长级会议"上提出的，1996 年欧盟制定了《Info2000 计划》，进一步明确了数字内容产业包含移动内容、互联网服务、游戏、动画、影音、数字出版和数字化教育培训等多个领域（杨海平，2010③）。刘卓军、周城雄（2007）从宏观和微观层面分析了数字内容产业的五种创新模式，提出了中国数字内容产业加快创新发展的建议。④ 王斌、蔡宏波（2010）全面比较、总结了国内外有关数字内容产品和服务的概念内涵，明确界定数字内容产业的对象

---

① 汤永川，刘曦卉，王振中，盘剑，王健，周明全，唐智川. 数字创意产业向其他产业无边界渗透 [J]. 中国战略新兴产业，2017（9）：70-74.
② Montgomery, L. China's Creative Industries: Copyright, Social Network Markets and the Business of Culture in a Digital Age [M]. Edward Elgar Publishing Ltd., 2010: 1-15.
③ 杨海平. 数字内容产业运作机理与商业模式研究 [J]. 图书情报工作，2010，54（23）：5.
④ 刘卓军，周城雄. 中国数字内容产业的创新模式分析 [J]. 中国软科学，2007（6）：111-114.

和范围。① 刘果、王梦洁（2017）认为数字内容产业应该强化技术与资本驱动力量、实现产业集群各主体协调同步发展，并充分激活知识链的增值效应。② 李鹏（2017）构建了包含政府、运营商、提供商和消费者等四个利益主体的自我规制体系。③ 此外，有的学者依据迈克尔·波特（Michael Porter）的产业分析理论模型提出数字创意产业受到生产要素、需求条件、产业集群、企业战略与竞争、政府管理等因素制约（王红梅等，2010④）；由电信业（telephone）、因特网（internet）、传媒业（media）、娱乐业（entertainment）相互融合而形成的"TIME"生态正在形成（彭伟步，2011⑤），揭示出数字创意产业跨界发展的一大特色。2016年9月，由文化部和江苏省人民政府主办的"2016中国数字创意产业峰会"发布了《2016中国数字创意产业发展报告》，该报告指出2015年底中国数字创意产业有36 948家企业、将近384万从业人员，2015年行业产值为5939亿元，占GDP比重仅为0.7%，与英国8%相比尚有十多倍的提升空间（程丽仙，2016⑥）。

二、数字创意产业内涵与创新驱动机理

关于数字创意产业的内涵，《"十三五"国家战略性新兴产业发展规划》起草组专家认为数字创意产业是"以创意内容为核心，依托数字技术进行创作、生产、传播和服务，引领新供给、新消费，高速成长的新型文化业态"，主要通过互联网、手机和移动智能终端等与ICT密切相关的

---

① 王斌，蔡宏波. 数字内容产业的内涵、界定及其国际比较 [J]. 财贸经济，2010（2）：110-116.
② 刘果，王梦洁. 数字内容产业发展：基于经济、产业、用户的视角 [J]. 求索，2017（7）：91-95.
③ 李鹏. 数字内容产业的自我规制研究 [J]. 软科学，2017，31（2）：33-37.
④ 王红梅，杨燕英，王红. 数字创意产业生态环境研究：模型构建及应用 [J]. 现代传播（中国传媒大学学报），2010（7）：143-144.
⑤ 彭伟步. 文化产业发展要紧抓新兴业态 [J]. 新闻爱好者，2011（12）：38-39.
⑥ 程丽仙. 数字创意成经济增长新动力 [N]. 中国文化报，2016-09-30.

新兴媒体进行传播，呈现生产数字化、传播网络化、消费信息化的特点"（陈洪、张静等，2017①）。

本书认为，数字创意产业是"数字"+"创意"+"产业"的有机组合。

"数字"代表技术，位于最前端，发挥先锋引领作用，是数字创意产业形成的引领动力。实际上，数字创意产业是一个建构于"互联网+"基础上的全球互联互通的新兴产业类型，天然地具备连通世界、全球一体化的属性，并且恰恰是这一属性决定了数字创意产业从诞生那一刻起就具备了形成全球价值链的基础和内在动力。

"创意"代表内容，处于中心位置，发挥核心作用，内容创新是数字创意产业"安身立命"的根本，是数字创意产业形成的核心驱动力，决定了数字创意产业价值链的形成、延展与增值能力。

"产业"是载体，承载了数字创意不断孵化发展壮大的生长过程。产业发展，起决定性作用的是市场规律，然而，市场也有"失灵"的时候，需要政府的制度创新。政府制度创新有两方面的作用：一是为数字创意提供产业化发展的基本条件和基础环境，做好公共服务；二是培育和规范市场，让市场这只"看不见的手"在数字创意产业化发展过程中更好发挥资源优化配置的作用，为数字创意产业研发、生产、运营各个价值链环节提供基础动力。

综上所述，数字创意产业是技术创新、内容创新与制度创新三维协同驱动的新型业态。学术界已经认识到技术创新、内容创新与制度创新对数字创意产业发展的重要性。文化产业的创意过程正被数字技术不断重塑，文化产业业态裂变与融合进一步加剧，也诱发新的游戏规则（李凤亮、宗祖盼，2015②）；特别是"互联网+"时代的到来，意味着互联网、云

---

① 陈洪，张静，孙慧轩. 数字创意产业：实现从无到有的突破［J］. 中国战略新兴产业，2017（1）：45-47.
② 李凤亮，宗祖盼. 科技背景下文化产业业态裂变与跨界融合［J］. 学术研究，2015（1）：137-141，160.

计算、大数据等不再单是技术的代名词，也不单指互联网思维的介入，而是像水电煤等基础设施一样开始全方位融合与嵌入各个行业的创新发展过程中（解学芳、臧志彭，2016①）。互联网技术不但创新了平台式模式，通过分权与能力衍生将所有受众统一到平台上，将文化创意内容资源反复在开放的网络空间里进行多元有序组合与延伸使用，积极融入创客/网民大众创新要素（Parmentier & Mangematin，2014②），还实现了互联网技术与可便携/移动终端设备的结合，为用户带来了全新的数字创意文化体验方式与数字化展示的载体（Martins，2015③；Thomas，2016④），其实质是将技术创新与内容创新贯穿于文化生产与运作环节。金元浦（2016）从文化创意产业的发展和趋势研究视角出发，认为"互联网+"和"双创"理念相对应的是"文化+"，两者相互融合，形成了"文化+科技"或"科技+文化"的运行模式，激发了全民族的创造性力量。⑤当内容入口与场景入口被成功打通以后，IP（intellectual property）显得尤为重要，利用大数据的精准性与技术实现传统纸媒和新兴网媒的内容差异性开发（Cacciatore，2012⑥），推动着移动互联网主导的网络视听内容的完美融合。还有学者提出打造核心创新力、提高科技创新能力、加快知识产权立法与提升保护中国文化元素水平等思路（Escalonaorcao et al.，2016⑦；罗

---

① 解学芳，臧志彭．"互联网+"背景下的网络文化产业生态治理［J］．科研管理，2016，37（2）：80-89．
② Parmentier, G., Mangematin, V. Orchestrating innovation with user communities in the creative industries [J]. Technological Forecasting and Social Change, 2014, 83 (3): 40-53.
③ Martins, J. The extended workplace in a creative cluster: Exploring space (s) of digital work in Silicon Roundabout [J]. Journal of Urban Design, 2015, 20 (1): 125-145.
④ Thomas, W. How to glean culture from an evolving Internet Richard Rogers, digital methods [J]. Technology and Culture. 2016, 57 (1): 238-241.
⑤ 金元浦．我国当前文化创意产业发展的新形态、新趋势与新问题［J］．中国人民大学学报，2016，30（4）：2-10．
⑥ Cacciatore, M. A. Coverage of emerging technologies: A comparison between print and online media [J]. New Media & Society, 2012, 14 (6): 1039-1059.
⑦ Escalonaorcao, A. I, Escolanoutrilla, S., Sáezpérez, L. A, Sánchezvalverde, G. B. The location of creative clusters in non-metropolitan areas: a methodological proposition [J]. Journal of Rural Studies, 2016, 45: 112-122.

立彬，2017[①]）。制度创新是数字创意产业发展的重要基础前提（Choi，2011[②]），政府需积极探索更加合理的制度安排与治理体系为网络文化产业全方位的跨界发展提供良好的制度生态与创新政策环境（臧志彭、解学芳，2013[③]）。周城雄、周庆山（2013）在梳理中国数字内容产业政策的演化情况基础上，指出有关部门应当加强对产业规律的把握，完善政府管理方式和政策工具体系。[④] 周格非等（2014）对中国数字内容产业的法律法规政策文本进行分析发现，中国数字内容产业政策存在现有政策工具体系搭配不协调、政策工具体系结构失衡、与产业活动不匹配等诸多问题。[⑤] 此外，一些区域性视听政策被工具化的政治性特点比较明显（Newsinger，2012[⑥]）。文化创新是对文化内容的激活，是附加值的深层内在力量，是文化产品经济价值的来源（Tanner et al.，2017[⑦]）。

鲜有关于数字创意产业内容、技术与制度三维协同创新的研究。部分研究关注到了技术与制度协同机制，集中探讨协同演化过程与螺旋演化的机制（刘英基，2015[⑧]；眭纪刚、陈芳，2016[⑨]）。有少量研究提到了数字内容产业的协同创新，熊励、周璇等（2014）基于长三角地区数字内容

---

① 罗立彬. 中国文化贸易进口与中国文化走出去：以电影产业为例［J］. 东岳论丛. 2017（5）：93 - 102.
② Choi, J. Evolution of innovation focus of online games: from technology - oriented, through market - oriented, and to design - oriented soft innovation［J］. Asian Journal Technology Innovation，2011，19（1）：101 - 116.
③ 臧志彭，解学芳. 中国网络文化产业制度创新演化研究——基于1994—2011年的实证分析［J］. 科学学研究，2013，31（4）：630 - 640.
④ 周城雄，周庆山. 我国数字内容产业政策演变及分析［J］. 学习与实践，2013（12）：115 - 123.
⑤ 周格非，周庆山. 我国数字内容产业政策的内容分析与完善策略［J］. 图书情报工作，2014，58（10）：11 - 18.
⑥ Newsinger, J. The politics of regional audio - visual policy in England: Or how we learnt to stop worrying and get creative. International Journal of Cultural Policy，2012，18（1）：111 - 125.
⑦ Tanner, C., Fishman, E. K., Horton, K. M, Sheth, S. How Technology Is Changing News and Our Culture: Lessons From Elections 2016 and Davos 2017: Tech, Media, and the Newsroom of the Future［J］. Journal of the American College of Radiology，2017，14（12）：1632 - 1634.
⑧ 刘英基. 高技术产业技术创新、制度创新与产业高端化协同发展研究——基于复合系统协同度模型的实证分析［J］. 科技进步与对策. 2015（2）：66 - 72.
⑨ 眭纪刚，陈芳. 新兴产业技术与制度的协同演化［J］. 科学学研究，2016（2）：186 - 193.

企业的问卷调查,运用结构方程模型探讨了云服务能力对数字内容产业协同创新能力的影响、数字内容产业协同创新能力与企业创新绩效的关系。[①] 熊励、季佳亮等(2016)围绕内容提供方、内容服务方、应用服务方、网络运营方、终端用户等创新主体提出了数字内容产业协同创新的基本分析框架。[②] 陈金丹、吉敏等(2016)提出了基于网状产业链的数字内容产业园区协同创新。[③] 在数字创意产业协同创新方面存在诸多问题,如技术集聚水平不高、网游企业协同创新意识缺乏、原创内容与IP资源开发不足,且知识产权运用、管理与保护方面不足,如创意成果流失、侵权现象屡禁不止,同时还存在创意人员激励不够的问题(刘筠筠、王梅,2012[④];Goode & Kartas,2012[⑤];颜维琦、曹继军,2013)。由于版权保护的关键是限制数字解密技术应用,但很大程度又会限制技术创新,使得数字创意产业发展处于两难的困境(Bock,2003;Goode & Kartas,2012[⑥])。企业组织中的包容性文化对产业创新绩效具有正向作用,应营造良好的文化生态,同时应加快科技创新(特别是赋能性技术创新)、紧跟世界最新科技发展趋势、布局文化与科技融合,形成科技转化文化创意服务圈(王春,2014;Liboriussen,2015[⑦];Shahzad,Xiu & Shahbaz,2017[⑧])。此外,应加强内容创意(开发IP)与数字技术融合、产品创新与模式创

[①] 熊励,周璇,金晓玲,顾勤琴. 基于云服务的数字内容产业协同创新与创新绩效实证研究 [J]. 科技进步与对策,2014,31 (2):58 - 65.

[②] 熊励,季佳亮,陈朋. 基于平台经济的数字内容产业协同创新动力机制研究 [J]. 科技管理研究,2016,36 (2):21 - 25.

[③] 陈金丹,吉敏,黄晓. 基于网状产业链的数字内容产业园区协同创新研究 [J]. 科技进步与对策,2016,33 (4):70 - 76.

[④] 刘筠筠,王梅. 创意产业知识产权管理机制探析 [J]. 科技与法律,2012 (2):41 - 44.

[⑤] Goode, S. , Kartas, A. Exploring software piracy as a factor of video game console adoption [J]. Behavior & Information Technology, 2012, 31 (6): 547 - 563.

[⑥] 同上。

[⑦] Liboriussen, B. (Digital) tools as professional and generational identity badges in the Chinese creative industries [J]. Convergence: The International Journal of Research into New Media Technologies, 2015, 21 (4): 423 - 436.

[⑧] Shahzad, F. , Xiu, G. Y. , Shahbaz, M. Organizational culture and innovation performance in Pakistan's software industry [J]. Technology in Society, 2017, 51 (51): 66 - 73.

新，从而以更加积极、主动、开放的姿态拥抱新时代（Comunian & Faggian，2015[①]；李凤亮、潘道远，2018[②]）。虚拟现实技术、数字化技术、新媒体技术、物联网、云计算等科学技术的进步，正催生新的文化业态、激发新的商业模式、延展文化价值链的内涵（易华，2017[③]；Tanner et al.，2017[④]）。产业链的打造还需要多元主体的良性互动与制度创新配套，利用"互联网+"时代的资源跨界与高新技术向"高创意、高科技、高效益、优生态"四位一体的现代化的内容生产体系跨越（解学芳、臧志彭，2017[⑤]）。创客空间为文化创意产业的发展提供了文化创意资源的聚合空间、创意展现平台体验空间、"文化产业+科技""文化产业+金融"的跨界融合空间以及文化创客的社会网络空间，实现了文化创意资源最大程度的集聚（李康化、马萍，2015[⑥]），为文化创意产业提供了新模式、新服务、新理念，促使新技术、新产品、新形态迅速崛起。祝智庭和雒亮（2015）在梳理英国文化创意产业发展脉络的基础上，也提出文化创意产业的发展为众创空间中创客的发展提供了沃土，打造了创客文化。[⑦]众创空间为数字创意产业内容、技术与制度的协同创新提供了一种可能的方式（Olcay & Bulu，2016[⑧]）。

[①] Comunian, R., Faggian, A., Jewell S. Digital technology and creative arts career patterns in the UK creative economy [J]. Journal of Education and Work, 2015, 28 (4): 346 – 368.

[②] 李凤亮，潘道远. 文化创意与经济增长：数字经济时代的新关系构建 [J]. 山东大学学报（哲学社会科学版），2018 (1)：77 – 83.

[③] 易华. 论经济新常态下文化科技融合推动文化创意产业发展 [J]. 学术论坛，2017 (1)：145 – 149.

[④] Tanner, C., Fishman, E. K., Horton, K. M, Sheth, S. How Technology Is Changing News and Our Culture: Lessons From Elections 2016 and Davos 2017: Tech, Media, and the Newsroom of the Future [J]. Journal of the American College of Radiology, 2017, 14 (12): 1632 – 1634.

[⑤] 解学芳，臧志彭. "互联网+"时代文化上市公司的生命周期与跨界演化机理 [J]. 社会科学研究，2017 (1)：29 – 36.

[⑥] 李康化，马萍. 众创空间：文化创客的群落生境 [J]. 中国文化产业评论，2015, 21 (1)：407 – 416.

[⑦] 祝智庭，雒亮. 从创客运动到创客教育：培植众创文化 [J]. 电化教育研究，2015, 36 (7)：5 – 13.

[⑧] Olcay, G., Bulu, M. Techno parks and technology transfer offices as drivers of an innovation economy: Lessons from Istanbul's innovation spaces [J]. Journal of Urban Technology, 2016, 23 (1): 71 – 93.

技术创新、内容创新与制度创新驱动数字创意产业发展演化的作用机理模型如图 1-1 所示。

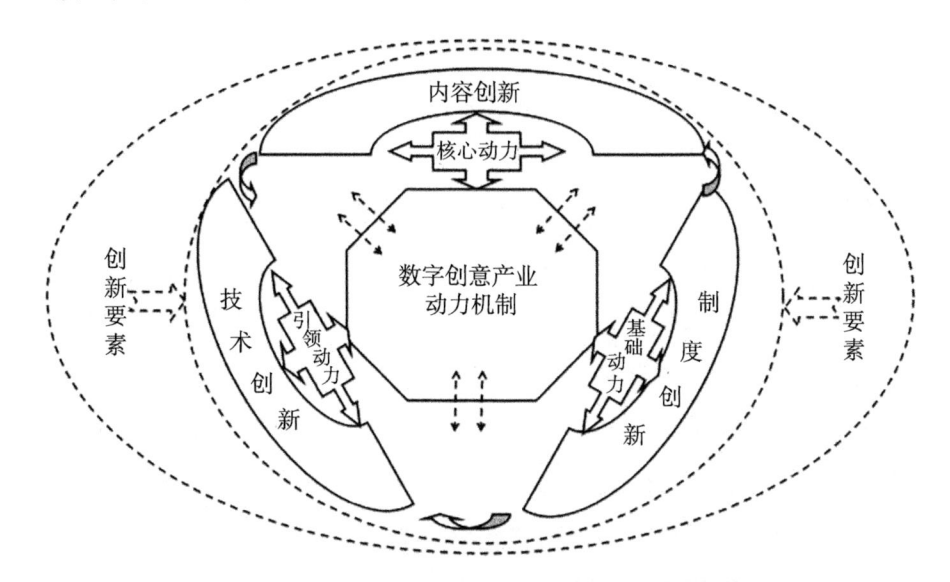

图 1-1 数字创意产业发展演化的三维创新驱动机制

三、数字创意产业创新驱动的历史脉络

数字创意产业发展演进的历史实际上是内容创新、技术创新和制度创新三维协同演化推进史。数字创意产业的源头可以追溯到1946—1958年第一代电子管数字计算机的发明以及1969年阿帕网的开创性组建；特别是 20 世纪 60 年代末期，人类发明了历史上最为著名的可供千人同时在线的 PLATO 远程教育系统，并在基础上开发了第一款远程连线网络游戏"SPACEWAR"，①这其实可以看作数字创意产业的最早开端。进入 20 世纪 70 年代，在技术创新方面产生了微处理器技术，第一部个人电脑和第一部手机得以发明，技术创新为内容创意提供了平台。同样是在 20 世纪 70 年代，诞生了历史上覆盖范围最为广泛、至今仍然广泛使用的内容讨

---

① 官瑶. 网游，欢乐梦想 [J]. 走向世界，2012 (31)：28-29.

论与社交平台——网络新闻组（newsgroups）和邮件列表。而随着数字计算机技术的日益广泛应用、数字内容的不断创新，出现了两方面的制度创新诉求：一方面，政府和立法者开始认识到新兴技术和新型内容业态正在对国民经济和社会发展带来正向的改变，应该出台新的制度推动这种正向改变，例如，日本1970年颁布的《促进信息处理法》在第1章第1条首先明确该法"促进电子计算机的广泛应用计划和程序的开发""满足信息化社会的要求，提高人民生活质量"的立法目的；另一方面，新兴技术和新型内容业态也催生了很多新的经济与社会问题，需要出台新的制度加以调整和规范，例如，美国在《1976年版权法》第101条中明确表示受保护的文字作品是指"以文字、数字，或其他文字或数字标记或记号表述的作品"，其实已经涵盖了计算机软件的数字版权，而在当时众议院报告中则更加明确了保护文字作品"包含计算机数据库和计算机软件"版权的立法内涵（李明德，2005[①]）。到了20世纪80年代，人类发明了卫星技术，windows操作系统也出现了；与此同时，电子出版物、数字音乐、数字电影、数字电视等创新活跃；但随着通信技术和计算机应用的日益广泛化，黑客病毒、盗版侵权等问题日益增多，《计算机软件保护法》《计算机安全法》等一系列规范性制度创新成为必然。进入20世纪90年代，互联网技术、数字技术、移动技术的爆发式应用普及催生了网络新闻、出版、电影、电视、动漫、游戏、音乐等一系列数字创意内容业态如雨后春笋般呈现在人们面前，与此同时带动了世界各国数字创意产业化制度创新的历史步伐，也加强了全球在数字创意产业规范化、有序化发展方面的制度创新力度。21世纪以来，现代信息技术、大众传播技术，特别是2010年以来，大数据、物联网、云计算、VR/AR、人工智能等技术的产业化、商业化应用性创新，在内容业态方面产生了颠覆性变革，机器人撰写新闻稿、无人机拍摄电影等曾经的梦想日渐成为现实，与数字创意产业相关的

[①] 李明德. 美国《版权法》对于计算机软件的保护 [J]. 科技与法律, 2005 (1): 35-51.

制度创新也成为这一时期世界各国立法的重心。

需要说明的是,制度创新与内容创新、技术创新的协同,并不一定意味着制度创新一定与内容创新和技术创新出现在同一年份、同一时期。实际上,如果从静态"横切面"来看,技术创新往往是领先的,然后带动内容创新,进而产生对于秩序规范、关系调整及基础环境保障等制度创新的诉求;但是如果打破静态"横切面"思维,从动态"纵贯面"来看,技术创新从何而来?为何领先?恰恰来自两个方面:一是来自人类对于新的内容形式和创意源源不断的欲望与渴求,不断催生新的技术发明;二是来自前期多轮制度创新效应的不断叠加、积累与推动。此外,技术创新是把双刃剑,在带来技术进步的同时,也带来了安全隐患;内容创新同样也有两面性,而这恰恰正是对制度创新的必然诉求。如果没有制度创新的调整和规范,技术的"肆意妄为"和内容的"恣意蛊惑"可能早已将人类送入万劫不复的深渊。因此,可以说技术创新、内容创新与制度创新三者是相倚相生、交替互促、螺旋共升的协同过程。[①] 如表1-2所示。

表1-2 1946年以来数字创意产业内容、技术与制度协同创新简要梳理[②]

年度	1946—1969年	1970—1979年	1980—1989年	1990—1999年	2000年至今
技术创新	数字计算机/阿帕网/调制解调器	微处理器/手机/个人电脑	卫星技术/Windows/笔记本	互联网技术/线技术/复制技术/windows3.0/彩显笔记本/短信/手机技术与数字技术融合	数字技术/现代信息技术/大众传播技术/裸眼3D技术/3D打印技术/可穿戴技术/大数据/物联网/云计算/VR、AR/人工智能等技术的产业化、商业化应用创新

[①] 臧志彭. 数字创意产业全球价值链重构战略研究:基于内容、技术与制度三维协同创新 [J]. 社会科学研究, 2018 (2): 45-54.

[②] 解学芳. 科技发展与文化产业管理制度建构的逻辑演进 [J]. 科学学研究, 2010 (12): 1820-1831.

续表

年度	1946—1969年	1970—1979年	1980—1989年	1990—1999年	2000年至今
内容创新	第一套远程教育系统PLATO和第一款网络游戏	网络新闻组（newsgroups）/电子邮件列表/首台PC端网络游戏	电子出版物、数字音乐、数字电影、数字电视	网络新闻、网络出版物、数字动画电影、网络游戏、网络音乐、数字电视节目、网络视频等	第一部VR电影、VR游戏/第一篇机器人撰写新闻稿/无人机拍摄电影/网络直播/短视频/社会化媒体等
制度创新	—	《日本促进信息处理法（1970年）》《美国版权法（1976年）》《法国电台电视台法（1974年）》	《英国电信法（1984年）》《美国计算机软件保护法（1980年）》《美国计算机安全法（1987年）》	《美国网络行为准则》《美国通信风化法案》《美国通信规范法》《美国儿童在线隐私保护法案》《千禧年数字版权法》《反电子盗版法等》《俄罗斯联邦信息、信息化和信息保护法》《德国电信法、联邦信息传播服务法》《德国多媒体法》《德国信息和通讯服务法》《英国3R安全网络规则》《法国互联网宪章》《加拿大电讯法》《新加坡电子交易法》《马来西亚通讯及多媒体法》《计算机信息网络国际联网管理暂行规定实施办法》	《英国通信法》《美国反垃圾邮件法》《日本高度信息通讯网络社会形成基本法》《日本IT基本法》《日本内容产业促进法》《印度信息技术法》《互联网电子公告服务管理规定》《互联网信息服务管理办法》《互联网站从事登载新闻业务管理暂行规定》《中国互联网行业自律公约》《互联网上网服务营业场所管理条例》《互联网出版管理暂行规定》《互联网文化管理暂行规定》《互联网等信息网络传播视听节目管理办法》《中国绿色游戏评测与推荐制度》《关于正确引导未成年人健康上网游戏的意见》《互联网信息搜索服务管理规定》《互联网信息服务管理规定》《关于加强网络文学作

续表

年度	1946—1969年	1970—1979年	1980—1989年	1990—1999年	2000年至今
制度创新				《中国计算机信息网络国际联网管理暂行规定》《计算机软件保护条例》《中国公用计算机互联网国际联网管理办法》《计算机信息网络国际联网出入口信道管理办法》《计算机信息网络国际联网安全保护管理办法》	品版权管理的通知》《网络表演经营活动管理办法》《关于促进移动互联网健康有序发展的意见》《互联网直播服务管理规定》《关于加强互联网领域侵权假冒行为治理的意见》《网络表演经营活动管理办法》《关于促进移动互联网健康有序发展的意见》《中华人民共和国网络安全法》《中国电影产业促进法》

四、数字创意产业战略地位的政策变迁

数字创意产业的战略地位实际上从 2009 年逐渐确立起来。2009 年《文化产业振兴规划》明确指出文化创意、数字内容是文化产业发展的重点；2010 年《国务院关于加快培育和发展战略性新兴产业的决定》明确提出"大力发展数字虚拟等技术，促进文化创意产业发展"；2011 年《国民经济和社会发展第十二个五年规划纲要》提出大力发展文化创意、数字内容等重点文化产业，推进文化产业结构调整；2012 年《国家文化科技创新工程纲要》提出通过数字技术、网络技术改造传统文化产业和催生新的文化形态与业态；2014 年《国务院关于推进文化创意和设计服务与相关产业融合发展的若干意见》将加快发展数字内容产业作为重点任

务加以推进，加强科技与文化的结合。[①] 2016年国务院《政府工作报告》中提出"启动新一轮国家服务业综合改革试点，实施高技术服务业创新工程，大力发展数字创意产业"，正式明确了数字创意产业的"产业"地位；之后在《国民经济和社会发展第十三个五年规划纲要》中将数字创意确立为与新一代信息技术、新能源汽车、生物技术、绿色低碳、高端装备与材料并列的国家战略性新兴产业。2016年11月29日，国务院在《"十三五"国家战略性新兴产业发展规划》中明确设定了数字创意产业"8万亿元"的行业产值规模发展目标。可以想见，随着文化与科技融合的逐步深入，数字创意产业的战略性产业地位将更加凸显。

数字创意产业战略地位的政策变迁如表1-3所示。

表1-3 数字创意产业战略地位的政策变迁

政策名称 颁布部门、文号或日期	政策内容
《文化产业振兴规划》 （国务院2009年 9月26日）	发展重点文化产业。以文化创意、影视制作、出版发行、印刷复制、广告、演艺娱乐、文化会展、数字内容和动漫等产业为重点，加大扶持力度，完善产业政策体系，实现跨越式发展。发展新兴文化业态。采用数字、网络等高新技术，大力推动文化产业升级。支持发展移动多媒体广播电视、网络广播影视、数字多媒体广播、手机广播电视，开发移动文化信息服务、数字娱乐产品等增值业务，为各种便携显示终端提供内容服务。加快广播电视传播和电影放映数字化进程。积极发展纸质有声读物、电子书、手机报和网络出版物等新兴出版发行业态。发展高新技术印刷。运用高新技术改造传统娱乐设施和舞台技术，鼓励文化设备提供商研发新型电影院、数字电影娱乐设备、便携式音响系统、流动演出系统及多功能集成化音响产品。加强数字技术、数字内容、网络技术等核心技术的研发，加快关键技术设备改造更新

---

① 程丽仙. 数字创意成经济增长新动力 [N]. 中国文化报, 2016-09-30.

续表

政策名称 颁布部门、文号或日期	政策内容
《国务院关于加快培育和发展战略性新兴产业的决定》（国发〔2010〕32号）	新一代信息技术产业。加快建设宽带、泛在、融合、安全的信息网络基础设施，推动新一代移动通信、下一代互联网核心设备和智能终端的研发及产业化，加快推进三网融合，促进物联网、云计算的研发和示范应用。着力发展集成电路、新型显示、高端软件、高端服务器等核心基础产业。提升软件服务、网络增值服务等信息服务能力，加快重要基础设施智能化改造。大力发展数字虚拟等技术，促进文化创意产业发展
《国民经济和社会发展第十二个五年规划纲要》（全国人民代表大会2011年3月14日）	推进文化产业结构调整，大力发展文化创意、影视制作、出版发行、印刷复制、演艺娱乐、数字内容和动漫等重点文化产业，培育骨干企业，扶持中小企业，鼓励文化企业跨地域、跨行业、跨所有制经营和重组，提高文化产业规模化、集约化、专业化水平
《国家文化科技创新工程纲要》（国科发高〔2012〕759号）	加快全媒体资源管理与集成技术、语义分析搜索及自动分类标引技术、多介质多形态内容发布技术、彩色电子纸等新兴数字显示技术的研究，促进传统新闻出版产业的数字化转型升级，形成覆盖网络、手机以及适用于各种终端的数字出版内容生产供给体系；研究数字印刷和绿色环保印刷技术，促进传统印刷设备的升级改造和节能减排；重点支持电子图书、数字报刊、网络原创文学、网络教育出版、数据库出版、手机出版等数字出版新兴业态，提升创新能力；研究数字版权保护关键技术，推动数字出版产业健康发展。 加强文化资源数字化保护和开发利用，重点针对文物、典籍、民俗、宗教等各类物质与非物质文化遗产传承和保护的需求，研究突破文化资源数字化关键技术，研究数字文化资源公益服务与商业运营并行互惠的运行模式，整合各类文化机构传统文化资源，开展文化资源数字化公共服务与社会化运营服务示范。结合国家公共文化服务体系建设，加强农家书屋、文化馆、图书馆、博物馆、科技馆等文化公共服务平台的网络化和数字化建设，重点针对农村、边疆少数民族地区、社区及工地等的精神文化生活实际需求，实现对公众文化产品的普惠和精准投放，推动全社会文化共享，提高国民文化消费力。充分利用官方和民间文化交流渠道，聚合国际文化交流资源，构建网络化国际文化交流服务平台，架设国际文化互通的桥梁，弘扬中国传统文化

续表

政策名称 颁布部门、文号或日期	政策内容
《国务院关于推进文化创意和设计服务与相关产业融合发展的若干意见》（国发〔2014〕10号）	加快数字内容产业发展。推动文化产品和服务的生产、传播、消费的数字化、网络化进程，强化文化对信息产业的内容支撑、创意和设计提升，加快培育双向深度融合的新型业态。深入实施国家文化科技创新工程，支持利用数字技术、互联网、软件等高新技术支撑文化内容、装备、材料、工艺、系统的开发和利用，加快文化企业技术改造步伐。大力推动传统文化单位发展互联网新媒体，推动传统媒体和新兴媒体融合发展，提升先进文化互联网传播吸引力。深入挖掘优秀文化资源，推动动漫游戏等产业优化升级，打造民族品牌。推动动漫游戏与虚拟仿真技术在设计、制造等产业领域中的集成应用。全面推进三网融合，推动下一代广播电视网和交互式网络电视等服务平台建设，推动智慧社区、智慧家庭建设。加强通讯设备制造、网络运营、集成播控、内容服务单位间的互动合作。提高数字版权集约水平，健全智能终端产业服务体系，推动产品设计制造与内容服务、应用商店模式整合发展。推进数字电视终端制造业和数字家庭产业与内容服务业融合发展，提升全产业链竞争力。推进数字绿色印刷发展，引导印刷复制加工向综合创意和设计服务转变，推动新闻出版数字化转型和经营模式创新
《政府工作报告》（国务院2016年3月5日）	加快现代服务业发展。启动新一轮国家服务业综合改革试点，实施高技术服务业创新工程，大力发展数字创意产业。放宽市场准入，提高生产性服务业专业化、生活性服务业精细化水平。建设一批光网城市，推进5万个行政村通光纤，让更多城乡居民享受数字化生活
《国民经济和社会发展第十三个五年规划纲要》（国务院2016年3月17日）	加快发展网络视听、移动多媒体、数字出版、动漫游戏等新兴产业，推动出版发行、影视制作、工艺美术等传统产业转型升级。推进文化业态创新，大力发展创意文化产业，促进文化与科技、信息、旅游、体育、金融等产业融合发展。推动文化企业兼并重组，扶持中小微文化企业发展。加快全国有线电视网络整合和智能化建设。 支持新一代信息技术、新能源汽车、生物技术、绿色低碳、高端装备与材料、数字创意等领域的产业发展壮大。大力推进先进半导体、机器人、增材制造、智能系统、新一代航空装备、空间技术综合服务系统、智能交通、精准医疗、高效储能与分布式能源系统、智能材料、高效节能环保、虚拟现实与互动影视等新兴前沿领域创新和产业化，形成一批新增长点

续表

政策名称 颁布部门、文号或日期	政策内容
《"十三五"国家战略性新兴产业发展规划》（国发〔2016〕67号）	促进数字创意产业蓬勃发展，创造引领新消费：以数字技术和先进理念推动文化创意与创新设计等产业加快发展，促进文化科技深度融合、相关产业相互渗透。到2020年，形成文化引领、技术先进、链条完整的数字创意产业发展格局，相关行业产值规模达到8万亿元

第二章
数字创意产业价值链:
内涵辨析与理论阐释

文化创意产业是数字创意产业的基础。要对数字创意产业的价值链进行解析,需要首先弄清楚文化创意产业的价值链结构。本章在解析文化创意产业价值链的基础上,深入分析界定数字创意产业的价值链内涵,提出了数字创意产业所特有的衍生效应、嫁接效应、共享效应和外溢效应等四大效应。

一、文化创意产业价值链解析与模型构建

战略管理专家迈克尔·波特(Michael Porter)教授在1985年提出了著名的"价值链"概念。他认为每一个企业都是在设计、生产、销售、运送和辅助其产品的过程中进行种种活动的集合体,这些功能相互关联的生产活动构成了一条能够创造价值的生产链,即企业的价值链。他将企业的价值链划分为两大类活动——基本活动和辅助活动。其中,基本活动是指"进货后勤、生产作业、发货后勤、经营销售和服务",而辅助活动则包括"企业基础设施、人力资源管理、技术开发和采购"。[①] 基本活动和辅助活动共同支持整个价值链,并构成了企业的竞争优势。迈克尔·波特教授对于价值链的分析视角主要是聚焦在企业内部。然而,随着社会分工的日益细化、企业间联结合作的日益深化,企业的价值链不再各自独立,而是形成了企业与企业之间的价值链集群、分工与合作,进而形成整个产业层面的价值链,即"产业价值链"。

基于上述认识,本章借鉴迈克尔·波特教授价值链分析思想,对文化创意产业进行价值链的分析。总体来讲,文化创意产业价值链可以划分为两大部分:第一部分是价值创造活动,包括四个价值链环节,即内容创作、生产制造或服务提供、运营管理和市场营销;第二部分是价值创造辅助要素,包括人力资源、资本、基础设施和原材料等。如图2-1所示。

---

① [美]迈克尔·波特. 竞争优势[M]. 夏忠华,译. 北京:中国财政经济出版社,1988:168-171.

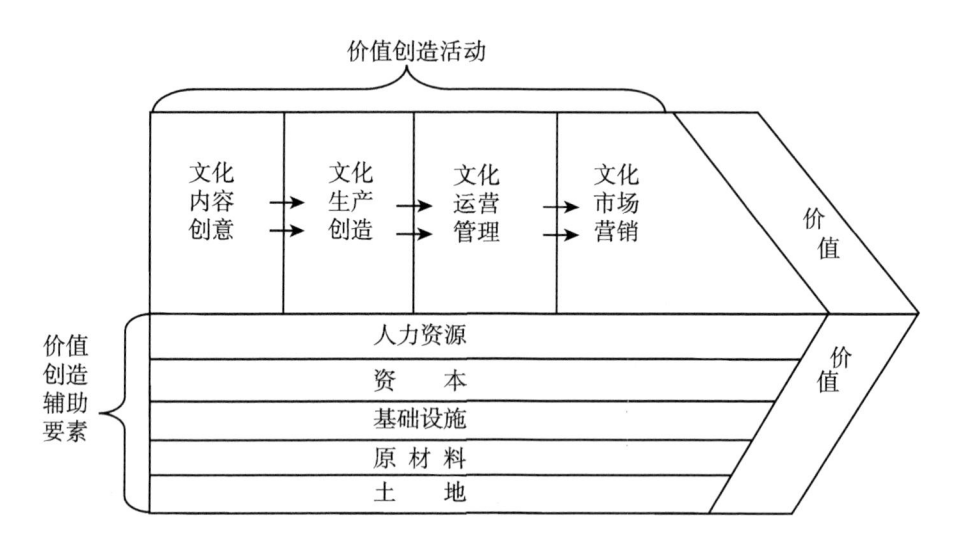

图 2-1　文化创意产业价值链模型

在第一部分"价值创造活动"中，处于价值链最高端，也是最为重要的，无疑是文化内容创作环节。这里所谓的"内容"，实际上是指核心文化内容，主要聚焦于无形的创意内涵。文化内容创作、呈现出来后，接下来就是文化产品或服务的生产制造过程。在这个过程中，文化产品或服务通过一定的技术条件、专用设备和生产平台被生产出来，准备呈现给市场上的消费者。

文化产品（或服务）生产完成后，就进入运营管理环节。文化产品（或服务）运营管理的过程，实际上是对文化产品（或服务）进行商业化运作的过程，是从理论价值转化为市场价值的过程。文化产品（或服务）的运营管理，最为核心的是构建一个具有较强盈利能力的运营平台。

文化产品（或服务）市场价值的真正实现，还需要最后一个必然环节，这个环节就是市场营销。通过市场营销，将文化产品（或服务）从生产者转移到消费者，在这个过程中完成了文化产品（或服务）市场价值的实现，也完成了文化产品（或服务）从"虚无缥缈"的"想法"到"实实在在"的"享受"的整个价值创造与消费的过程。

此外，为了确保上述价值创造活动的流转顺畅、正常运行，必须依靠四大关键性的辅助要素。第一，最为重要的就是人力资源，文化创意产业价值链任何一个环节都离不开"人":最为原始的内容创意环节中,由于内容创意完完全全存在于"人"的大脑中;接下来的内容制作、生产制造、运营管理和市场营销,无一不是"人"的聚合与演绎。第二,资本。资本是产业发展的催化剂和动力引擎,通过资本的运作可以将文化创意产业价值链中的各个元素从各自独立转变为相互联结,从松散相关转变为凝心聚力。第三,文化创意产业价值链的实现还需要加强基础设施的建设,包括文化产品(或服务)生产所需的机器设备、厂房/场地以及水电煤等公用基础能源。第四,对于文化制造业产品在生产过程中必然还需要原材料作为重要的基础性生产要素。①

二、数字创意产业价值链内涵与四大效应

数字创意产业价值链是在数字技术与内容产业融合基础上形成的链式结构。李良荣、周亭(2005)提出围绕制片商、分销商和节目平台等环节打造电视产业链完善电视产品市场的思考。② 赖茂生、叶元龄等(2009)认为数字内容产业价值链包含了文化创作、文化作品数字化、数字内容产品运营(传播)和消费等若干环节,横跨文化产业和信息产业。③ 刘银娣(2011)认为数字内容产业价值链是围绕数字内容产品生产经营或服务的创造、生产、销售、传播和消费,以及从中获得利润的过程中形成的价值传递的一种链式结构。④ 广播影视数字内容产业价值链应该包括数字内容资产库、节目生产制作平台、内容产品交易平台、媒体内容运营平台、受众及消费市场、版权管理与控制等环节。数字技术是创意产业价值链解构与重构的驱动力,数字创意产业价值链在文化创意产业与信

---

① 臧志彭. 中国文化产业政府补助研究 [M]. 北京:中国社会科学出版社,2015:104-107.
② 李良荣,周亭. 打造电视产业链,完善电视产品市场 [J]. 现代传播,2005 (3):15-19.
③ 赖茂生,叶元龄,闫慧,李璐. 从产业融合看数字内容产业发展——基于广东产业发展的分析 [J]. 情报科学,2009,27 (7):961-964.
④ 刘银娣. 我国数字内容产业价值链建设初探 [J]. 编辑之友,2011 (10):67-70.

息产业融合基础上形成，包括了数字内容创作、数字化生产、数字化运营传播、数字化消费的链式结构（Tamar，2016[1]；韩顺法，2018[2]），是文化、技术、经济、制度的生态融合与协同创新（杨永忠、陈睿，2017[3]；周荣庭、孙松，2018[4]；Chalaby，2017[5]；Rehnberg 和 Ponte，2018[6]）。然而，总体来讲，学术界并未形成较为完整的数字创意产业价值链的构建及运营模式研究成果（宋培义、黄昭文，2014[7]）。

结合数字创意产业特点，在借鉴喻国明等（2005）[8]、王缉慈等（2008）[9]、谈国新等（2015）[10]、熊澄宇等（2015）[11] 研究的基础上，本书认为，数字创意产业价值链是指在垂直分工、空间布局、运营管理以及利益分配基础上实现数字创意产品或服务从创意设计、技术研发，到生产制作、市场营销、交付消费等一系列价值的生命周期增值循环。

具体来讲，数字创意产业价值链的内涵包括：其一，在研发设计环节，数字创意产业包含创意设计和技术研发两部分，其中创意设计是核心，包含了创意策划和内容设计；与文化创意产业价值链不同的是，其增加了技术研发的环节，技术研发是以服务创意设计为宗旨，综合运用数字

---

[1] Tamar G., Figuerola Carlos G. Ten years of science news: A longitudinal analysis of scientific culture in the Spanish digital press. [J]. Public Understanding of Science, 2016, 25 (6): 691 – 705.

[2] 韩顺法. 数字创意产业有助实现美好生活 [N]. 中国社会科学报, 2018 – 08 – 07.

[3] 杨永忠, 陈睿. 基于价值链的游戏创意产品文化、技术、经济的融合研究: 以竞争战略为调节变量 [J]. 四川大学学报 (哲学社会科学版), 2017 (3): 121 – 131.

[4] 周荣庭, 孙松. 增强现实出版物产业价值链分析 [J]. 中国出版, 2018 (8): 3 – 6.

[5] Chalaby, J. K. Can a GVC – oriented policy mitigate the inequalities of the world media system? Strategies for economic upgrading in the TV format global value chain [J]. International Journal of Digital Television, 2017 (1): 9 – 28.

[6] Rehnberg, M., Ponte, S. From smiling to smirking? 3D printing, upgrading and the restructuring of global value chains [J]. Global Networks, 2018 (1): 57 – 80.

[7] 宋培义, 黄昭文. 中国广播影视数字内容产业价值链模式构建 [J]. 现代传播 (中国传媒大学学报), 2014, 36 (5): 107 – 110.

[8] 喻国明, 张小争. 传媒竞争力: 产业价值链案例与模式 [M]. 北京: 华夏出版社, 2005: 20 – 37.

[9] 王缉慈, 梅丽霞, 谢坤泽. 企业互补性资产与深圳动漫产业集群的形成 [J]. 经济地理, 2008 (1): 49 – 54.

[10] 谈国新, 郝挺雷. 科技创新视角下我国文化产业向全球价值链高端跃升的路径 [J]. 华中师范大学学报 (人文社会科学版), 2015 (2): 54 – 61.

[11] 熊澄宇, 孔少华. 数字内容产业的发展趋势与动力分析 [J]. 全球传媒学刊, 2015 (2): 39 – 53.

网络、VR/AR、人工智能等各种新兴技术，整合科研院所、创新力量进行设计开发。其二，数字创意产业的生产制作环节是基于创意内容，在一定范围内整合资源，通过数字化网络化的专业设备与软件进行生产制作，并需要接受政府有关部门的内容审查。其三，在一定范围内（国内与国际）通过授权代理模式、独立运营模式、联合运营模式、资源整合模式等进行数字创意产品/服务的运营（柴冬冬，2014[①]），特别是通过智能移动终端的 iOS 应用商店（App Store）和 Android 应用商店（Google Play）等分发渠道进行数字化营销。其四，通常采用数字化方式实现费用支付和产品/服务的交付，以及通过数字化售后保障消费者对产品/服务消费的满意体验。

从特有属性来讲，数字创意产业价值链不是一次性的，不是随着某一种产品的消费完结而终止的，而是具备极强的衍生效应、共享效应、嫁接效应和外溢效应等四大效应。

衍生效应是指数字创意产业本身的创意研发产生的内容 IP 具有很强的衍生能力。一方面是内容衍生效应，如网络文学 IP 衍生为网络游戏、网络动漫、电视剧、电影、网络音乐、舞台剧，进而产生 IP 衍生游戏价值链、IP 衍生动漫价值链、IP 衍生电影价值链等；另一方面是实物衍生效应，如网络文学 IP 或网络游戏 IP 衍生为 IP 玩具、IP 主题公园，进而产生 IP 衍生玩具价值链、IP 主题公园价值链。

共享效应是指数字创意产业本身构建的市场营销分销（分发）渠道可以与其衍生的新内容产品价值链和实物产品价值链共享。"开源""共享"是"互联网+"时代的基本逻辑，大大降低了数字创意产业的运营、营销成本，也极大提高了数字创意产品服务传播与推广的速度与效率。例如，由网络文学 IP 衍生出来的网络游戏等新的内容产品和 IP 玩具等新的实物产品可以在全球范围内共享相同的数字化营销渠道。共享的根本原因

[①] 柴冬冬. 游戏产业：我国对外文化贸易的生力军：2012—2013 中国游戏产业对外文化贸易发展述要 [J]. 中华文化论坛，2014 (4)：5–13.

在于，无论是原创的网络文学，还是衍生的网络游戏、动漫、音乐及影视等内容产品，都有一个共同的内核IP，这个共同的内核IP在全球有着相同的粉丝社群与目标消费群体。但需指出的是，共享效应的发生与作用的释放是建立在良好的数字版权生态基础上的，这需要政府制度创新、行业自律、数字创意企业版权保护与开发意识的培育以及网络社会的多方参与和协同。

嫁接效应是指数字创意产业价值链可以为具有相同目标消费群体的传统产业提供价值链嫁接服务，实现跨界合作、协同发展。传统产业在完成研发设计、生产制造的价值链环节后，可以通过具备产业关联的数字创意产业构建的市场营销渠道进行产品销售。例如，手机制造商可以通过网络热门APP的数字化渠道分销手机。以跻身全球前8名iOS非游戏类APP开发商——美图公司为例，该公司2016年年报显示，公司主营业务包含两部分：一是互联网服务及其他，2016年收益为1.05亿元，占比6.63%；二是智能硬件，2016年收益为14.74亿元，占比93.37%。该公司在2016年通过旗下美颜相机、美图秀秀等系列APP产品在全球获得了11亿台装机量，月活跃用户数在2017年1月达到5.2亿峰值，正是通过这样发达的数字化渠道，该公司2016年销售智能手机数量达到74.83万台。[①]

外溢效应是数字创意产业价值链与传统产业价值链另一个重要区别所在。数字创意产业与传统产业的本质不同在于数字技术和创意设计的无限延展属性，几乎绝大多数传统产业都可以通过数字技术和创意设计实现产业的内涵提升和品质升级。数字创意产业和相关产业的合作、渗透，有助于提升传统产业的数字化、智能化、网络化应用水平；而VR、AR、AI、裸眼3D、物联网、交互娱乐引擎开发等技术在数字创意产业研发创意阶段的应用，在增强数字创意产业研发创新水平的同时，也延展了

---

① 数据来源：美图公司2016年度财务报告。

数字创意产业引领传统行业转型升级的功能与能力。梅国平等（2014）运用阿里巴巴大数据研究指出，文化创意产业每增加投入1个单位能带动商务服务等11个传统行业增加8.13个单位的产出。[①] 数字创意产业可以通过数字技术和创意设计的外溢效应带动传统的农业、制造业、服务业、建筑业等产业实现改造和升级，从而改进提升传统产业的产品形态和创意内涵，并且增加新的营销渠道和方式，从而获得更高的附加价值和运营效率。

数字创意产业价值链及其衍生效应、共享效应、嫁接效应和外溢效应等四大效应概念模型如图2-2所示。[②]

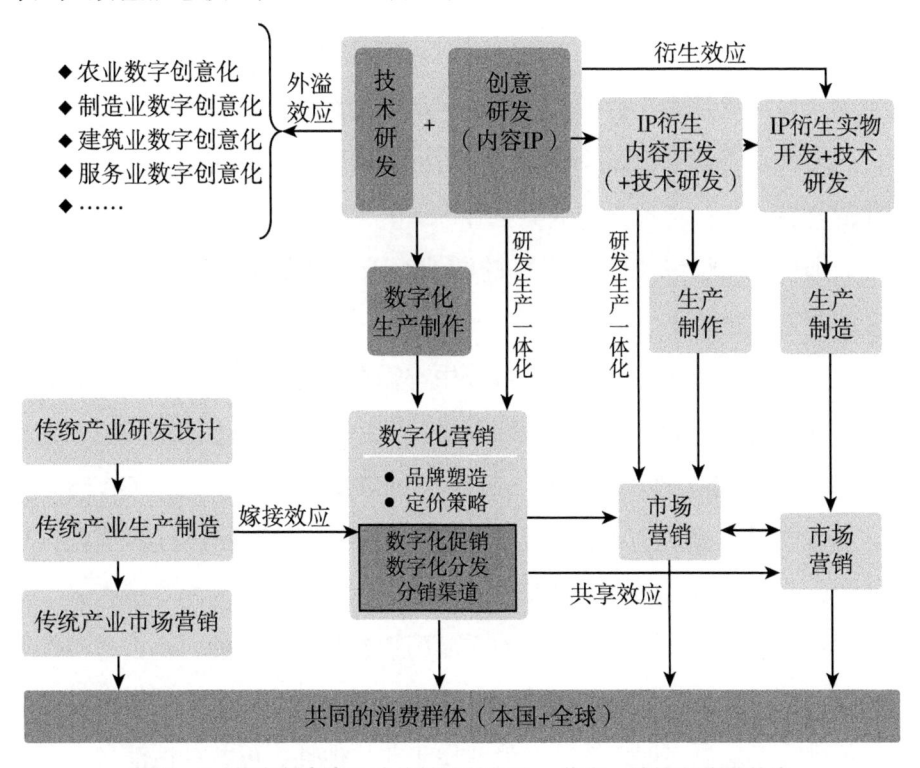

图2-2 数字创意产业价值链及其衍生、共享、嫁接和外溢效应

[①] 梅国平，刘珊，封福育. 文化产业的产业关联研究：基于网络交易大数据 [J]. 经济管理，2014 (11)：25-36.
[②] 臧志彭. 数字创意产业全球价值链重构战略研究：基于内容、技术与制度三维协同创新 [J]. 社会科学研究，2018 (2)：45-54.

三、数字创意产业价值链与制造业价值链辨析

相比传统制造业价值链体系，数字创意产业价值链是一次范式创新，两者至少在研究开发、生产制造、产品形态、外部审查、营销环节、物流运输、消费环节、附加环节、特征效应与生命周期等十个方面存在根本性或关键性区别（如表2-1所示），其中最为主要的区别表现在以下六个方面。

一是传统制造业的生产制造环节一般比较长，而且此环节往往是发达国家布局全球价值链的主要环节，同时也正是发展中国家嵌入全球价值链的主要入口。但是对于数字创意产业，例如网络新闻、数字音乐、网络视频、网络文学、动漫动画等典型细分行业，其内容研发与生产制作的过程往往混合在一起，统称为"内容创作"，并没有独立于研发的单独的生产环节，即使是大量采用"代工"的游戏行业，其代工生产的价值链条也比传统制造业短得多。

二是传统制造业在国际贸易过程中都需要经过海关的查验、审查，而基于互联网的数字创意产业在国际贸易过程中，属于线上虚拟贸易，适用《服务贸易总协定》（General Agreement on Trade in Services，GATS）中的"跨境交付"条款，不需要经过海关，但是一般需要经过各国意识形态部门、文化部门、广电部门及信息化安全部门等部门的内容审查。

三是在消费环节上，传统实物产品的消费是排他性的，要么是消费者一人独占式消费，要么是消费者"忍痛割爱"与他人分享而降低自我消费的数量；但是数字创意产品的消费属于非排他性、可共享性消费，一个人的消费并不需要以减少或降低他人消费数量或效用为代价，而且与他人共享消费还可能增加消费过程的愉悦感、满足感。

四是传统制造业价值链一般都会有个"尾巴"，即垃圾回收环节；而数字创意产业是低碳高效的绿色产业，不会产生类似于制造业的实体垃

圾，因而无须附加"垃圾回收"环节。

五是传统制造业一般单一产品单一价值链条；而数字创意产业除了本身的价值链外，还会有衍生链、共享链、嫁接链和外溢链，会产生衍生效应、共享效应、嫁接效应和外溢效应，这些扩散效应与高附加效益让数字创意产业自带光环而吸引全球诸国对其进行战略布局。

六是传统制造业的价值链由于是单一产品单一链条，所以其价值链的生命周期比较短，一般是一次性的；而数字创意产业由于有多层次的延伸拓展效应，因而其价值链的生命周期显示出跨界性与长周期特征。

表 2–1　数字创意产业全球价值链与传统制造业全球价值链的范式辨析

价值链环节	传统制造业全球价值链	数字创意产业全球价值链
研究开发	技术开发	包括创意设计和技术研发两部分，且技术研发为创意研发服务
生产制造	硬件设备 采购物资 流水线生产（一般而言） 组装包装 （备注：该环节一般很长）	软件设备 无须采购环节 非流水线或模块式制作（一般而言） 无须组装包装（或数字化组装包装） （备注：生产环节一般较短，或与内容研发设计融为一体，无单独生产环节）
产品形态	实物产品	虚拟产品
外部审查	环保审查、卫生审查、安全审查	内容审查
营销环节	传统媒体宣传 实体渠道需物流仓储	新媒体数字化宣传 数字化渠道无须物流仓储
物流运输	海陆空	互联网、手机和移动智能终端等与ICT密切相关的新兴媒体
消费环节	实物消费 配送交付 拆除包装 自享消费（无法多人同时消费） 主要满足生理需求	数字化消费 无须配送（数字化传播） 无须拆除包装 可共享消费（可多人同时多次消费） 主要满足心理需求

续表

价值链环节	传统制造业全球价值链	数字创意产业全球价值链
附加环节	垃圾回收	无传统垃圾
特征效应	单一产品单一链条为主	具有衍生效应、嫁接效应、共享效应和外溢效应（如图 2-2 所示）
生命周期	一次性、短周期	多层次延伸拓展、跨界长周期（如图 2-2 所示）

注：这里的数字创意产业是指通过互联网、手机和移动智能终端等与 ICT 密切相关的新兴媒体进行传播的产业形态。资料来源：作者研究整理。

↘ **第三章**

数字创意产业全球价值链：
概念模型与重构战略

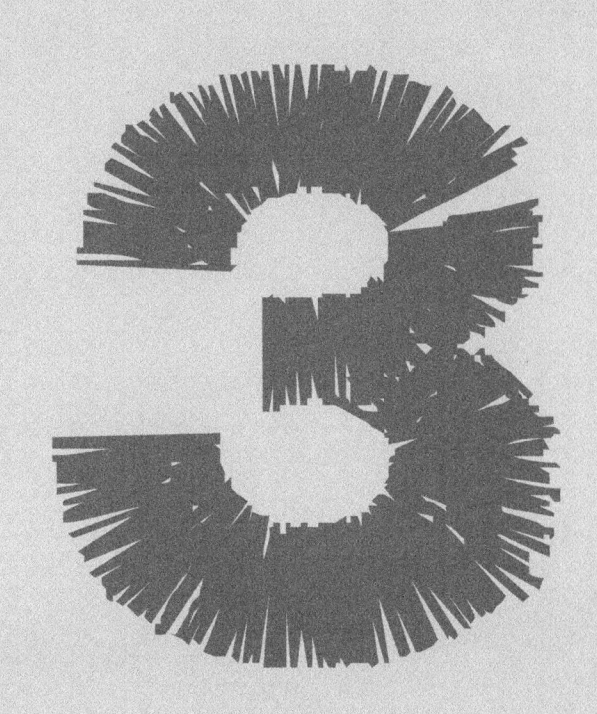

前文研究指出，数字创意产业价值链是指在垂直分工、空间布局、运营管理以及利益分配基础上实现数字创意产品或服务从创意设计、技术研发到生产制作、市场营销、交付消费等一系列价值的生命周期增值循环。而当上述活动发生在全球范围内，实现了全球化的垂直分工、全球化的空间布局、全球化的运营管理以及全球化的利益分配时，就形成了全球价值链（Global Value Chains，简称 GVCs）[1]。

一、数字创意产业全球价值链的概念模型与演化机理

全球价值链理论起源于 20 世纪 80 年代、形成于 21 世纪初。[2] 1985 年，哈佛大学迈克尔·波特教授在《竞争优势》一书中首次提出价值链概念。同年，Kogut（1985）在《设计全球战略：比较与竞争的增值链》一文中提出了价值增值链。[3] 美国杜克大学 Gereffi 教授对全球价值链进行了较为系统的研究。2001 年《IDS Bulletin》上推出专刊《价值链的价值》建立了全球价值链的基本理论框架体系。[4]

（一）数字创意产业全球价值链模型：企业内与企业间双维度

联合国工业发展组织（United Nations Industrial Development Organization，UNIDO，2002）指出全球价值链是"全球范围内为实现商品或服务价值而连接生产、销售、回收处理等过程的全球性跨企业网络组

---

[1] 池仁勇，邵小芬，吴宝. 全球价值链治理、驱动力和创新理论探析 [J]. 外国经济与管理，2006 (3)：24-30.
[2] [美] 加里·杰里菲，等. 全球价值链和国际发展：理论框架、研究发现和政策分析 [M]. 曹文，李可译. 上海：上海人民出版社，2018：2-9.
[3] Kogut, B. Designing global strategies: comparative and competitive value – added chains [J]. Slogan Management Review, 1985, 26 (4)：15-28.
[4] 臧志彭. 数字创意产业全球价值链重构：战略地位与中国路径 [J]. 科学学研究，2018，36 (5)：825-830.

织,包括所有参与者和生产销售等活动的组织、价值与利润分配"。《世界投资报告》(2003)指出,生产过程分离以及生产任务与活动趋向国际分散化,促使无国界的、网络性的、全球性的生产体系的形成可以称为全球价值链。

全球价值链各个环节的活动既可以是在一家跨国企业内部位于全球各地不同部门和业务单元协作完成,也可能由全球范围内不同企业间网络来共同完成(杰里菲等,2018)。[1] 因此,如果全球价值链活动是通过一家企业内的不同国家的部门和业务单元之间互相协作完成的,这种价值链可以称为企业内部型全球价值链;而如果全球价值链活动是在全球范围内不同企业间的合作网络完成的,则可以称为企业间网络型全球价值链。

基于上述分析,本书首先在参考王缉慈等(2008)[2],Strange 和 Zucchella(2017)[3] 等研究基础上,从企业内价值链视角构建数字创意产业全球价值链概念模型,如图3-1所示。

---

[1] [美]加里·杰里菲,等. 全球价值链和国际发展:理论框架、研究发现和政策分析[M]. 曹文,李可,译. 上海:上海人民出版社,2018:2-9.
[2] 王缉慈,梅丽霞,谢坤泽. 企业互补性资产与深圳动漫产业集群的形成[J]. 经济地理. 2008(1):49-54.
[3] Strange, R., Zucchella, A. Industry 4.0, global value chains and international business [J]. Multinational Business Review, 2017, 25 (3):174-184

第三章 数字创意产业全球价值链：概念模型与重构战略

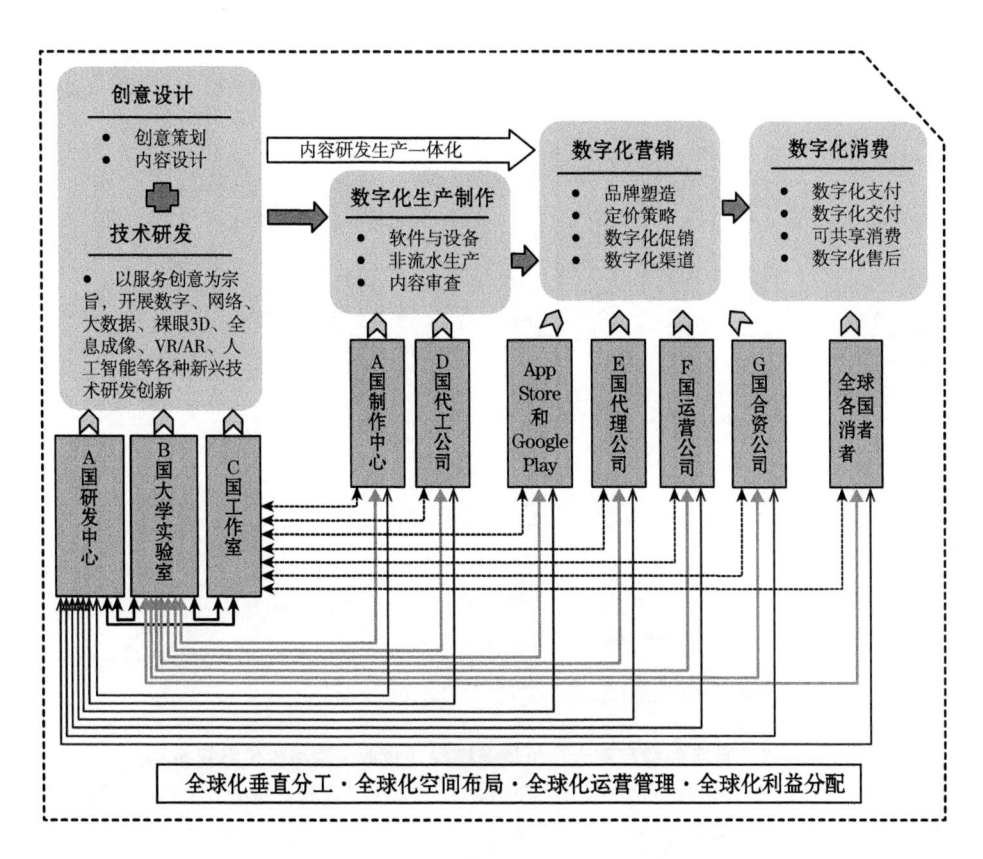

图 3-1 数字创意产业全球价值链模型（企业价值链视角）

注：A、B、C、D、E、F、G 不是具体指代某个国家，而是泛指不同的国家，目的在于说明数字创意产业全球价值链的全球化空间布局。来源：作者研究绘制。[1]

美国著名的管理智库科尔尼管理咨询公司（A. T. Kearney）2016 年 5 月发布了《互联网价值链：关于互联网经济的研究》（The Internet Value Chain：A study on the economics of the internet）[2]，对全球互联网产业价值链及各环节代表公司进行了全面梳理。笔者发现这一研究与本书所界定的数字创意产业价值链有比较一致的认识，因此，本书在此将其转摘，并进行适当调整修正，形成企业间网络型数字创意产业全球价值链，如图 3-2 所示。

---

[1] 臧志彭. 数字创意产业全球价值链重构战略研究：基于内容、技术与制度三维协同创新 [J]. 社会科学研究，2018（2）：45-54.
[2] Mark Page，Christophe Firth & Colin Rand The Internet Value Chain：A study on the economics of the internet [R]. 科尔尼管理咨询公司（A. T. Kearney）2016 年 5 月发布。

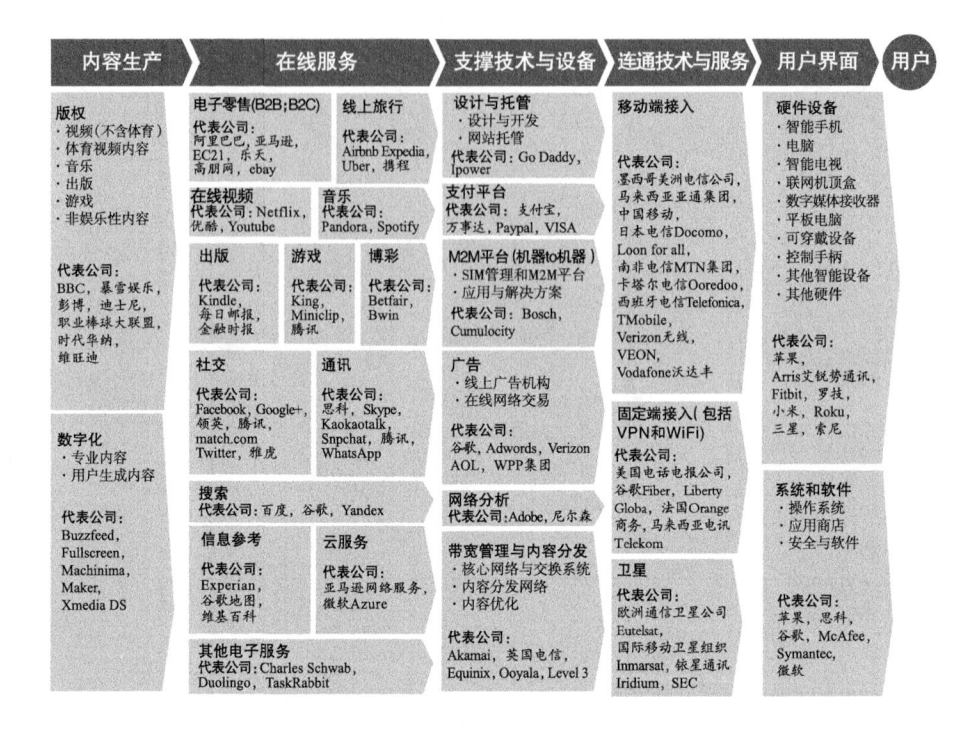

图 3-2 数字创意产业全球价值链模型（企业间网络价值链视角）

来源：科尔尼管理咨询公司（A. T. Kearney）报告《互联网价值链：关于互联网经济的研究》（2016），有改动。

（二）数字创意产业全球价值链的创新驱动演化机理

内容创新、技术创新与制度创新的三维协同，在促进数字创意产业不断形成与发展的同时，也在促进数字创意产业全球价值链的发展演化。面对巨大的国际市场，数字创意企业会制定国际化战略管理制度，促进出口贸易获得海外销售收入；国家会出台各种贸易开放制度，促进企业的国际化发展。在这一时期，数字创意企业在内容创意生产方面会日益国际化，包括雇用国际化的创意团体、整合国际化的创意资源；而在研发环节也会走技术研发国际化发展路线，形成国际化研发团队、集聚国际化的研发资源。由此，数字创意产业全球价值链开始逐步形成。

随着国际市场开拓日见成效，数字创意企业开始不断加大在海外的投资，通过直接投资、兼并收购、合资合作等多种形式建立海外业务单元，企业的运营日渐从单向的国际化战略转型为跨国公司运营模式；此外随着技术的更新换代以及本国研发和创意人工成本的日益高昂，数字创意企业或主动或被动地向外部拓展构建海外研发创新基地和海外创意生产基地；而国家的开放制度也从单一的贸易开放升级为贸易、投资、金融、产业等全方位对外开放制度，数字创意产业全球价值链逐步进入快速成长期。

当数字创意企业的内容创意 IP 衍生效应逐步凸显时，海外创意生产基地不断扩展形成全球 IP 创意网络；与此同时，随着新兴科技浪潮的不断冲击，海外研发创新基地力量不断拓展，形成整合全球创新资源的全球创新网络，进一步促进内容创意的迸发与升级；公司的运营管理也从"多国"逐渐扩展至全球，形成全球公司运营模式。而从国家层面来看，当一国已经在全球范围内形成了多家占据全球产业价值链主导地位的世界性企业集团，全球数字创意产业发展将基本上由该国掌控，该国必然具备了数字创意产业相关的全球规则制定权和全球事务发言权，全球治理地位自然形成；此外，该国的全球治理制度又可以在国际谈判中维护和促进本国企业的利益与发展，进而形成国家与本国企业互为犄角、互促互进的全球治理生态，由此，数字创意产业的全球价值链进入格局稳定的成熟期。

最后，在内容创新、技术创新与制度创新三维协同推动的基础上，数字创意产业逐步形成全球创新体系、全球生产体系、全球运营体系和全球治理体系，数字创意产业全球价值链进入高度发达期。

综上所述，从内容创新、技术创新与制度创新在数字创意产业全球价值链演化中扮演的角色来看，内容创新作为数字创意产业的 IP 内核，发挥核心动力作用，决定着数字创意产业全球价值链衍生与扩展的宽度；技术创新是数字创意产业的引领动力，技术创新的深化能力决定着数字创意产业全球价值链的深度；而制度创新是数字创意产业的基础动力，决定着数字创意产业全球价值链的稳定性和持久度。根据数字创意产业全球价值链基于内容、技术与制度三维协同创新的演化机理，结合产业生命周期理论，本书构建了基于内容、技术与制度协同创新的数字创意产业全球价值链演化模型，如图 3-3 所示。①

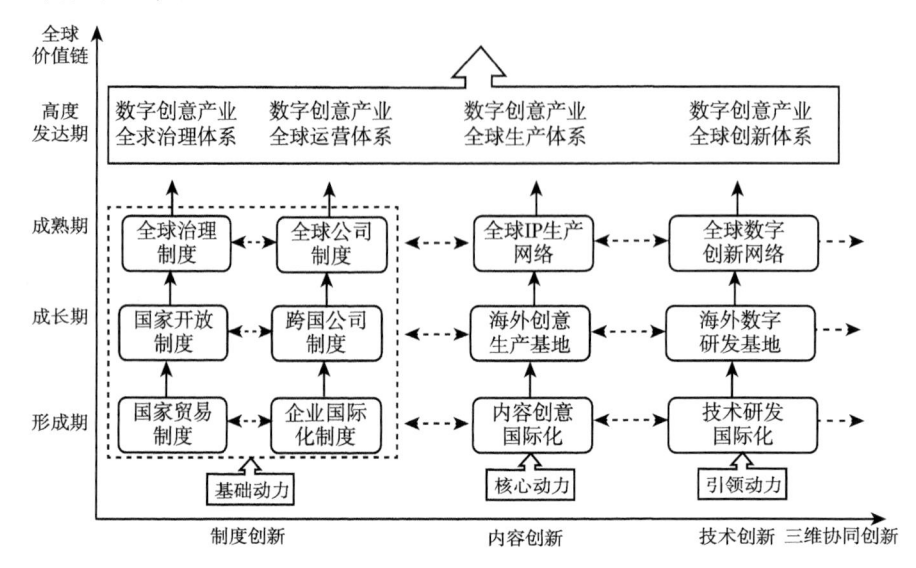

图 3-3 基于内容、技术与制度协同创新的数字创意产业全球价值链演化模型
来源：作者研究绘制。

二、中国重构数字创意产业全球价值链的必要性与现实基础

（一） 中国重构数字创意产业全球价值链的必要性

作为 2016 年 12 月刚确立为国家战略性新兴产业的数字创意产业，其实早已面临国际强国在全球范围内的"抢滩登陆"，虽然联合国 2019 年 1 月发布的《创意经济展望：创意产业国际贸易趋势》显示，2015 年中国在创意产业全球贸易中表现突出，但是数据显示，65% 的世界数字音乐份额被美国苹果和瑞典 Spotify 占领，Google 占据全球搜索市场份额的 90%，Facebook 月活跃量超过全球 1/4 人口，亚马逊已经牢牢掌控全球电

---

① 臧志彭. 数字创意产业全球价值链重构战略研究：基于内容、技术与制度三维协同创新 [J]. 社会科学研究，2018（2）：45-54.

子出版物市场（美国国际贸易委员会 USITC，2017）[①]。由此可见，以苹果、谷歌、亚马逊、Facebook、Netflix、Spotify 等为代表的美欧数字创意企业已经在世界范围内抢先建立了初步的数字创意产业全球价值链，抢占了全球价值链主导地位。全球价值链著名学者 Humphrey 和 Schmitz（2002）等研究明确指出，发展中国家其实很难在发达国家主导和控制的全球价值链中由低端向高端攀升，更不可能实现自动快速升级。[②]

同时需要认识到的是，现有的全球价值链理论建构于制造业和传统国际贸易范式基础上，以发达国家为主导、发展中国家企业做代工的角度，以生产制造环节为重心建立的理论框架（俞荣建和文凯，2011）。[③] 基于信息与通信技术的数字创意产品催生了不同于传统货物贸易和服务贸易的数字产品贸易（何其生，2012）;[④] "数字产品对全球价值链的影响是颠覆性的"（沈玉良、金晓梅，2017），[⑤] 数字创意产业正在颠覆全球价值链的全球分布体系和全球贸易利益分配。数字交付服务已占美国服务贸易总出口的 61%；美国向欧盟出口的服务贸易中，约 72% 是数字交付服务；数字贸易已成为新一轮经济全球化发展的核心推动力和创新来源（王新奎，2016）。[⑥] 面对建构于数字互联平台、生产制造环节迥异、分发渠道与营销网络全数字化的新兴数字创意产业，传统全球价值链理论亟须拓展和创新（Strange 和 Zucchella，2017）。[⑦]

---

① United States International Trade Commission. Global Digital Trade 1: Market Opportunities and Key Foreign Trade Restrictions [EB/OL] [2018 - 02 - 01]. https://www.usitc.gov/publications/332/pub4716_ 0. pdf.
② Humphrey J& Schmitz H. Developing country firms in the world economy: governance and upgrading in global value chains [R]. INEF Report, University of Duisburg, 2002, 25 - 27.
③ 俞荣建, 文凯. 揭开 GVC 治理 "黑箱": 结构、模式、机制及其影响: 基于 12 个浙商代工关系的跨案例研究 [J]. 管理世界, 2011 (8): 142 - 154.
④ 何其生. 美国自由贸易协定中数字产品贸易的规制研究 [J]. 河南财经政法大学学报, 2012, 27 (5): 142 - 153.
⑤ 沈玉良, 金晓梅. 数字产品、全球价值链与国际贸易规则 [J]. 上海师范大学学报（哲学社会科学版）. 2017 (1): 90 - 99.
⑥ 王新奎. 增强制定经贸规则的能力, 提高制度性话语权 [J]. 国际贸易问题, 2016 (11): 18 - 20.
⑦ Strange, R., Zucchella, A. Industry 4.0, global value chains and international business [J]. Multinational Business Review, 2017, 25 (3): 174 - 184.

（二）中国重构数字创意产业全球价值链的现实基础[①]

2016年以来中国等发展中国家迎来了数字创意产业全球价值链地位重构的最佳历史机遇期：一是近年来以大数据、人工智能、VR/AR等为代表的新一代科技革命浪潮正在给传统数字创意产业带来颠覆性革新，发达国家初步构建的数字创意产业全球价值链格局正在受到新兴技术的巨大冲击；二是美国总统特朗普上台后强力推行贸易保护主义、美国本土主义，以及欧洲局势的持续动荡不安促使中国迎来了参与全球经济秩序重构的国际政治经济新形势。

近年来，一大批中国数字创意企业积极实施出海战略，开始在全球价值链中主动布局，腾讯、阿里巴巴、百度、网易、今日头条等中国企业在欧洲、北美、南美、亚洲等世界范围内的移动游戏、网络媒体、VR/AR等数字创意产业领域"攻城拔寨"，让我们看到了中国重构数字创意产业全球价值链的现实可能。

1. 移动游戏行业全球价值链重构实例分析

随着移动互联网的大行其道，全球游戏市场逐渐由游戏机和PC平台市场向移动游戏市场转换，中国的移动游戏公司紧紧抓住了这一战略转型期，在全球移动游戏价值链整体切换过程中优先占位、顺势布局，获得了全球游戏市场主要国家中的优势地位，根据全球著名移动应用数据公司APP Annie发布的《全球移动应用市场2016年回顾》数据显示，2016年全球APP Store和Google Play移动应用综合收入前十名中，中国的腾讯和百度公司分列第五位和第八位；按照游戏综合收入排名，腾讯位列全球第一、网易排名全球第三。

从全球价值链重构角度来看，以腾讯为代表的中国移动游戏企业已经

---

① 臧志彭. 数字创意产业全球价值链：世界格局审视与中国重构策略 [J]. 中国科技论坛，2018 (7)：64-73，87.

初步整合了全球的游戏研发资源,努力打造游戏开发环节的竞争优势,例如,腾讯分别投资了美国游戏开发商 Riot Games、Epic Games、Glu Mobile、Activision Blizzard、韩国 CJ Games 以及日本 Aiming 公司,并且在 2016 年斥资 86 亿美元收购全球最受欢迎的芬兰游戏开发商 Supercell 公司 84.3% 的股份。此外,昆仑万维也与韩国顶级游戏公司 NEXON 和 KOG 签约了端游 IP 的手游改编权和动画片制作权。影视剧 IP 也是游戏开发环节重要的资源,就在 2017 年 8 月,游族网络与美国华纳兄弟互动娱乐公司达成战略合作,由游族网络主导开发著名美剧《权力的游戏》的手机游戏,开创了中国游戏公司逆向开发美国 IP 资源的全新尝试。而在全球市场开拓方面,2016 年中国已经有大量的移动游戏产品进入北美、欧洲、亚洲主要国家市场,并且进入苹果 APP Store 和谷歌 Google Play 排名中的 TOP50,且有网易《阴阳师》、智明星通《列王的纷争》、腾讯控股公司 Miniclip 体育类游戏《Archery King》、北京龙创悦动《丧尸之战》等多款游戏排名出海国家移动游戏细分类别的前三名。特别值得一提的是,网易的《梦幻西游》、畅游自主研发的《天龙八部手游》与 CMGE 中国手游的《神话永恒》均进入 2017 年 5 月全球收入排行榜前十,[①] 特别是腾讯研发的《王者荣耀》排名第一。成为全球价值链重构实践中的典型实例。如表 3-1 所示。

表 3-1 中国移动游戏行业全球价值链重构实例

出海国家或地区	2016 年入围出海国 TOP50 的移动应用
美国	腾讯收购美国游戏开发商 Riot Games、Epic Games、Glu Mobile、Activision Blizzard 等公司的重要股份。猎豹移动《滚动的天空》(TOP5)、《钢琴块 2》(TOP30),智明星通《列王的纷争》(TOP1),腾讯控股公司 Miniclip 体育类游戏《Archery King》(TOP1),福州龙腾《苏丹的复仇》(TOP30),网易《阴阳师》(TOP10)

---

① 数据来源:网易号. 全球收入前十手游称霸星 APP5 月榜,王者荣耀位居第一 [EB/OL]. [2017-06-20]. http://dy.163.com/v2/article/detail/CNC9GQM90517B27P.html.

续表

出海国家或地区	2016 年入围出海国 TOP50 的移动应用
芬兰	腾讯收购 Supercell（2016 年）
俄罗斯	猎豹移动的《滚动的天空》《钢琴块 2》和腾讯的《Flip Diving》《Agar. io》入围最受欢迎的游戏，智明星通的《列王的纷争》《魔法英雄》《帝国战争》《Age of Kings》（TOP15），福州天盟数码《Castle Clash》《王国纪元》《Clash of Lords2》（TOP15），成都尼毕鲁科技《银河传说》《王者帝国》（TOP15）
巴西	猎豹移动《钢琴块 2》（TOP15），智明星通《魔法英雄》《Age of Kings》《列王的纷争》《Magic Legion》（TOP15），腾讯台球游戏《8 Ball Pool》、足球游戏《Soccer Stars》（TOP15）；游族网络《League of Angels - Fire Raiders》《Legacy of Discord - FuriousWings》，北京龙创悦动《丧尸之战》（TOP3），广州游莱信息科技《DDTank Brasil》《DDTank》（TOP15），上海莉丝科技的《Soul Hunters》、上海骆拓科技的《魔法英雄传》（TOP15）
日本	腾讯收购日本 Aiming 游戏开发公司股份，乐元素《偶像梦幻祭》（TOP5，刷新中国游戏日本排名纪录），猎豹移动《钢琴块 2》《滚动的天空》，华清飞扬《帝国战舰》，非奇科技《Zombie Frontier 3》，雷亚中国《Cytus》《Deemo》，成都龙渊网络科技的《VOEZ 兰空》，创智优品科技的《钢琴大师》，北京涂鸦多得科技的《音乐英雄》，智明星通《列王的纷争》《女王的纷争》《魔法英雄》，优脉互动的《三国天武》，空中信使的《三国志》，福州天盟数码的《王国纪元》，成都数字天空《雄霸天下》，成都尼毕鲁科技《银河传说》，北京龙创悦动《丧尸之战》，北京趣加科技《庄园物语》，北京壳木软件《War and Order》
韩国	腾讯收购韩国 CJ Games 公司股份，昆仑万维与韩国 NEXON 和 KOG 签订 IP 手游改编权和动画片制作权。猎豹移动《钢琴块 2》《滚动的天空》《深海水族馆》，广州易幻网络《천명》《三国志》《오마이하우스》（TOP15），智明星通《列王的纷争》《魔法英雄》《帝国战争》，龙图游戏《剑与魔法》（TOP5），华清飞扬《海战 1942：国家舰队战》（TOP4），北京游道易《疯狂动物园》乐升世纪《孕妇急救医生》《冰淇淋机》
印度	猎豹移动《钢琴块 2》《滚动的天空》，龙创悦动《丧尸之战》，北京游道易《天天过马路》

续表

出海国家或地区	2016 年入围出海国 TOP50 的移动应用
越南	猎豹移动《钢琴块 2》，上海欧拉网络《Piggy is Coming – Pet Paradise》，福州天盟数码《王国纪元》《Castle Clash》，北京涂鸦多得《至尊悍匪》，智明星通《列王的纷争》，北京壳木软件《War and Order》《Happy Labs》《饭店物语》
泰国	猎豹移动《钢琴块 2》（TOP50）
中东	智明星通《列王的纷争》，福州龙腾数码《苏丹的复仇》，猎豹移动《钢琴块 2》（TOP30）
尼日利亚	智明星通《列王的纷争》（TOP30），猎豹移动《钢琴块 2》（TOP30）

注："TOP+数字"表示在 iOS 或 Google Play 中一定时期内位列下载量排行榜或收入排行榜的名次，限于篇幅未列明具体的平台、排行依据和排名时间；未列名次的表示入围榜单但具体名次不详。数据截至 2016 年 12 月。资料来源：作者根据 iOS 和 Google Play 公开发布数据、国际著名应用数据平台 APP Annie 发布数据、国内著名应用数据平台 ASO100 及国内最大泛互联网出海分析平台"白鲸出海"发布信息整理。

2. 网络媒体行业全球价值链重构实例分析

网络媒体行业的全球价值链演化趋势表明工具类应用的红利期已经基本结束。2015 年以来，以网络媒体为代表的内容价值链正在全球范围内建构，中国新闻类 APP 在全球价值链建构过程中也作出了很多尝试，取得了一定的优势（如表 3-2 所示）。

表 3-2　中国网络媒体行业全球价值链重构实例

出海国家或地区	2016 年入围出海国 TOP50 的移动应用
美国	北京字节跳动科技《TopBuzz》，北京智者天下科技《知乎日报》，今日头条"资本+技术输出"的方式收购北美移动视频创作者平台 Flipagram，上海闻学网络《musical.ly》（TOP1，美国最火音乐短视频社区），杭州趣维短视频应用《小影 VivaVideo》（TOP10）
欧洲	北京智者天下科技《知乎日报》
土耳其	安远（北京）科技 Gündem/GUNDEM

续表

出海国家或地区	2016 年入围出海国 TOP50 的移动应用
巴西	北京五洲万象《Central das Notícias》（TOP1）；安远（北京）科技 Gündem/GUNDEM 杭州趣维《小影 VivaVideo》（TOP10）
日本	北京智者天下科技《知乎日报》，杭州趣维《小影 VivaVideo》（TOP15）
韩国	北京智者天下科技《知乎日报》，杭州趣维《小影 VivaVideo》（TOP10）
印度	阿里巴巴《UC News》，北京明日虫洞 NewsDog，北京猎豹网络《News Republic》，今日头条投资最大的信息分发平台 Dailyhunt，欢聚时代的直播应用《BigoLive》
印度尼西亚	阿里巴巴 UC 在雅加达成立东南亚总部，北京五洲万象 Baca、Caping 公司《Caping》，今日头条控股新闻推荐平台"BABE"（TOP3），广州世讯信息《Nonolive》（TOP3），欢聚时代《BigoLive》
泰国	腾讯全资收购 Sanook Online（泰国最大的门户网站和数字平台），改名 Tencent Thailand；腾讯与泰国数字内容平台 Ookbee 合作成立数字内容公司 Ookbee U
老挝	腾讯上线门户网站 muan.sanook.com
越南	杭州趣维《小影 VivaVideo》（TOP15），欢聚时代《BigoLive》
马来西亚	智创互联 365news
新加坡	百度开设新加坡研究中心（开发东南亚市场的本地服务）
中东	福州网乐网络 Wander News

注："TOP+数字"表示在 iOS 或 Google Play 中一定时期内位列下载量排行榜或收入排行榜的名次，限于篇幅未列明具体的平台、排行依据和排名时间；未列名次的表示入围榜单但具体名次不详。数据截至 2016 年 12 月。资料来源：作者前期研究整理。资料来源：作者根据 iOS 和 Google Play 公开发布数据、国际著名应用数据平台 APP Annie 发布数据、国内著名应用数据平台 ASO100 及国内最大泛互联网出海分析平台"白鲸出海"发布信息整理。

从内容生产环节来看，2017 年春节期间今日头条以"资本+技术输出"的方式全资收购拥有超过 3000 万月活跃用户的北美移动视频创作者平台 Flipagram。阿里 UC 表示将在东南亚地区投资 3000 万美元扶持开发自媒体内容生产。腾讯则在泰国与数字内容平台 Ookbee 合作成立数字内容公司 Ookbee U，并全资收购了泰国最大的门户网站 Sanook Online，还在老挝上线了门户网站 muan.sanook.com。安远（北京）科技作为在国家"一带一路"倡议背景下成立于土耳其的新媒体企业，其研发的新闻媒体平台 GUNDEM 也进入土耳其、巴西等国家媒体应用的 TOP15。

在内容分发环节，今日头条早在 2015 年就投资控股了印度尼西亚排名前三的新闻推荐平台"BABE"，并在 2016 年 10 月领衔投资拥有 2800 多万月活跃用户、月浏览页面量达到 45 亿的印度最大信息分发平台 Dailyhunt，完成了全球价值链的有效布局。

在市场营销环节，北京智者天下科技开发的《知乎日报》2016 年就进入美国、欧洲、日本、韩国的网络媒体应用 TOP15 排行榜单；上海闻学网络开发的音乐短视频应用《musical.ly》短短两年时间就位列美国 App store 排名第一，成为美国最火音乐短视频社区。杭州趣维开发的《小影 VivaVideo》和欢聚时代开发的直播平台《BigoLive》等在美国、日本、韩国、越南、巴西等多个国家进入短视频应用 TOP15。

此外，阿里 UC 在印度尼西亚首都雅加达设立东南亚总部，百度在新加坡成立研究中心，开发东南亚市场的网络信息服务，众多中国网络媒体相关企业的全球价值链布局已经初见成效。

3. VR/AR 行业全球价值链重构实例分析

在 VR/AR 这一新兴领域，截至目前，全球仍然处于新兴的开创期，无论是欧美强国还是中国，都没有形成成熟的技术体系和商业模式。2016 年被称为 VR 元年。在这一年中，欧美等各路资本竞相争夺 VR/AR 行业的全球主导地位，中国企业不仅参与其中而且成为其中的重要力量（如表 3-3 所示）。例如，阿里巴巴领投美国致力于 MR（混合现实）开发的 Magic Leap，投资以色列的 VR 公司 Infinity 与 AR 公司 Lumus；腾讯、联想投资美国的 AR 技术公司 Meta；盛大网络投资美国的 The Void VR 主题公园以及游戏巨头三七互娱投资加拿大的 VR 研发商 Archiact。可见，中国数字创意领先企业在全球市场布局 VR、AR 行业成发展风向标。需要说明的是，虽然从 2016 年下半年以来 VR/AR 行业投融资"遇冷降温"，但是该行业对数字创意产业的变革与提升空间非常大，其发展前景仍然被广泛看好，正如 2000 年互联网行业的泡沫破灭而后大发展，目前的降温正是 VR、AR 行业从野蛮生长到理性成熟的过渡期，加快全球范围的 VR/AR 价值链布局，是中国企业向数字创意产业全球价值链上端跃迁的关键抓手。

表 3-3　中国 VR/AR 行业全球价值链重构实例

出海国家	实例
美国	阿里巴巴领投 Magic Leap，联想投资 Meta，盛大网络投资 The Void VR 主题公园，游久游戏与原力动画投资 VR 虚拟角色提供商 PLFX，华谊兄弟入股美国 Lytro 公司，SMG 战略投资 Baobab Studios（优酷前沿科技基金也有投资）、Felix & Paul 和 JAUNT，并与微鲸合资成立了 JAUNT 中国
加拿大	三七互娱投资 Archiact
以色列	阿里巴巴投资 VR 公司 Infinity，阿里巴巴、盛大集团、水晶光电投资 AR 厂商 Lumus

资料来源：作者根据相关公司官方网站及腾讯、网易、新浪等网络媒体公开信息整理。

三、数字创意产业全球价值链重构战略模型与关键路径

关于全球价值链重构的研究大体可以分为两大范式：范式一是聚焦在原有价值链体系内的地位攀升，包括工艺升级、产品升级、功能升级和链的升级四种路径，且依次为"OEM—ODM—OBM"，并要重视比较优势和创新（Humphrey 和 Schmitz，2002[①]；Hardy 和 Imani 等，2018[②]）；范

[①] Humphrey J & Schmitz H. Developing country firms in the world economy: governance and upgrading in global value chains [R]. INEF Report, University of Duisburg, 2002: 25-27.
[②] Hardy, J., Imani, Y., Zhuang, B. N. Regional resilience and global production networks in China: An open political economy perspective [J]. Competition & Change, 2018, 22 (1): 63-80.

式二是重新构建新的全球价值链或区域价值链，主张抓住新兴市场的崛起和价值链区域化以及跨国公司"逆向创新"机遇，通过建立区域供应链和零售网以及南南价值链，重构发展中国家在全球价值链中的地位和角色（Lee 和 Gereffi，2015[1]；毛蕴诗，2017[2]；刘志彪，2018[3]；潘文卿、李跟强，2018[4]）。

对于中国重构数字创意产业全球价值链相关研究，由于数字创意产业属于新兴产业门类，专题研究中国数字创意产业全球价值链重构的文献并不多，学者们在与数字创意产业紧密相关的文化创意产业全球价值链重构方面进行了初步探索，基本形成三大研究范式。范式一，着重从文化创意产业全球价值链位置测度维度切入，研究发现当前中国文化创意产业全球价值链地位有提升但尚存很大改善空间，中国文化产业仍然没有摆脱"低端锁定"困境（郭新茹等，2014[5]；尚涛和陶蕴芳，2011[6]；王国安、赵新泉，2013[7]；田思和高长春，2015[8]；范兆斌、黄淑娟，2017[9]；Niu，2017[10]）。范式二，着重从发挥产业融合效应、推动产业集群、构建体制机制维度分析。顾江（2009）提出文化产业应嵌入全球价值链，发挥文

---

[1] Lee, J., Gereffi, G. Global Value Chains, Rising Power Firms and Economic and Social Upgrading [J]. Critical Perspectives on International Business, 2015 (7)：319 - 341.

[2] 毛蕴诗. 重构全球价值链：中国企业升级理论与实践 [M]. 北京：清华大学出版社，2017.

[3] 刘志彪，吴福象. "一带一路"倡议下全球价值链的双重嵌入 [J]. 中国社会科学，2018 (8)：17 - 32.

[4] 潘文卿，李跟强. 中国区域的国家价值链与全球价值链：区域互动与增值收益 [J]. 经济研究，2018，53 (3)：171 - 186.

[5] 郭新茹，刘冀，唐月民. 价值链视角下我国文化产业参与国际分工现状的实证研究：基于技术含量的测度 [J]. 经济经纬，2014 (5)：81 - 86.

[6] 尚涛，陶蕴芳. 我国创意产业中的国际分工研究：基于典型发达国家和发展中国家的比较分析 [J]. 世界经济研究，2011 (2)：40 - 47.

[7] 王国安，赵新泉. 中美两国影视产业国际竞争力的比较研究：基于全球价值链视角 [J]. 国际贸易问题，2013 (1)：58 - 67.

[8] 田思，高长春. 中国创意产品贸易出口技术复杂度变化趋势研究 [J]. 研究与发展管理，2015 (4)：54 - 59.

[9] 范兆斌，黄淑娟. 文化距离对"一带一路"国家文化产品贸易效率影响的随机前沿分析 [J]. 南开经济研究，2017 (4)：125 - 140.

[10] Niu, J. S. A study of the influencing factors of the export trade of Beijing's cultural creativity industry [J]. American Journal of Industrial and Business Management, 2017, 7 (1)：69 - 77.

化产业关联效应、支撑效应和溢出效应[1];还有学者认为培育本地企业的互补性资产,创新文化内容、推动文化产业集群,加快文化产品"走出去"是提升全球价值链地位的重要路径(王缉慈、梅丽霞等,2008[2];梅国平、刘珊,2014[3];魏鹏举、戴俊骋,2017[4]);构建体制基础、动力引擎、资金支持、创新机制与法律保障成为基本共识(谈国新、郝挺雷,2015[5];李凤亮、赵雪彤,2017[6];吴琳琳、罗敏,2018[7])。范式三,聚焦探讨新兴数字科技带来巨大变革基础上的全球价值链重构。随着人工智能的加速渗透,媒体智能化时代已全面开启(邵国松,2018[8];王悦、支庭荣,2017[9]),智能化技术正在进入内容行业,促使内容生产、分发、消费等全面升级、生态格局正在重构(陈昌凤,2019[10];彭兰,2018[11];吕尚彬、黄荣,2018[12])。人工智能(Artificial Intelligence,简称 AI)时代的到来,打破了原有的经济、政治和信息传播格局,亟须重构平等、普惠、共享的网络空间秩序(谢新洲,2016[13])。在日益碎片化的全球化背

---

[1] 顾江.全球价值链视角下文化产业升级的路径选择[J].艺术评论,2009(9):80-86.

[2] 王缉慈,梅丽霞,谢坤泽.企业互补性资产与深圳动漫产业集群的形成[J].经济地理,2008(1):49-54.

[3] 梅国平,刘珊,封福育.文化产业的产业关联研究:基于网络交易大数据[J].经济管理,2014(11):25-36.

[4] 魏鹏举,戴俊骋,魏西笑.中国文化贸易的结构、问题与建议[J].山东社会科学,2017(10):55-60.

[5] 谈国新,郝挺雷.科技创新视角下我国文化产业向全球价值链高端跃升的路径[J].华中师范大学学报(人文社会科学版),2015(2):54-61.

[6] 李凤亮,赵雪彤.数字创意产业与国家文化软实力提升路径研究[J].广西民族大学学报(哲学社会科学版),2017(6):2-7.

[7] 吴琳琳,罗敏.全球价值链下两岸动漫产业的发展与合作:基于历史的考察和交易成本分析[J].国际新闻界,2018,40(8):122-140.

[8] 邵国松.媒体智能化发展的伦理与法律问题初窥[J].现代传播(中国传媒大学学报),2018,40(11):9-14.

[9] 王悦,支庭荣.机器人写作对未来新闻生产的深远影响:兼评新华社的"快笔小新"[J].新闻与写作,2016(2):12-14.

[10] 胡曙光,陈昌凤.观念与规范:人工智能时代媒介伦理困境及其引导[J].中国出版,2019(2):11-15.

[11] 彭兰.智能时代的新内容革命[J].国际新闻界,2018(6):88-109.

[12] 吕尚彬,黄荣.智能技术体"域定"传媒的三重境界:未来世界传播图景展望[J].现代传播(中国传媒大学学报),2018(11):37-45.

[13] 谢新洲.打造普惠共享的国际网络空间[N].人民日报,2016-03-17.

景下（邵培仁、陈江柳，2018①），如何借助科技创新机遇重构数字创意产业全球价值链，增强新兴科技时代中国文化自信至关重要。基于智能算法的内容分发所占的比例越来越大，整个社会的信息传播出现了从整体到群体再到个体三个层面的改变（喻国明，2019②），应从程序化内容生产、算法化内容分发、自动化内容监管和精准化运营等价值链环节构建中国主流媒体智能化发展路径（宋建武、黄淼，2018③），要强化互联网基因培育，推进"互联网 + 内容"生产方式创新（严三九，2017④），要就全球互联网治理相关议题持续提出中国方案，构建网络空间命运共同体（唐绪军、黄楚新等，2018⑤），积极利用大数据与 AI 等科技，以不同联结点选择不同价值链战略，嵌入、建构甚至主导全球价值链，提升国际文化话语权（田新玲、刘海贵，2016⑥；解学芳、臧志彭，2019⑦）。

数字创意产业全球价值链对相关产业的衍生效应、共享效应、嫁接效应，特别是对绝大多数产业转型升级的外溢效应使其战略地位异常凸显。如果一国能够在数字创意产业全球价值链中占据主导地位，那么无疑将大大提升该国传统产业的品质内涵，促进其传统产业的转型、更新与升级；反之，如果一国数字创意产业价值链被他国"俘获"或"低端锁定"，那么该国整体产业的发展无疑将大大受限，未来产业竞争力也将被他国牢牢控制。

参与和主导全球价值链无论是对一个企业，还是一个国家而言，都是

---

① 邵培仁，陈江柳. 整体全球化："一带一路"的话语范式与创新路径：基于新世界主义视角的再阐释 [J]. 暨南学报（哲学社会科学版），2018，40 (11)：13 - 23.
② 喻国明. 人工智能与算法推荐下的网络治理之道 [J]. 新闻与写作，2019 (1)：61 - 64.
③ 宋建武，黄淼. 媒体智能化应用：现状、趋势及路径构建 [J]. 新闻与写作，2018 (4)：5 - 10.
④ 严三九. 中国传统媒体与新兴媒体内容融合发展研究 [J]. 新闻与传播研究，2017，24 (3)：101 - 118，128.
⑤ 唐绪军，黄楚新，王丹. 智能互联与数字中国：中国新媒体发展现状、展望 [J]. 新闻与写作，2018 (8)：22 - 25.
⑥ 田新玲，刘海贵. "互联网+"背景下中国文化创意产品"走出去"策略探析：基于价值链的理论视角 [J]. 新闻爱好者，2016 (3)：45 - 51.
⑦ 解学芳，臧志彭. 人工智能在文化创意产业的科技创新能力 [J]. 社会科学研究，2019 (1)：35 - 44.

战略性的重大决策。有鉴于此，本书借鉴战略管理专家安索夫（Ansoff）提出的安索夫矩阵（Ansoff Matrix）、波士顿咨询公司提出的经营单位组合分析战略矩阵、明茨伯格战略转型"立方体"模型等战略管理研究思路，结合数字创意产业全球价值链实际，提出构建数字创意产业全球价值链新型重构战略模式。

从根本上讲，判断数字创意产业某个细分行业重构全球价值链是否可行、能否成功，取决于三大因素：一是数字创意产业细分行业的本国价值链（National Value Chain，NVC）成熟度（以下简称NVC成熟度），发展成熟的本国价值链是增强全球价值链竞争优势的前提。二是数字创意产业细分行业的全球价值链成熟度（以下简称GVC成熟度），如果该行业全球价值链已经比较成熟，那么要突破现有格局进行全球价值链的重构，必将面临非常大的难度；而如果该行业全球价值链尚不成熟，仍处于构建和巩固过程中，那么重构的难度将会小很多，成功的概率也会大很多。三是数字创意产业细分行业发展成熟度（以下简称行业成熟度），如果发展成熟、全球价值链格局基本定型，则很难取得重构性突破；只有当行业存在大量的技术革新，尚处于快速变化的非均衡发展期，才有打破已有全球价值链分工和创建新格局的机会。需要指出的是，NVC成熟度、GVC成熟度和行业成熟度三大因素是从静态的成熟度角度考察某个特定时期一个国家数字创意产业全球价值链重构的操作可行性与成功可能性。除此之外，数字创意产业全球价值链重构还需要考虑另外三个动态因素，即内容创新、技术创新与制度创新。如前文所述，内容创新是数字创意产业发展的核心动力、技术创新是引领动力、制度创新为基础动力，三者的协同创新促成了数字创意产业的形成与发展。在数字创意产业全球价值链重构战略分析过程中，如果说NVC成熟度、GVC成熟度和行业成熟度三大因素决定了当前数字创意产业重构全球价值链成功的可能性，那么内容创新、技术创新与制度创新三大因素则决定了数字创意产业全球价值链重构的未来成功可能性以及未来发展潜力，同时也是数字创意产业全球价值链重构战略的重要改进方向与实施路径。

由此，本书以 NVC 成熟度、GVC 成熟度和行业成熟度三大因素为三轴坐标系，以内容创新、技术创新和制度创新为三大动力因素，构建全新的数字创意产业全球价值链重构战略立方体模型。如图 3-4 所示。

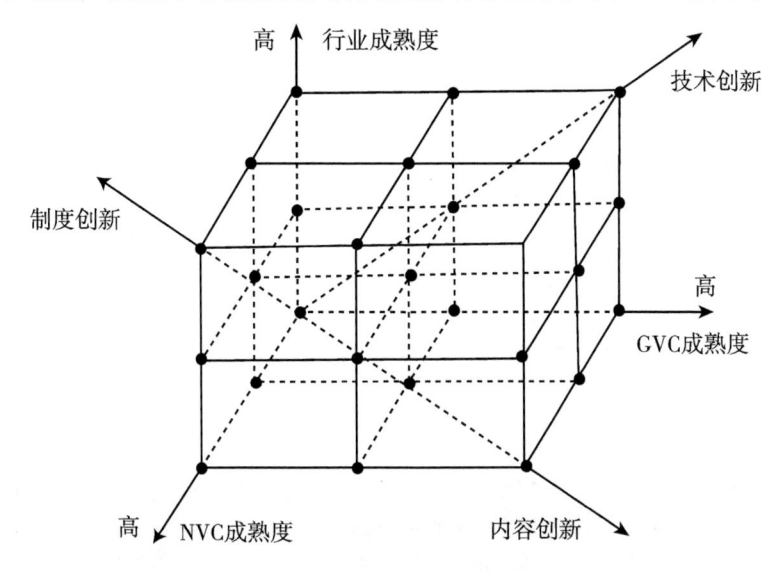

图 3-4 数字创意产业全球价值链重构战略立方体模型
来源：作者研究设计。

数字创意产业全球价值链重构战略立方体模型由静态、动态双三轴坐标系构架，NVC 成熟度、GVC 成熟度和行业成熟度三大因素构成三个坐标轴，因其静态稳固成为主轴坐标系。每个坐标轴从原点向外延伸代表成熟度由低到高的发展方向，中间位置代表成熟度处于中度成熟状态，中间点向内则表示成熟度降低，向外则表示成熟度提高。以数字创意产业 NVC 成熟度、GVC 成熟度和行业成熟度三轴的低、中、高三点为线进行连接则形成一个大的立方体，称为数字创意产业全球价值链重构战略立方体模型；大立方体内含八个小型立方体，称为数字创意产业全球价值链重构八大战略模块。在静态主轴坐标系内部还蕴藏了三条从原点向外延伸的动力轴，分别是内容创新、技术创新和制度创新。单纯依靠 NVC 成熟度、GVC 成熟度和行业成熟度三个静态因素仅能判断当前数字创意产业全球

55

价值链的所处状态，却无法推动数字创意产业全球价值链重构的动态演化，而内容、技术与制度的三维协同创新恰恰是数字创意产业全球价值链突破当前格局、不断升级重构强有力的动力机制。

如何定义三大成熟度是上述模型具备理论和实践价值的关键。本书通过对数字创意产业的分析提出数字创意产业 GVC 成熟度、NVC 成熟度及行业成熟度的评估要点，如表 3-4 所示。

表 3-4　数字创意产业 GVC 成熟度、NVC 成熟度及行业成熟度评估要点

GVC 成熟度评估 参考要点	NVC 成熟度评估 参考要点	行业成熟度评估 参考要点
价值链： • 研发—生产—运营链条完整度 • 国际分工体系成熟度 • 跨国供应链完整性 • 全球化价值链布局与协作有效性 主导企业： • 明确的主导企业 • 公认的领导品牌 • 全球市场份额的集中度 治理结构： • 清晰的治理结构 • 明晰的权利结构 • 成熟的全球化利益分配机制 辅助活动： • 全球化的人才流动 • 基础设施完善度	产业与市场： • 国内产业体系完整度 • 全国统一市场 • 国内最终消费品市场规模 价值链： • 研发—生产—运营链条完整度 • 供应链完整度与协作有效性 • 研发设计原创比重 • 技术标准自主程度 • 关键设备自产比重 • 终端市场控制力 • 金融、物流、广告、咨询、信息化等服务配套完善 主导企业： • 明确的国内主导企业 • 公认的领导品牌及国际影响力 • 市场份额集中度及国外市场占有份额 • 创新活跃度 治理结构： • 清晰的治理结构 • 明晰的权利结构 • 成熟的利益分配机制	• 行业结构稳定性 • 行业价格体系规范性 • 行业协会等中介组织发达程度 • 行业技术标准统一性 • 行业技术更新频率 • 是否受到新兴技术颠覆性威胁

续表

GVC 成熟度评估 参考要点	NVC 成熟度评估 参考要点	行业成熟度评估 参考要点
	辅助活动： • 基础设施完善度 • 持续的人才供应能力 • 全国化人才流动	

数字创意产业全球价值链重构战略立方体模型，整合了 NVC 成熟度、GVC 成熟度和行业成熟度三大维度，涵盖了内容创新、技术创新和制度创新为三大动力因素，构成了一整套战略体系。

一是战略环境分析与战略基础锚定。根据数字创意产业 NVC 成熟度、GVC 成熟度和行业成熟度的具体情况，结合 SWOT 方法进行战略环境分析，基于三轴坐标系准确定位数字创意产业及细分行业，以及具体数字创意企业在特定时期全球价值链中的准确位置；并且深入分析关键成功要素、挖掘目前存在的关键问题及深层次原因。

二是制订战略目标、编制战略规划。基于数字创意产业全球价值链目前的位置，结合自身具备的内容创新、技术创新和制度创新等优劣势条件，确定核心资源与核心能力，特别是结合全球范围内优势资源，制定数字创意产业全球价值链跃升的愿景、战略目标，明确战略定位，编制总体战略规划。

三是确定业务层战略，设计关键策略组合。基于总体战略定位，进行数字创意产业全球价值链地位跃升的关键业务战略选择，制定有效的业务组合，设计关键策略组合体系（如技术创新策略、内容创新策略、制度创新策略）。

四是设计具有实际操作价值的战略实施路径。从决定数字创意产业发展的三大动力因素维度建构数字创意产业全球价值链重构战略的内容创新路径、技术创新路径和制度创新路径，形成能够整合企业、政府、行业组织、媒体、消费者及社会公众等多元利益相关者的战略实施路径图谱。

数字创意产业全球价值链重构战略立方体模型共分为八大战略模块，

每个战略模块的战略要义、战略选择及关键战略路径如表3-5所示。

表3-5 数字创意产业全球价值链重构八大战略模块

战略名称	战略要义	重构战略选择	重构战略实施关键路径
战略模块Ⅰ	NVC高成熟度+GVC高成熟度+行业高成熟度	市场优先战略 低成本战略	内容创新：差异化数字创意内容开发策略 技术创新：跨界创新、颠覆性创新 制度创新：支持数字创意企业进入全球主导企业圈，扩大本国在全球的影响力
战略模块Ⅱ	NVC高成熟度+GVC高成熟度+行业低成熟度	研发优先战略兼并收购战略	内容创新：差异化数字创意内容开发策略 技术创新：综合运用多种创新模式、主导建立全球创新网络 制度创新：出台创新激励制度，支持数字创意企业进入全球主导企业圈，本国参与制定全球行业标准与规则
战略模块Ⅲ	NVC高成熟度+GVC低成熟度+行业高成熟度	市场优先战略兼并收购战略 低成本战略	内容创新：整合全球优质数字创意内容资源开发 技术创新：跨界创新、颠覆性创新 制度创新：支持数字创意企业成为全球主导公司，确立本国在全球的影响力
战略模块Ⅳ	NVC高成熟度+GVC低成熟度+行业低成熟度	研发与市场并重战略兼并收购战略	内容创新：整合全球优质数字创意内容资源开发 技术创新：综合运用多种创新模式、主导建立全球创新网络 制度创新：出台创新激励制度，支持数字创意企业成为全球主导公司，确立本国的全球治理地位
战略模块Ⅴ	NVC低成熟度+GVC高成熟度+行业高成熟度	先嵌入再升级战略 差异化战略	内容创新：充分挖掘本国特色数字创意文化资源 技术创新：跨界创新、颠覆性创新 制度创新：着力加强NVC建设；扶持、构建国际竞争力强的大企业集团，建立与发达国家的战略盟友关系

续表

战略名称	战略要义	重构战略选择	重构战略实施关键路径
战略模块Ⅵ	NVC低成熟度+GVC高成熟度+行业低成熟度	研发优先战略立足本国战略	内容创新：充分挖掘本国特色数字创意文化资源 技术创新：综合原始创新、跨界创新、颠覆性创新多种创新模式 制度创新：着力加强NVC建设；扶持、构建国际竞争力强的大企业集团；与发展中国家结盟，并成为领导者
战略模块Ⅶ	NVC低成熟度+GVC低成熟度+行业高成熟度	知识产权战略区域结盟战略	内容创新：充分挖掘区域特色数字创意文化资源 技术创新：跨界创新、颠覆性创新，鼓励区域间合作共享创新 制度创新：着力加强NVC建设；扶持大企业联盟、培育大企业集团；参与全球事务治理，确立本国在全球的影响力
战略模块Ⅷ	NVC低成熟度+GVC低成熟度+行业低成熟度	研发优先战略兼并收购战略	内容创新：加快本土数字创意优质内容开发 技术创新：与全球创新资源建立开放式创新网络 制度创新：着力加强NVC建设；采取大型企业、中小企业双扶持策略；本国参与制定全球行业标准与规则，成为全球主导者之一

从根本上讲，无论对于任何行业、任何全球价值链格局与基础环境状况，NVC成熟度其实都是重构全球价值链的核心前提。构建相对独立的NVC是后进国家实现产业升级和国际竞争优势的突破口和必要路径（刘志彪、张杰，2009）。上述八大战略模块，实际上可以根据NVC成熟度大体划分为两大类：一类是与NVC高成熟度相对应的四大战略模块；另一类是与NVC低成熟度相对应的其余四个战略模块。

对于NVC高成熟度的数字创意产业细分行业而言，本国已经基本形成了较为成熟的市场体系、较为完善的上下游产业链条及配套产业体系，形成了较为发达的商业网络和知识产权体系，孕育了若干个具有较强竞争力的大型企业集团。可以说，国家已经基本具备了保卫本土价值链、争夺国际市场主导权的初步实力，在这种情况下的核心战略思路是"主动出击"，具体包括三种战略选择：一是市场优先战略，优先主攻未被发达国家控制的发展中国家市场；二是低成本战略，在发展中国家建立数字创意产业生产制作基地和非核心技术研发基地；三是兼并收购战略，在全球范围内兼并收购有市场优势或者有研发优势的数字创意企业。换句话说，就是要通过市场优先战略、低成本战略、兼并收购战略主动与发达国家企业抢夺市场、抢夺研发资源，从而争取在 GVC 已经成熟的行业通过差异化数字创意内容开发策略与发达国家"分一杯羹"，争取在 GVC 暂未成熟的行业通过整合开发全球优质数字创意内容资源优先掌握全球主导权。在这种"硬碰硬"的抢夺过程中，如果行业已经发展成熟，那么在技术创新路径上则实施跨界创新和颠覆性创新（例如，苹果公司 iphone 的跨界创新对传统手机行业的颠覆）；如果行业暂未发展成熟，仍面临快速技术革新，那么在技术创新路径上应综合采用原始创新、集成创新以及消化吸收再创新等各种创新模式，并主导建立全球创新网络。在制度创新方面，从战略模块 I 至战略模块 IV 首先需要始终坚守的政策路径是政府应尽可能采取措施支持本国数字创意领军企业进入全球主导企业圈；与此同时需要注意的是，从战略模块 I 至战略模块 IV 其实还依次反映了本国数字创意产业面临的全球价值链重构环境在逐渐改善，因此政府应通过制度创新不断提升本国在数字创意产业全球治理中的话语权和影响力，当本国数字创意产业处于最佳的战略模块 IV 情境时，应确立本国在数字创意产业全球治理中的主导地位。

然而，当 NVC 处于较低成熟度时，本国数字创意产业面临着市场体系发展比较弱小，上下游产业链不完整及配套产业缺乏，尚未形成发达的商业网络，甚至核心知识产权仍然被发达国家垄断，并且缺乏具备国际竞争力的大型企业。对于此种情境的数字创意产业，在面对不同成熟度的全

第三章 数字创意产业全球价值链：概念模型与重构战略

球价值链时，有两种不同的战略选择：其一，在 GVC 成熟度较高时，核心的战略思路是"立足本土"。当数字创意产业细分行业成熟度较高时，这种情形与中国传统制造业行业面临的情况相似，适宜采取类似于传统制造业的"先嵌入再升级"战略，用市场换知识产权，从为国外主导企业建立国内营销体系、生产体系和研发体系，到基于国内市场充分挖掘本国数字创意文化资源、开发自营产品，逐步建立本国价值链；并采用差异化战略，开发具有文化认同（低文化折扣）的发展中国家市场。当行业成熟度较低时，应采取研发优先策略，通过综合运用多种创新模式加快新兴数字创意技术研发，并着力加强本国价值链建设，争取实现"弯道超车"。其二，当 GVC 成熟度也较低，即本国数字创意产业发展与国外发达国家基本处于同一起跑线时，按照行业成熟度的不同需要进行区别对待。如果行业成熟度较高，即战略模块Ⅶ，此类情形主要针对处于完全竞争型市场上的数字创意产品及行业，一般此类行业技术、创意等进入门槛非常低，且呈现明显的区域化特征，难以形成全国层面的价值链，并且国外资本因竞争激烈和成本收益比较低而不愿进入，故而难以形成全球价值链。在这种情形下，应采取知识产权战略和区域结盟战略，在内容创新上充分挖掘区域特色数字创意文化资源，在技术创新上采取跨界创新、颠覆性创新，鼓励区域间合作共享创新的战略实施路径。而对于行业成熟度较低的战略模块Ⅷ，其描述情形类似于当前新兴的 VR/AR 行业，一方面，适合采取研发优先策略，抓紧抢占数字创意技术制高点；另一方面，应采取兼并收购策略，抓紧在全球范围内兼并收购有研发优势的企业，谷歌、Facebook、索尼、三星、阿里巴巴、腾讯、SMG 等国内外企业纷纷投资并购全球 VR 技术企业便是很好的例证。最后，仍然需要注意到，从战略模块Ⅴ到战略模块Ⅷ，同样反映了一国数字创意产业面临的全球价值链重构环境在逐渐好转，政府的制度创新措施，除了应着力加强本国价值链建设、扶持大企业集团外，逐渐从迫于压力不得不与发达国家建立战略盟友关系，到与具有技术优势的发展中国家结盟共同对抗发达国家，再到参与全球事务治理、确立本国在全球的影响力，最后发展为参与全球行业标准与规则的制定、成为全球主导者的战略演变。

实际上，从中国数字创意产业整体战略环境态势现状来看，以万达电影、腾讯、阿里巴巴、百度、网易等为代表的数字创意相关领军企业经过多年发展已经构建了较为成熟的国内价值链体系，即 NVC 成熟度处于较高水平；而以苹果、谷歌、三星、Facebook 等为代表的全球公司已经在世界范围内建立了初步的数字创意产业全球价值链网络，也就是说 GVC 成熟度处于由低级向中级演化提升阶段；而 2010 年以来以人工智能、VR/AR 等为代表的新一代科技浪潮正在给传统数字创意产业带来颠覆性革新，使得数字创意产业总体处于不稳定低成熟度的非均衡发展期，由此可以初步判定：数字创意产业总体处于八大战略态势中的战略模块Ⅳ，并且显现出向战略模块Ⅱ演变的趋势。在这种战略环境下，兼并收购成为世界各国数字创意产业的核心战略选择，近些年来频频曝光的谷歌、阿里、腾讯、万达在全球范围内的攻城略地便是明证。需要认识到的是，美国总统特朗普强力推行的新贸易保护主义、美国本土主义以及欧洲局势的动荡不安等国际政治经济新形势，为中国数字创意产业的全球价值链重构战略提供了绝佳的历史机遇。中国数字创意产业应紧紧抓住目前千载难逢的机会，加快全球优质数字创意内容资源的整合与开发，快速在世界范围内建立全球研发创新网络，扶持组建具有国际竞争力的大型企业集团，积极推动国际领域制度创新，从而帮助中国数字创意企业成为全球主导公司，确立中国在全球数字创意产业治理中的主导地位，能够在数字创意产业全球战略环境由战略模块Ⅳ向战略模块Ⅱ再向战略模块Ⅰ转变过程中长期立于不败之地。

四、中国数字创意产业全球价值链重构的六大战略举措

英国《金融时报》（2017）撰文指出"中国政府正在积极诠释全球化

发展中的负责任大国角色，成为避免全球贸易体系陷入保护主义和混乱状态的关键力量"。[1] 2017年1月17日，习近平主席在达沃斯世界经济论坛发表《共担时代责任，共促全球发展》的主旨演讲，强调推进中国产业全球化发展成为新的国家战略。可见，中国数字创意产业"走出去"，重构新的全球价值链格局正面临最佳的历史机遇期。数字创意产业具有典型的全球化属性，建构于"互联网+"基础上的数字创意产业，天然地具备全球连通、世界一体化属性，而正是这一属性决定了中国数字创意产业全球价值链重构的必需性与紧迫性。因此，中国亟须从国家战略高度重视和加强数字创意产业全球价值链重构的中国路径研究，从理论上为中国构建数字创意产业全球化新格局提供战略指引，为"一带一路"倡议提供数字创意产业领域的落地实施路径，进而以数字创意产业为突破口，开启传统产业数字化、创意化、国际化战略，最终为中华文化走出去、全面提升中国国际软实力奠定坚实的基础。

（一）"数字化+创意化"开发中华传统文化资源构建差异化内容优势

文化既是民族的，也是世界的。中华民族5000年文明史蕴藏了无数的文化瑰宝。这些中华优秀传统文化是中国数字创意产业重构全球价值链的重要战略资源。基于中华传统文化资源的数字化和创意化开发可以迅速构建中国数字创意产业的差异化竞争优势。首先，构建基于中华传统文化资源的影视、动漫、游戏、音乐、文学、电子出版物等数字创意产品的战略实施路径，特别是需要构建基于不同国家文化背景、偏好与禁忌的数字创意化内容开发策略，突出文化要素相融的重要性[2]。其次，研发中华传统文化资源的数字化开发与发行技术，特别是利用VR/AR开发技术、现代信息网络传播技术、数字化展览展示技术、大数据开发技术、网络云存

---

[1] 陈建，朱旌，等．国际舆论高度关注习近平出席世界经济论坛年会：期待中国在全球治理中增强领导力［N］．经济日报，2017 - 1 - 17．
[2] Raymond J. MacDermott., Dekuwmini Mornah. The Effects of Cultural Differences on Bilateral Trade Patterns ［J］. Global Economy Journal, 2016（4）：637 - 668.

储技术、知识产权保护技术、网络授权交易技术等创新、展现传统文化精华的战略实施路径。最后，政府应采取培育大企业集团与"专、精、特、新"的中小数字创意企业并重的策略，发挥政府在服务具有国际竞争力的中小型数字创意企业方面的制度创新优势作用；特别是进行顶层设计与整体统筹规划，制定中华传统文化资源开发的底线标准和负面清单制度，建立系统科学的授权经营体系，避免中华传统文化资源被过度开发、不当开发与错误导向开发，以防止损害中国核心价值体系以及在国际文化市场中的大国形象。

（二）推动中国数字创意产业全球价值链向全球创新链的战略性跃迁

"进入新常态的过渡时期，中国必须从加入全球价值链转向嵌入全球创新链"。[①] 特别是进入"互联网+"时代，凭借中国网民规模的绝对优势与互联网龙头企业的崛起，数字创意产业的未来发展为中国文化贸易在国际市场获得优势生态地位提供了保障。虽然当前数字创意产业的全球价值链仍然处于非均衡波动期，但是从长远发展来看，以内容创新和技术创新为核心驱动的数字创意产业必然从全球价值链转向全球创新链的竞争。因此，加快思考如何推动中国数字创意产业从全球价值链跃迁至全球创新链至关重要。一是建立数字创意产业开放式创新路径，包括通过进口、境外并购、国际招标、招才引智等方式，引进先进技术和高端人力资源，形成全球知识和智慧资源的集聚。二是建立中国数字创意产业全球创新网络：包括建立与国外科研机构、优秀创新团队的战略合作，设立数字创意产业海外研发中心，参股、合资或并购国外具有创新优势的数字创意企业和研发机构，建立数字创意版权在全球的运营能力。三是优化政府推动数字创意产业向全球创新链跃迁的制度创新路径：包括帮助数字创意企业快速低成本完成复杂性创新的政策路径，推动数字创意科技创业的政策设

---

① 刘志彪. 从全球价值链转向全球创新链：新常态下中国产业发展新动力 [J]. 学术月刊，2015 (2): 5–14.

计、建立数字创意产业众创空间的政策体系，以及提升数字创意产业创新能力、形成良好创新生态等制度安排。

（三）系统构建能够与发达国家相抗衡的竞争策略组合

针对当前中国数字创意产业面临的核心内容创意环节竞争力不足、技术开发环节势单力薄、核心分发渠道被美国掌控的弱势局面，建议从三个方面着力加强战略性突破：第一，实施"自主+整合"的双轮驱动策略。一方面，要着力加强自主设计与开发能力，增强中国数字创意企业在内容创意设计和产业技术研发方面的自身实力；另一方面，在有效管控"资本外逃"的前提下，支持中国数字创意产业细分行业龙头企业通过海外兼并收购快速整合世界范围内的内容创意与技术研发优质资源，迅速形成能够与发达国家领先企业相抗衡的竞争能力。第二，实施"借力打力+跨界创新"的组合策略。从目前来看，苹果公司的 APP Store 和谷歌公司的 Google Play 两大应用商店已经几乎完全垄断了全球智能手机移动应用分发平台，在这种情况下试图依靠建构新的移动应用商店"硬碰硬"抢夺流量资源的策略很难行得通。中国数字创意企业，一方面，应利用苹果和谷歌两大应用商店的世界主要市场全覆盖的优势推广自身优质的数字创意产品或服务，尽快在全球各主要国家市场建立自身数字创意产品或服务的价值链网络；另一方面，应积极思考人工智能、物联网、VR/AR 等新一轮科学技术变革带来的巨大的颠覆式创新机会，运用跨界思维颠覆传统的应用商店，开创全新的数字创意产业商业模式。第三，实施"运营优势弥补流量不足"的替代策略。苹果、谷歌和 Facebook 等国外数字创意企业巨头基本已经在全世界主要国家市场上占据了强大的流量优势（如在巴西 90% 的流量由上述巨头掌控），依靠巨大的流量付费盈利，国际巨头们缺乏对于新兴市场国家的本土化运营，而这恰恰是中国企业长久以来激烈竞争积累的独特优势。中国数字创意企业，特别是阿里巴巴、腾讯、百度等互联网企业近些年来在国内外积累了大量的用户运营和产品运营经验，形成了中国企业独具竞争力的国际竞争优势。例如，百度收购的巴西最大的团购网站 Peixe Urbano 和滴滴投资的巴西最大的共享出行服务商"99"在注入中国运营模式后都获得了爆发式增长。运营模式比流量模式盈利难度大、耗费成本高，这些是苹果、谷歌、Facebook 等依靠流量轻松赚钱的国际巨头不愿意做的，但是却是中国数字创意企业获取竞争优势、深耕本土价值链、提高进入门槛的最佳战略选择。[1]

（四）构建中国数字创意产业"一带一路"沿线价值链

世界贸易组织（World Trade Organization，WTO）首席经济学家罗伯特·库普曼（Robert Koopman）（2015）曾明确指出中国将通过"一带一路"战略构建自身的全球价值链网络。[2]数字创意产业全球价值链与传统产业价值链最大的不同在于，其具备强大的价值链外溢效应和嫁接效应。如前文分析所述，经过阿里巴巴、腾讯、网易、今日头条、美图等众多企业的不懈努力，中国数字创意产业中的移动游戏、网络媒体等细分行业在"一带一路"沿线国家已经具备了一定的市场优势，建立了具有竞争力的分发渠道，积累了大量的消费群体，为数字创意产业发挥对传统制造业和服务业的价值链外溢和嫁接效应提供了良好的基础。因此，数字创意产业具备成为中国"一带一路"全球价值链战略实施的重要突破口。首先，建立"一带一路"沿线国家文化资源、文化遗产联合数字化开发机制，特别是要建立与"一带一路"沿线国家文化价值观与战略理念相符相融的文化资源开发模式以利于当地政府和社会接受，[3]减少文化折扣；建立数字影视、动漫游戏、网络文学等数字创意内容联合生产机制；连接

---

[1] 资料来源于微信公众号白鲸出海 2017 年 7 月 17 日推送的文章"老闫讲巴西互联网之：老闫出海观和巴西战略篇"，作者是百度巴西 CEO 闫迪。
[2] 有之忻. WTO 首席经济学家罗伯特·库普曼：中国将通过"一带一路"构建自身的全球价值链 [EB/OL] [2017 - 12 - 01]. 新华网，http：//news. xinhuanet. com/fortune/2015 - 11/03/c_1117022516. htm，2015 - 11 - 03.
[3] MacDermott R., Mornah D. The Effects of Cultural Differences on Bilateral Trade Patterns [J]. Global Economy Journal. 2016（4）：637 - 668.

"丝路城市",建立"一带一路"沿线国家数字创意博览会、展交会等机制等,形成合作共赢的网络。其次,推动"一带一路"沿线国家互联互通,推动形成数字技术、大数据技术、移动通信技术、VR/AR 技术等新兴技术在"一带一路"沿线国家协同创新的战略机制。最后,推动建立传统产业与数字创意产业"一带一路"共同开发的对接交流机制。鉴于"一带一路"沿线诸国复杂的国内环境和投资信息与渠道不足等问题,[①]政府应牵头塑造全新的和平发展、共赢的新秩序,有效打通中国数字创意企业走出去的便捷通道;与此同时,要加快建立"一带一路"沿线国家数字创意产业联盟,在金融、贸易等方面开展制度创新推动数字创意产业"一带一路"价值链构建。例如,百视通与印尼最大的网络服务商印尼电信以合资方式进行内容制作、整合分发、数字影院系统等整个价值链的合作;时代出版与波兰阿达姆·马尔沙维克出版集团签署共建"一带一路"国际出版联盟战略协议,并与多国开展版权贸易、数字出版的合作等都是很好的尝试。[②]

(五)构建中国数字创意产业全球价值链重构的自由贸易区通道

自由贸易试验区是中国政府制度创新的战略举措。目前,中国自由贸易区战略进入第二阶段,这一新阶段体制创新路径应当是由适应实物资本投资的体制环境转变为适应知识资本投资的体制环境。[③] 自由贸易区可以成为中国数字创意产业全球价值链重构的重要制度创新支撑:首先,基于自由贸易区探索关于数字创意产业全球价值链多边、双边或区域合作规则的制度创新。加强自由贸易区在适应和鼓励中国数字创意产业对外投资方

[①] 李嘉珊,宋瑞雪."一带一路"倡议背景下中国对外文化投资的机遇与挑战[J]. 国际贸易,2017 (2): 53 - 57.
[②] 花建."一带一路"战略与提升中国文化产业国际竞争力研究[J]. 同济大学学报(社会科学版),2016 (5): 30 - 39.
[③] 王新奎. 全球价值链竞争背景下,中国(上海)自由贸易试验区的历史使命[N]. 中国社会科学报,2016 - 10 - 11 (004).

面的制度创新,通过备案制管理创新帮助数字创意企业在境外投资开办企业更加自由和便利。其次,加强自由贸易区及区外在适应和鼓励中国数字创意产业对外贸易方面的制度创新,鼓励中国数字创意产业在数字版权输出、中外合作影视制作、广电项目境外落地的集成播出、工艺美术品数字创意设计服务等各个方面加速构建全球价值链。再次,加强自由贸易区在适应和鼓励中国数字创意产业重构全球价值链中的金融制度创新,通过数字创意高端设备融资租赁、数字创意产业全球价值链重构提供制度支撑。最后,随着新兴互联网文化市场的崛起,在中国数字创意产业全球价值链重构的初级阶段,建立区域供应链与零售网络平台(如自贸区跨境电商平台)是全球价值链重构的重要手段。[①]

(六)建立"自检"与"维权"并重的知识产权国际对接机制

在互联网背景下,数字创意作品的高流动性、易抄袭性、易篡改性,以及网页转码、深度链接、云存储等技术发展使得数字创意版权的保护难度很大,对于致力于走出国门、构建全球价值链的中国数字创意企业而言,为确保在国际市场既不侵犯他人权利又不被他人侵权,亟须建立"自检"与"维权"并重的知识产权国际对接的战略路径。一是建立自检机制。中国数字创意企业在"走出去"之前,要全面梳理自身的数字创意产品是否对国外相关产品造成侵权。二是建立保护机制。中国数字创意企业需要仔细研究和严格遵守出口国的版权保护法律法规,并深入了解该国的版权保护生态,为全球价值链构建提供基础的版权保障。三是建立侵权监控与响应机制。"互联网+"时代,中国数字创意企业需要构建影视、动漫、音乐、游戏、媒体、社区、移动APP、网络云存储等跨领域全方位的线上版权监控与响应机制。四是政府应推动国际数字创意产业知识

[①] Lee J., Gereffi G. Global value chains, rising power firms and economic and social upgrading [J]. Critical Perspectives on International Business, 2015 (7): 319–341.

产权保护制度创新,加快数字内容版权保护立法。[①] 中国从 1980 年以来陆续加入了世界知识产权组织以及《保护工业产权的巴黎公约》《商标国际注册马德里协定》《保护文学艺术品伯尔尼公约》《世界版权公约》《保护录音制品制作者防止未经许可复制其录音制品公约》《与贸易有关的知识产权协定》《世界知识产权组织版权条约》《世界知识产权组织表演和录音制品条约》等国际知识产权保护公约或条约,但是鉴于中国数字创意企业的大量"出海"需求,中国政府应在着力加强本国知识产权生态改善的同时,主导推动国际数字创意知识产权保护制度创新,在未来全球数字创意产业版权市场中取得规则、标准制定者和主导者地位。

[①] Chaudhry P. The looming shadow of illicit trade on the internet [J]. Business Horizons, 2017, 60 (1): 77–89.

第四章
数字创意产业创新基础：
文化产业科技创新评价[①]

---
① 臧志彭，解学芳.文化产业上市公司科技创新能力评价研究：来自国内A股191家公司的实证分析[J].证券市场导报,2014(8): 23-30.

第四章 数字创意产业创新基础：文化产业科技创新评价

党的十九大明确提出要"激发全民族文化创新创造活力，建设社会主义文化强国"，十八大提出要"增强全民族文化创造活力，促进文化与科技的融合"。

数字创意产业，从本质上来讲，是文化与科技融合的产业。而文化与科技的融合，在微观的落地执行层面，实际上主要由两种方式来实现：一是文化企业的科技创新；二是科技企业的文化产品开发。对于第二条路径——科技企业开发文化产品而言，当文化产品产值达到相对较高比重时，该科技企业就转型成了科技含量较高的文化类企业，进而在该企业的科技创新能力上表征着文化与科技的融合。换句话说，第二种路径的最终表现其实还是第一种方式。基于上述分析，本书认为，数字创意产业创新驱动，其本质上来源于文化产业科技创新能力。因此，本书对于数字创意产业创新驱动的分析，将主要通过对中国文化产业科技创新能力评价来进行；而这里的文化产业是一个相对宽泛的范畴，本书根据国家统计局《文化及相关产业分类（2012）》10个大类、50个中类、120个小类的标准去筛选文化及相关产业的企业，从而在最大范围内将科技企业转型为文化类的企业纳入统计范畴。

上市公司实力强、社会影响力大，以上市公司科技创新能力为基础评价总体产业科技发展水平具有重要的借鉴意义（黄鲁成、江剑，2005）。[①] 文化产业上市公司是中国文化产业的龙头企业，是产业发展的领航者，对于文化产业上市公司科技创新能力的评价研究将有助于我们对产业总体层面的科技创新能力有一个前瞻性的把握，从而为制定出台更具针对性和操作性的文化产业科技创新能力提升策略提供科学的基础依据。

国外学者从多个维度对文化产业的科技创新问题进行着探究。Stam等学者（2008）研究了文化创意产业的结构、发展与创新对荷兰城市发

[①] 黄鲁成，江剑．关于开展上市公司技术创新能力评价的思考[J]．科学学与科学技术管理，2005（5）：85-89．

展的影响问题,并发现荷兰的艺术领域明显缺乏创新。[1] Le 和 Masse 等学者(2013)强调文化创意过程被数字技术变革不断重塑。[2] 数字技术也改变着创意产品的市场营销方式,带来了视频游戏与动画电影的融合并衍生出新的行业,加速了产业融合创新的战略组织(Weeds,2012[3];Gandia,2013[4]);Nathan 和 Lee(2013)通过 7600 个伦敦企业样本调查强调了文化多样性对于创新力培育的重要性;[5] 从创新集聚来看,创新与创意受到技术、组织、政策、创业与新文化企业出现以及人事管理模式的影响,文化产业聚集是否是生产者寻求创造性协同效应的结果还需要思考(Scott,2006[6];Hotho and Champion,2011[7])。

国内关于数字创意产业科技创新、文化产业上市公司科技创新的定量研究非常少,冯根福、温军(2008)以中国 2005—2007 年的 343 家上市公司数据为基础探讨技术创新与公司治理的关系。[8] 戴新民、徐艳斌(2011)采用 DEA 方法对中国 23 家传播与文化产业上市公司进行了实证研究,发现文化产业上市公司规模无效率是技术效率低下的主要原因,应采取加强技术改造和管理等策略提高文化产业上市公司的效率。[9] 杨东

---

[1] Stam E, JPJ De Jong, Marlet G. Creative industries in the Netherlands: structure, development, innovativeness and effects on urban growth [J]. Geografiska Annaler: Series B, Human Geography, 2008, 90 (2): 119 – 132.

[2] Le PL, Masse D, Paris T. Technological change at the heart of the creative process: insights from the videogame industry [J]. International Journal of Arts Management, 2013, 15 (2): 45 – 59.

[3] Weeds H. Superstars and the long tail: The impact of technology on market structure in media industries [J]. Information Economics and Policy, 2012, 24 (1): 60 – 68.

[4] Gandia R. The digital revolution and convergence in the videogame and animation industries: effects on the strategic organization of the innovation process [J]. International Journal of Arts Management, 2013, 15 (2): 32 – 44.

[5] Nathan M, Lee N. Cultural diversity, innovation, and entrepreneurship: firm – level evidence from London [J]. Economic Geography, 2013, 89 (4): 367 – 394.

[6] Scott AJ. Entrepreneurship, innovation and industrial development: geography and the creative field revisited [J]. Journal Small Business Economics, 2006, 26 (1): 1 – 24.

[7] Hotho S, Champion K. Small businesses in the new creative industries: innovation as a people management challenge [J]. Management Decision, 2011, 49 (1): 29 – 54.

[8] 冯根福,温军. 中国上市公司治理与企业技术创新关系的实证分析 [J]. 中国工业经济,2008 (7): 91 – 101.

[9] 戴新民,徐艳斌. 基于 DEA 的传播与文化产业上市公司效率评价 [J]. 安徽工业大学学报(社会科学版),2011 (6): 39 – 41.

星、李多（2013）讨论了出版类上市公司的经营状况，提出走数字化出版道路、积极培养数字化人才，创新经营管理模式的发展策略。[1]

本书根据国家统计局2012年7月发布的《文化及相关产业分类（2012）》对全部沪深A股上市公司进行了逐一梳理，筛选出文化及相关产业上市公司（以下简称文化产业上市公司）共计191家。通过对这191家上市公司科技创新能力的实证分析，希望能够为全面把握中国数字创意产业创新驱动能力提供有价值的研究证据。

一、科技创新能力评价指标体系构建

从目前有关科技创新能力评价指标研究来看，一是关注科技产出指标，如经济合作与发展组织（Organization for Economic Co‑operation and Development，OECD）所构建的科技评价体系主要由产出类指标构成，包含产出、效率、质量、效益等维度；[2] 二是关注整个科技投入产出价值链涉及的指标，如刘晶等（2009）构建的高新技术企业技术创新能力指标体系包括投入能力、研发能力、制造能力、营销能力、产出能力与管理能力六大维度24个指标；[3] 三是关注科技创新过程类的指标，如王影、梁祺（2006）围绕企业创新过程，从创新投入能力、创新管理能力、创新实施能力、创新实现能力、创新产出能力五大维度，构建了22个上市公司技术创新能力评价指标；[4] Hsueh和Hsu等学者（2012）建立了文化产业发展成效多准则评估模型，通过使用模糊逻辑推理系统来实现价值量转移过程，依次评估各部门对文化产业投入的发展成效。[5]

---

[1] 杨东星，李多. 出版类上市公司近年经营情况比较分析：以天舟文化、出版传媒和时代出版为例 [J]. 中国出版，2013（1）：57 – 61.
[2] 经济合作与发展组织. OECD科学技术和工业展望 [M]. 北京：科学技术文献出版社，2006.
[3] 刘晶，孙利辉，王军. 高新技术企业技术创新能力评价研究 [J]. 科研管理，2009（S）：19 – 23.
[4] 王影，梁祺. 基于广义最大熵原理的上市公司技术创新能力评价 [J]. 科技管理研究，2006（10）：195 – 197.
[5] Hsueh SL, Hsu KH, Liu CY. Multi‑criteria evaluation model for developmental effectiveness in cultural and creative industries [J]. 2012 International Workshop on Information and Electronics Engineering，2012，29：1755 – 1761.

伴随高新技术应用于文化产业领域速度的加快，文化产业上市公司的核心竞争优势日益依赖于文化科技资源的整合与优化、文化科技产业链的打造与拓展、科技创新能力的持续开发与转化。综合来看，文化产业上市公司科技创新能力贯穿整个文化产品和服务的创意、生产、流通、营销的全过程，科技创新能力的强弱则取决于科技创新链的综合能力。所谓科技创新链，实际上就是文化企业开展科技创新工作的流程链，主要包括科技投入、开发过程和科技产出三大环节。

其一，科技投入环节。一般而言，包括人员投入、经费投入和设备投入（如宁连举、李萌，2011①）。在人员投入方面，可以通过科技人员占企业职工人数比重、硕士博士学历人数占职工人数比重等指标来考察；在经费投入方面，通常设置研发费用占营业收入比重指标；而对于设备投入，其最终也要通过研发资金支出的方式来体现，因此其内涵已在研发费用占比指标中体现。

其二，开发过程环节。开发过程可分解为创新思想②、创意产生、创意转化（Hansen and Birkinshaw，2008③）等。这个过程实际上是一个黑箱，其中的能力实际上属于"默会知识"的范畴，很难显性化和定量化，特别是目前上市公司并没有相关数据的披露，不宜设置为评价指标；而且开发过程的能力强弱其实最终还是反馈到产出层面，通过产出指标的设置也可在一定程度上反映开发过程的能力水平。

其三，科技产出环节。有的学者提出了科技产出包括新产品市场占有率、销售额等指标，④ 以及有关新产品的市场表现、财务业绩等指标；实

---

① 宁连举，李萌. 基于因子分析法构建大中型工业企业技术创新能力评价模型［J］. 科研管理，2011（3）：52-58.
② Wang CH，Lu LX，Chen CB. Evaluating firm technological innovation capability under uncertainty［J］. Technovation，2008（28）：349-363.
③ Hansen M，Birkinshaw J. The innovation value chain［J］. Harvard Business Review，2008（4）：36-49.
④ Guan JC，Richard CMA，Chiu KM，et al. Study of the relationship between competitiveness and technological innovation capability based on DEA models［J］. European Journal of Operational Research，2006（3）：971-986.

际上，这些指标不仅取决于文化企业的科技创新能力，而且与文化市场环境、营销推广能力等密切相关，本书认为这些指标应作为衍生性的相关指标，不宜直接作为科技创新能力评价的指标。王志成等（2007）指出知识产权作为衡量科技产出的重要价值。[①] 对于文化企业而言，应选择科技创新获得的专利数量与拥有版权等技术性无形资产规模作为科技产出评价指标。

由于目前上市公司披露数据以财务数据为主，年报及其他相关披露信息中缺乏企业科技创新方面的数据（黄鲁成、江剑，2005），[②] 很多理想的科技创新评价指标因缺乏数据来源而不得不放弃，建立少而精的上市公司科技创新能力评价指标体系成为现有数据基础条件下的最优选择。在遵循科学、动态、客观等指标选取原则基础上，通过充分挖掘上市公司年报披露数据信息，本书最终构建了包括两个一级指标、四个二级指标和五个三级指标的中国文化产业上市公司科技创新能力评价指标体系，如表4-1所示。

表4-1 科技创新能力评价指标体系

目标	一级指标	二级指标	三级指标	指标公式
科技创新能力指数	科技创新投入	科技人员	科技人员占比	科技人员数/职工总数
			硕博人数占比	硕博人员数/职工总数
		研发经费	研发费用占营收比	研发费用/营业收入
	科技创新产出	科研成果	人均申获专利数	申获专利总数/职工总数
		创新资产	技术资产占比	无形资产*/总资产

*注：因上市公司年报对技术资产数据披露比较模糊，这里采用无形资产数据。

---

① 王志成，等．城市发展创意产业的影响因素分析及实证研究［J］．中国工业经济，2007（8）：49-57．
② 黄鲁成，江剑．市场化研发机构绩效评价体系设计与实施［J］．科技管理研究，2005（4）：13-15．

二、科技创新能力评价实证分析

（一）数据来源

本书主要依据三条标准对 2435 家沪深 A 股上市公司进行了逐一筛选：一是年报披露信息"所属行业"涵盖在国家统计局《文化及相关产业分类（2012）》的产业范围内；二是披露信息"主营构成"中含有文化及相关产业业务收入，并占一定比重；三是公司经营稳定，未被"ST"。最终甄选出文化产业上市公司共计 191 家。

上市公司的科技创新能力指标体系数据全部来自上市公司年度报告，主要基础数据来源媒体有上海证券交易所、深圳证券交易所、大智慧、网易财经、同花顺和金融界等。

（二）基于 ANP 的评价指标权重设计

权重设计常用方法有层次分析法（Analytic Hierarchy Process，AHP）、主成分分析法、因子分析法及秩和比法（RSR）等，其中应用最为广泛的是层次分析法，其优点在于能够在输入信息相对较少的情况下将复杂的系统进行有效分解并通过一定的数学运算得到各个因素的权重，比较简单实用；然而其缺点在于认为不同层次的元素相互独立，同一层次中的元素也不存在支配和从属关系，[1] 忽略了元素间的相互影响关系，这并不符合现实情况。为了更加真实地反映客观世界，美国匹兹堡大学 Saaty 教授 1996 年又提出了网络层次分析法（Analytic Network Process，以下简称 ANP）[2]。ANP 认为系统中的元素呈现网络结构形态，允许元素间相互影

---

[1] 王莲芬, 徐树柏. 层次分析法引论 [M]. 北京: 中国人民大学出版社, 1990: 69–75.
[2] Saaty T L. Decision making with dependence and feedback [M]. Pittsburghn: RWS Publications, 1996.

响，而层次分析法仅是其中的特例而已。

1. 构造网络结构

根据 ANP 的原理，结合实际，构建文化产业上市公司科技创新能力评价指标体系网络结构图，如图 4-1 所示。

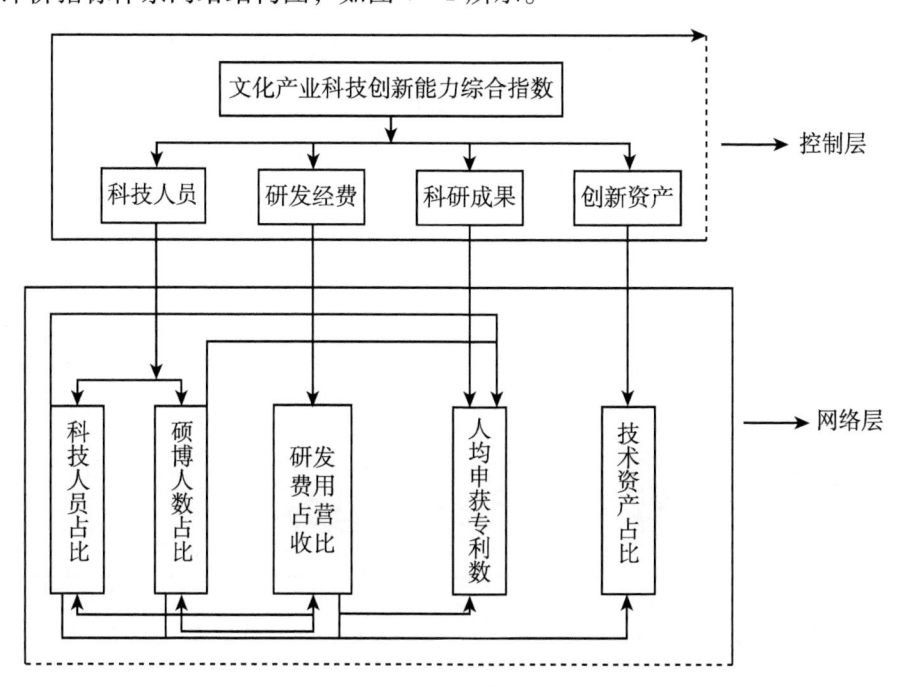

图 4-1 文化产业上市公司科技创新能力评价指标网络结构图

在图 4-1 中，目标问题"文化产业科技创新能力综合指数"和准则层"科技人员""研发费用""科研成果""创新资产"为控制层元素，准则层所支配的元素"科技人员占比""硕博人数占比""研发费用占营收比""人均申获专利数""技术资产占比"形成网络层。网络层各元素之间存在相互的支配和反馈作用："科技人员占比"与"研发费用占营收比"之间相互影响形成反馈关系，"硕博人数占比"与"研发费用占营收比"同样形成反馈关系；"科技人员占比""硕博人数占比"对"人均申获专利数""技术资产占比"具有支配关系；"研发费用"对"人均申获专利数"和"技术资产占比"具有支配关系；"人均申获专利数"对"技术资产占比"也形成支配关系。控制层和网络层元素及它们之间的相互关系构成了文化产业上市公司科技创新能力评价指标的网络结构。

2. 构建未权重化超矩阵

构造未权重化超矩阵的具体方法为[①,②]：假设 ANP 有控制层元素 T_1，$T_2, \cdots T_m$，网络层元素有 $C_1, C_2, \cdots C_N$，其中 C_i 中有元素 $e_{i1}, e_{i2}, \cdots e_{ni}, i = 1, 2, \cdots, N$。以控制层元素 $T_s(s = 1, 2, \cdots, m)$ 为准则层，以 C_j 中元素 $e_{jl}(l = 1, 2, \cdots, n_j)$ 为次准则，将元素组 C_i 中元素按其对 e_{jl} 的影响力大小进行间接优势度比较并构造可判断矩阵。

e_{jl}	$e_{i1}, e_{i2}, \cdots, e_{in_i}$	归一化特征向量
e_{i1}		$w_{i1}^{(jl)}$
e_{i2}		$w_{i2}^{(jl)}$
$\vdots$		$\vdots$
e_{in_i}		$w_{i3}^{(jl)}$

由特征根法得权重向量 $w_{i1}^{(jl)}$，$w_{i2}^{(jl)}$，$\cdots$，$w_{i3}^{(jl)}$。对于 $l = 1, 2, \cdots, n_j$ 重复上述步骤，得到未加权超矩阵 W_{ij}。

$$W_{ij} = \begin{pmatrix} w_{i1}^{(j1)} & w_{i1}^{(j2)} & \cdots & w_{i1}^{(jn_j)} \\ w_{i2}^{(j1)} & w_{i2}^{(j2)} & \cdots & w_{i2}^{(jn_j)} \\ \vdots & \vdots & \vdots & \vdots \\ w_{in_i}^{(j1)} & w_{in_i}^{(j2)} & \cdots & w_{in_i}^{(jn_j)} \end{pmatrix} \quad (1)$$

这里 W_{ij} 的列向量就是 C_i 中元素 $e_{i1}, e_{i2}, \cdots, e_{in_i}$ 对 C_j 中元素 $e_{j1}, e_{j2}, \cdots, e_{jn_j}$ 的影响程度排序向量。若 C_j 中元素不受 C_i 中元素的影响，$W_{ij} = 0$。对于

---

① 李康平. 基于 ANP 的江苏省企业技术创新能力评价及评价系统研究 [D]. 东南大学硕士学位论文, 2006.
② 陈可嘉, 于先康. 逆向物流服务供应商选择的 ANP 方法及 Super Decisions 软件实现 [J]. 福州大学学报（自然科学版）, 2012（2）: 31 – 37.

$i=1,2,\cdots,N; j=1,2,\cdots,N$ 重复上述步骤，最终可获得准则 T_s 下的超矩阵 W。这样的超矩阵共有 m 个非负矩阵。

$$W = \begin{array}{c} \\ \\ C_1 \\ \\ C_2 \\ \\ \\ C_N \\ \end{array} \begin{array}{c} \\ e_{11} \\ \vdots \\ e_{1n_1} \\ e_{21} \\ \vdots \\ e_{2n_2} \\ \vdots \\ e_{N1} \\ \vdots \\ e_{Nn_N} \end{array} \begin{pmatrix} \overset{C_1}{e_{11}\cdots e_{1n_1}} & \overset{C_2}{e_{21}\cdots e_{2n_2}} & \cdots & \overset{C_N}{e_{N1}\cdots e_{Nn_N}} \\ W_{11} & W_{12} & \cdots & W_{1N} \\ \\ W_{21} & W_{22} & \cdots & W_{2N} \\ \\ \vdots & \vdots & & \vdots \\ \\ W_{N1} & W_{N2} & \cdots & W_{NN} \end{pmatrix} \quad (2)$$

3. 构建加权超矩阵

将元素组的整体作为元素，在准则 T_s 下针对某个元素组的相对重要性进行两两比较，从而得到该元素组作为子准则下（设第 j 个元素组）其他元素组的归一化的权重向量 $(a_{1j}, a_{2j}, \cdots, a_{Nj})^T$。其中 a_{ij} 表示第 i 个元素组对第 j 个元素组的影响权重，若没有影响则用"0"表示，且 $\sum_{i=1}^{N} aij = 1$。

构造准则 T_s 下各组元素对 C_j 的相对重要性判断矩阵：

C_j	$C_1, C_2, \cdots, C_N$	归一化特征向量
C_1		a_{1j}
C_2		a_{2j}
$\vdots$		$\vdots$
C_N		a_{Nj}

对于 $j=1,2,\cdots,N$ 重复上述步骤，得到一个 $N \times N$ 阶加权矩阵 A：

$$A = \begin{bmatrix} a_{11} & a_{12} & \cdots & a_{1N} \\ a_{21} & a_{22} & \cdots & a_{2N} \\ \vdots & \vdots & & \vdots \\ a_{N1} & a_{N2} & \cdots & a_{NN} \end{bmatrix} \quad (3)$$

构造加权超矩阵 $\overline{W}$

$$\overline{W} = (\overline{W}_{ij}) \quad (4)$$

式中 $\overline{W}_{ij} = a_{ij}W_{ij}$，且 $\overline{W} = (\overline{W}_{ij})$ 由式（1）和（2）确定，而 $A = (a_{ij})$ 由（3）确定，$\overline{W}$ 即为ANP的加权超矩阵。

4. 极限矩阵

从上一步得到加权超矩阵 $\overline{W} = (\overline{W}_{ij})$，当 $\overline{W}^{\infty} = \lim_{t \to \infty} \overline{W}^t$ 存在时，则 $\overline{W}^{\infty}$ 的第 j 列就是准则 T_s 下网络层中各元素对于 j 的极限相对权重向量，写成矩阵形式就是：

$$\overline{W}^{\infty} = \begin{bmatrix} \overline{W}_{11}^{\infty} & \overline{W}_{12}^{\infty} & \cdots & \overline{W}_{1N}^{\infty} \\ \overline{W}_{21}^{\infty} & \overline{W}_{22}^{\infty} & \cdots & \overline{W}_{2N}^{\infty} \\ \vdots & \vdots & & \vdots \\ \overline{W}_{N1}^{\infty} & \overline{W}_{N2}^{\infty} & \cdots & \overline{W}_{NN}^{\infty} \end{bmatrix} \quad (5)$$

其中每一行的数值，即为相应元素的局部权重向量；当一行全部为0时，则相应局部权重为1，将局部权重按元素顺序排列即得到局部权重向量：

$$Q = [q_{11}, \cdots, q_{1n_1}, \cdots q_{N1}, \cdots, q_{Nn_N}]^T \quad (6)$$

（三）基于SD软件计算权重及评价指数构建

由于人工构造超矩阵、加权矩阵、极限矩阵会花费较长时间且容易出错，为提高计算效率和准确度，Saaty（2003）基于ANP推出了超级决策软件——Super Decision（以下简称SD软件）。

本书选择使用SD软件对上文构建的文化产业上市公司科技创新能力

评价指标体系的超矩阵、加权矩阵及极限矩阵进行程序化运算,得到指标权重如下:

$Q = (0.1564, 0.0782, 0.2347, 0.1241, 0.4063)$

从权重向量 Q 可以得到各级指标权重如表 4-2 所示:

表 4-2 科技创新能力指标权重

二级指标	科技人员		研发经费	科研成果	创新资产
权重	0.2346		0.2347	0.1241	0.4063
三级指标	科技人员占比	硕博人数占比	研发费用占比	人均申获专利数	技术资产占比
权重	0.1564	0.0782	0.2347	0.1241	0.4063

在指标权重计算基础上,基于评价指标体系构建中国文化产业上市公司科技创新能力评价指数:

$$T = q_1 c_1 + q_2 c_2 + \cdots + q_N c_N \quad (7)$$

其中:$q_1, q_2, \cdots, q_N$ 表示使用 SD 软件计算出的网络层各指标权重,$c_1, c_2, \cdots, c_N$ 表示网络层元素。

三、实证结果分析

本书对全部 191 家上市公司的科技创新能力评价指数进行了计算,并在此基础上开展细分行业的对比分析、企业所有权性质的对比分析以及所属地域的对比分析。[①]

(一)细分行业比较:科技创新能力参差不齐

本书采用 SPSS20.0 软件 MEANS 均值方法进行行业均值的分析,结

---

① 因本书重点在于通过上市公司反映整体行业情况,且限于篇幅,在此不对具体的公司进行评价指数的分析。关于公司的分析将另文探讨。

果如表4-3所示。根据文化及相关产业统计标准，在文化产业上市公司所属的九大行业中，科技创新能力综合指数均值最高的是文化产品生产的辅助生产行业，为0.113。具体来看，文化产品生产的辅助生产行业包括版权与文化软件服务、印刷复制、会展服务、相关文化辅助生产等，之所以保持较高的科技创新能力，与信息时代重视版权保护、高端文化产品制造业的崛起是息息相关的。排在第二位的是文化信息传输服务行业，为0.107，主要涉及互联网信息服务、增值电信服务、有线/无线广播电视传输服务、卫星传输服务等基于计算机技术、卫星技术等核心高端技术发展的行业，其行业发展特点决定了文化信息传输服务业保持较高的科技创新能力。排在第三位的是文化休闲娱乐服务行业，约为0.100，主要涉及电子游艺厅、网吧、游乐园、摄影扩印服务等，其较高的文化创新能力主要和视听娱乐领域数字化、网络化的趋势有关。

排名最靠前的这三大行业的综合指数均值达到0.100以上，高于文化产业上市公司整体的科技创新能力指数0.085。而文化创意和设计服务行业、文化用品的生产行业、新闻出版发行服务行业与工艺美术品的生产行业的科技创新能力综合指数则都低于平均水平，排名最后的行业是工艺美术品的生产，科技创新能力综合指数仅为0.037，且科技人员比重也是九大行业中最低的，这与工艺美术品行业偏重复制、缺乏原创的行业发展现状密切相关。

此外，从不同文化行业科技人员比重与研发费用占比排名来看，文化信息传输服务业是文化产业上市公司九大行业中最高的，分别为0.470、0.104，这与互联网信息服务与增值电信服务行业发展高度依赖技术创新、互联网科技人才的诉求有关。而研发费用占营收比重最低的是文化创意和设计服务行业，仅为0.002，远远低于平均水平0.060，且其人均申获专利数、技术型无形资产占比也是文化产业上市公司九大行业中最低的，分别为0.002、0.018，说明文化创意设计服务行业的科技创新能力是很弱的，影响了文化创意与设计服务行业的综合竞争力的提升。从硕博人数比重与人均申获专利数的行业排名来看，文化产品生产的辅助生产行业最高，分别为0.107、0.098，这主要是版权与文化软件服务行业的高专利数、高端人才比重所带来的。而硕博人数比重最低的则是文化休闲娱乐服务业，仅为0.017，伴随网络时代的崛起与国家"文化与科技融合战略"的实施，文化休闲娱乐服务业的发展将和科技创新、文化创新紧密结合，提升高端文化科技人才的比重将是未来发展的必然选择。

表4-3 中国文化产业上市公司科技创新能力行业差异分析

所属行业		科技人员比重	硕博人数比重	研发费用占营收比	人均申获专利数	技术资产占比	综合指数
文化产品生产的辅助生产（N=21）排名：1	均值	0.3366	0.1067	0.0719	0.0979	0.0237	0.1130
	极小值	0.0526	0.0046	0.0043	0.0014	0.0015	0.0170
	极大值	0.6623	0.3402	0.2488	0.7908	0.0955	0.7934
	标准差	0.1666	0.1035	0.0542	0.2088	0.0208	0.1873
文化信息传输服务（N=35）排名：2	均值	0.4702	0.0697	0.1040	0.0117	0.0565	0.1065
	极小值	0.0907	0.0050	0.0012	0.0003	0.0007	0.0007
	极大值	0.8933	0.2570	0.3309	0.0435	0.6036	0.3508
	标准差	0.2612	0.0631	0.0821	0.0145	0.1030	0.0769
文化休闲娱乐服务（N=20）排名：3	均值	0.1249	0.0173	0.0196	0.0107	0.0452	0.0998
	极小值	0.0208	0.0011	0.0041	0.0014	0.0063	0.0001
	极大值	0.3150	0.0496	0.0557	0.0272	0.1023	0.3473
	标准差	0.0796	0.0175	0.0157	0.0105	0.0284	0.0753
文化专用设备的生产（N=23）排名：4	均值	0.2492	0.0230	0.0709	0.0208	0.0809	0.0966
	极小值	0.0336	0.0022	0.0007	0.0014	0.0003	0.0199
	极大值	0.7527	0.0884	0.1588	0.0707	0.3473	0.2107
	标准差	0.2056	0.0223	0.0671	0.0335	0.0867	0.0510

续表

所属行业		科技人员比重	硕博人数比重	研发费用占营收比	人均申获专利数	技术资产占比	综合指数
广播电视电影服务（N=9）排名：5	均值	0.2064	0.0866	0.0558	0.0788	0.0419	0.0861
	极小值	0.0350	0.0052	0.0173	0.0025	0.0099	0.0092
	极大值	0.5376	0.3287	0.1430	0.2736	0.0720	0.2655
	标准差	0.1712	0.1189	0.0410	0.1074	0.0221	0.0957
文化创意和设计服务（N=11）排名：6	均值	0.2071	0.0849	0.0022	0.0016	0.0177	0.0784
	极小值	0.0345	0.0108	0.0022	0.0016	0.0003	0.0048
	极大值	0.3681	0.2381	0.0022	0.0016	0.0370	0.1815
	标准差	0.1376	0.0782	—	—	0.0150	0.0549
文化用品的生产（N=44）排名：7	均值	0.1833	0.0271	0.0352	0.0214	0.0755	0.0654
	极小值	0.0575	0.0007	0.0007	0.0005	0.0022	0.0188
	极大值	0.5977	0.1972	0.2887	0.1088	0.7934	0.2837
	标准差	0.1293	0.0423	0.0493	0.0302	0.1403	0.0470
新闻出版发行服务（N=14）排名：8	均值	0.1927	0.0376	0.0962	0.0783	0.0428	0.0618
	极小值	0.0233	0.0080	0.0521	0.0783	0.0012	0.0114
	极大值	0.6901	0.0979	0.1403	0.0783	0.0993	0.1820
	标准差	0.2541	0.0298	0.0624	—	0.0314	0.0536
工艺美术品的生产（N=14）排名：9	均值	0.1241	0.0241	0.0607	0.0862	0.0397	0.0369
	极小值	0.0194	0.0024	0.0019	0.0067	0.0001	0.0080
	极大值	0.4340	0.0830	0.1752	0.2112	0.1654	0.0697
	标准差	0.1279	0.0273	0.0778	0.0989	0.0496	0.0212
全部公司总计（N=191）	均值	0.2490	0.0520	0.0600	0.0456	0.0547	0.0849
	极小值	0.0194	0.0007	0.0007	0.0003	0.0001	0.0001
	极大值	0.8933	0.3402	0.3309	0.7908	0.7934	0.7934
	标准差	0.2077	0.0686	0.0635	0.1107	0.0902	0.0860

注：排名的依据是综合指数均值。N代表所含上市公司数量。

（二）企业性质比较：民企领跑、国企略显式微

根据企业性质的不同，中国文化产业上市公司可以分为国有企业、国有相对控股企业、集体企业、民营企业、外资企业和中外合资企业六大类。[①] 总体来看，民营文化产业上市公司科技创新能力突出，而享有政策倾斜与大量文化资源集聚的国有文化企业科技创新能力反而相对较弱。

具体来看，不同行业的文化产业上市公司科技创新能力比较，民营文化企业的科技创新能力综合指数排名第一，为 0.094，这与文化产业领域对民营企业开放的行业主要集中在互联网信息服务、多媒体与数字内容、设计服务、版权服务等高科技产业是相关的，且民营企业内部灵活的现代管理机制、具有竞争力的薪酬机制以及开放的创新氛围也推动着科技创新能力的不断培育、提升。排在第二位的是中外合资企业，[②] 科技创新能力综合指数为 0.082，且技术型无形资产占比指标中，中外合资企业比重是最高的，为 0.128。究其原因，与中外合资企业具有进行技术创新的充裕资金与科技人员，具有国际优秀管理经验与成熟的管理机制，以及面向国际文化大市场是息息相关的。例如，百视通和微软在上海自由贸易区成立新公司，微软提供 Xbox 游戏机与娱乐软件的相关技术，百视通提供 OTT 服务牌照与影视资源，并利用微软的科技研发资源弥补自身技术的弱势，共建新一代的家庭游戏娱乐产品与世界顶级"家庭娱乐中心服务"，搭建了"技术引进来、文化走出去"的平台。[③] 第三位的是国有企业，科技创新能力综合指数为 0.076。从科技创新能力低于民营文化企业的原因来看，一是国有文化企业主要集中在广播、电视、新闻出版、电影等传统文化产业领域，具有较强的文化属性与意识形态性，且通常处于国有企业垄断的状态，不太重视科技研发与创新能力的培育，例如，国有文化上市公

---

① 六大分类来源于网易财经行情中心作出的划分，http://quotes.money.163.com/. [2017 - 03 - 01].
② 由于中外合资企业的统计样本较少，关于研究结论还有待于后续研究进一步验证与修正。
③ 周洁. 百视通牵手微软进军中国家庭娱乐 [N]. 上海商报, 2013 - 09 - 25.

司的研发费用占营收比指标与人均申获专利指标，分别为0.053与0.020，都是最低的；二是国有文化企业内部管理体制相对刻板、决策周期长，缺乏应对科技变革与产业发展的快速反应机制，一定程度上限制了科技创新的步伐。①

表4-4 中国文化产业上市公司科技创新能力企业性质差异分析

企业性质		科技人员比重	硕博人数比重	研发费用占营收比	人均申获专利数	技术资产占比	综合指数
民营企业 （N=104） 排名：1	均值	0.2611	0.0541	0.0630	0.0325	0.0535	0.0935
	极小值	0.0194	0.0007	0.0007	0.0005	0.0003	0.0001
	极大值	0.8933	0.3402	0.2488	0.2736	0.7934	0.7934
	标准差	0.2188	0.0702	0.0572	0.0598	0.1032	0.0967
中外合资 （N=5） 排名：2	均值	0.2181	0.0371	0.0545	0.1594	0.1276	0.0815
	极小值	0.1009	0.0044	0.0023	0.1075	0.0020	0.0138
	极大值	0.3509	0.0958	0.1066	0.2112	0.3473	0.1833
	标准差	0.1257	0.0510	0.0738	0.0733	0.1489	0.0662
国有企业 （N=75） 排名：3	均值	0.2182	0.0422	0.0525	0.0200	0.0532	0.0761
	极小值	0.0233	0.0011	0.0007	0.0003	0.0001	0.0080
	极大值	0.7688	0.2570	0.3309	0.1088	0.5257	0.5257
	标准差	0.1961	0.0575	0.0734	0.0288	0.0677	0.0729
国有相对控股企业 （N=4） 排名：4	均值	0.3276	0.0578	0.0667	—	0.0378	0.0679
	极小值	0.2252	0.0163	0.0015		0.0245	0.0270
	极大值	0.3938	0.0962	0.1672		0.0593	0.1516
	标准差	0.0900	0.0400	0.0883		0.0151	0.0584

---

① 由于国有相对控股企业、外资企业、集体企业在A股191家文化类上市公司中的统计样本数量太少，不具有统计意义，在此不做分析。

第四章　数字创意产业创新基础：文化产业科技创新评价

续表

企业性质		科技人员比重	硕博人数比重	研发费用占营收比	人均申获专利数	技术资产占比	综合指数
外资企业 （N=1） 排名：5	均值	0.3796	0.3118	0.1048	0.7908	0.0101	0.0529
	极小值	0.3796	0.3118	0.1048	0.7908	0.0101	0.0529
	极大值	0.3796	0.3118	0.1048	0.7908	0.0101	0.0529
	标准差	—	—	—	—	—	—
集体企业 （N=2） 排名：6	均值	0.5376	0.0644	0.1066	0.1369	0.0460	0.0247
	极小值	0.5376	0.0644	0.1066	0.1369	0.0396	0.0117
	极大值	0.5376	0.0644	0.1066	0.1369	0.0523	0.0377
	标准差	—	—	—	—	0.0090	0.0184
总计 （N=191）	均值	0.2490	0.0520	0.0600	0.0456	0.0547	0.0849
	极小值	0.0194	0.0007	0.0007	0.0003	0.0001	0.0001
	极大值	0.8933	0.3402	0.3309	0.7908	0.7934	0.7934
	标准差	0.2077	0.0686	0.0635	0.1107	0.0902	0.0860

（三）区域差异比较：北京第一，东部优势明显

从区域比较来看，北京市的文化产业上市公司科技创新能力综合指数均值为0.105，在26个区域中是最高的，也是唯一一个综合指数在0.100以上的，且文化产业上市公司数量为29家，居于第二位，这与北京文化产业发达、文化产业集团集聚的现状是一致的；其次为江苏省，科技创新能力综合指数为0.095，但标准差为0.145，是26个区域中最高的，这反映出江苏省11家文化产业上市公司科技创新能力内部差距比较大。再次为安徽省、广东省、上海市三大区域，文化产业上市公司科技创新能力综合指数分别为0.089、0.081、0.080，其中广东省的文化产业上市公司数量最多，为39家，上海市有23家，居于北京之后，处于第三位，究其原因，这与广东、上海的互联网信息服务业、设计、新闻出版、高端文化产

品制造业比较发达以及开放的市场环境息息相关；虽然安徽省文化产业上市公司科技创新能力排在第三位，但上市公司数量仅有6家，因此，对于安徽省来说，加快打造竞争力强的龙头文化企业，推动其上市进程是未来的文化政策重点。

总体来看，排名前五的省市的文化产业上市公司科技创新能力均在0.080以上，这与其经济发达、文化产业发达具有良好的文化政策环境与市场环境、拥有大规模的文化科技人才，以及推行系统的文化与科技融合举措是息息相关的。特别是文化政策与金融环境的完善，文化管理体制的优化推动着文化产业上市公司科技创新能力的不断提升。例如，北京市2006年以来陆续出台了《北京市促进文化创意产业发展的若干政策》《北京市信息化促进条例》《北京市文化创意产业贷款贴息管理办法（试行）》《北京市关于支持网络游戏产业发展的实施办法（试行）》《"十二五"时期国家动漫产业发展规划》《北京市工商行政管理局关于支持文化产业创新发展的工作意见》等推动文化企业集团化发展、提升文化产业的竞争力。上海市则成立了由宣传、经信、发改等22个委办局组成的"上海市文化创意产业推进领导小组"，为文化产业的发展提供了组织保障，[①] 且陆续制定了《关于加快上海文化创意产业创新发展的若干意见》《上海市金融支持文化产业发展繁荣的实施意见》《上海动漫游戏产业发展扶持奖励办法》《上海推进文化和科技融合发展行动计划（2012—2015）》等一系列的政策法规，优化了上海文化产业发展壮大的外部环境。此外，广东省与安徽省也实施了一系列的政策措施，如《深圳市文化产业促进条例》《深圳市知识产权许可操作指引》《广东省建设文化强省规划纲要（2011—2020年）》《安徽省著名商标认定和保护条例》，成为文化产业上市公司不断提升科技创新能力的助推器。

此外，从各个区域文化产业上市公司数量比较来看，除北京、江苏、

---

① 杨群.2010年上海文化创意产业发展取得重大突破性进展 [N]. 解放日报, 2011-09-23.

广东、上海、浙江、山东6个省市文化产业上市公司在10家以上，安徽、湖南、福建等8个省市文化产业上市公司仅为3—7家，而山西、西藏、广西、辽宁、天津等12个省市的文化产业上市公司数量则不足3家，制约了中西部区域文化产业综合竞争力的提升。

表4-5 中国文化产业上市公司科技创新能力区域差异分析

序号	注册地址	综合指数均值	N	标准差
1	北京市	0.1050011	29	0.07977280
2	江苏省	0.0953072	11	0.14539325
3	安徽省	0.0890162	6	0.09836669
4	广东省	0.0811254	39	0.04408025
5	上海市	0.0804804	23	0.07216188
6	浙江省	0.0789658	22	0.04999123
7	湖南省	0.0736290	7	0.04546215
8	福建省	0.0708882	7	0.05469557
9	陕西省	0.0659992	4	0.04787104
10	湖北省	0.0624121	4	0.08165358
11	山东省	0.0581848	10	0.03799805
12	河南省	0.0565643	3	0.01954818
13	四川省	0.0507529	5	0.02970049
14	河北省	0.0447567	3	0.02025992

注：因山西、西藏、广西、辽宁、天津、贵州、江西、黑龙江、云南、重庆、海南、吉林等地区注册的上市公司数量太少（不足3家），不列入比较。

四、结论与讨论

数字创意产业创新驱动的来源基础是文化产业的科技创新能力。文化产业科技创新能力的提升是文化创新、科技创新与各种创新要素的有机融合，其中科技创新是提升文化创造力与文化企业竞争力的关键要素。根据上述实证分析结果，在此提出以下提升文化产业科技创新能力的具体建议。

（一）推动传统行业数字化与移动化，加速新兴领域核心技术的突破

文化产业上市公司科技创新能力的提升要关注两大维度，一是挖掘与提升传统文化产业领域科技创新力，加快技术、信息、创意人才、资本等文化科技资源的整合与开发、提升文化产业科技创新的速度与效率。既要重点关注广告服务、创意设计服务、广播电视、新闻出版等行业，加大研发费用的投入、开发拥有自主知识产权的文化产品，提升文化创意和传媒业的综合竞争力；又要推动传统文化产业的数字化、网络化与移动化，关注文化遗产的数字化、现代设计的数字化、新闻出版的网络化等。二是加快新兴文化产业领域的科技创新步伐，深化移动通讯技术、物联网、云计算、3D技术、人工智能、区块链等新技术在文化产业领域的应用，将新一轮科技创新作为文化产业新的竞争制高点，重点提升网络信息服务、数字内容生产、移动互联网等领域的科技创新能力，打造一大批文化科技类上市公司。从制度设计来看，在互联网时代的新技术环境下，传统媒体的稀缺、区域性与传播单向性转向充裕、国际化和多向性，传统的制造稀缺和控制传播渠道的版权制度已不能适应网络时代的技术与新经济模式，[①]亟须建构与新技术、文化产业新兴业态相适应的网络版权制度，实现制度引导、鼓励与扶持技术创新、文化产业创新的功能。

（二）推动国企加大科技创新投入力度、鼓励民营发挥科技创新优势

卡斯特（Castells）曾指出，人类进入网络社会，其最大特点是生产方式与信息方式合二为一。特别是高新技术创新周期与创新成果转化的加

---

① 吴伟光. 版权制度与新媒体技术之间的裂痕与弥补 [J]. 现代法学，2011（3）：55-72.

速,带来了文化生产周期的不断短期化。有鉴于此,民营文化类上市公司应积极发挥其科技创新优势,将自主创新思维引入更多的新兴文化产业领域,增强新兴文化领域的科技创新力,活跃文化大市场。而伴随越来越多中外合资文化企业的出现,要积极学习其自主研发与技术创新的战略思维,借鉴其成熟的国际管理经验与文化市场运作机制,"借船出海"提高中国文化企业的国际竞争力。对于国有文化企业而言,应抓住国家文化与科技融合战略的实施契机,加快建立现代企业管理制度与快速反应机制适应文化产业日新月异的变革,积极提升科技创新能力,利用国有文化企业无限制进入文化产业领域的政策红利与拥有充足资金、文化资源与优秀人才的优势,积极进入高端文化科技领域,加大对文化科技人员与研发费用的投入,加速科技创新研发与创新成果在文化产业领域的应用、转化,不断提升国有文化企业的科技创新能力与综合竞争力。

(三) 东部企业应加快提升自身短板,中西部亟须加强政策推动

文化产业科技创新能力的区域发展不均衡现状制约了中国文化产业整体竞争力水平。一方面,从长三角、珠三角、环渤海等东部沿海发达地区来看,天津市的文化产业上市公司科技创新能力和上市公司规模都很弱,与其经济发展水平和文化产业发展状况是不相符合的,亟须加快提升文化企业的科技创新水平与龙头文化企业的打造;上海市科技创新能力排名较为靠后,亟须提升数字出版、网络视听、游戏动漫、创新设计等新兴文化产业上市公司的科技创新能力,以上海张江国家级文化和科技融合示范基地为载体,加快构建科技含量高、创意创新性强的现代文化科技创新体系;虽然江苏省和安徽省的文化产业上市公司科技创新能力较强,但上市公司规模还亟须扩大;广东省文化类上市公司数量最多,但科技创新能力还需要进一步提升。综合来看,这四大区域都亟须加大对主导创新方向与创新能力的文化科技创新型人才的培育与引进,构建扎实的具备文化科技

融合创新能力的复合型人才队伍,这是文化产业可持续创新的法宝;[1] 同时,要进一步完善引导、鼓励文化产业自主创新的制度设计,落实文化专项基金,做大、做强、做深文化产业的产业链、科技链与价值链,进一步提升强势文化产业区域的科技创新能力与引领文化产业发展航向的作用。另一方面,对于中西部省市而言,文化产业上市公司规模小且科技创新能力低,亟须加快文化产业与经济方式转变的融合,基于本土文化资源壮大文化产业综合竞争力,建立文化产业政策与科技创新能力提升的配套,扶植、鼓励竞争力强的龙头文化企业积极上市融资。实际上,科学技术与文化产业政策间的协同演化不仅是基于一定制度条件下的技术进步,更多的是强调技术与制度之间双向因果作用下的互惠过程。中西部区域应积极更新文化产业发展观念,加快出台推动、鼓励文化产业自主创新与扶持文化产业集团上市的财税优惠政策与激励机制,为中西部文化产业科技创新能力的快速提升提供良好的政策生态,从而最终增强中西部地区数字创意产业的创新动能。

---

[1] 李葳. 文化传媒类上市公司科技创新效率研究 [J]. 科技与管理,2012(14): 97-100.

第五章

数字创意产业生态发展：
以网络文化产业为例

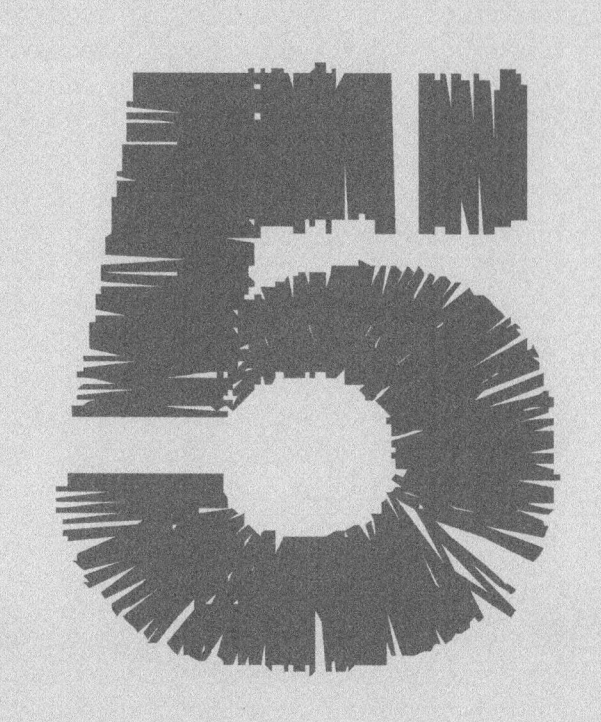

数字创意产业是通过互联网、手机和移动智能终端等与ICT密切相关的新兴媒体进行传播，呈现生产数字化、传播网络化、消费信息化特点，以创意内容为核心，依托数字技术进行创作、生产、传播和服务，引领新供给、新消费，高速成长的新型文化业态（陈洪、张静等，2017），[1] 其最为核心的产业形态就是"网络文化产业"。

网络文化产业作为一种新型的文化和经济形态，正逐渐成为中国经济发展的重要支柱产业，网络游戏、网络视频、数字出版等产业的典型代表在市场中占有越来越大的份额。因此，本书以网络文化产业为例，对数字创意产业的生态发展进行实证研究。

一、构建网络生态理论模型[2]

网络文化产业的发展有其特有的机理，在网络文化产业全面崛起、管理问题层出不穷的大背景下，识别影响中国网络文化产业发展的生态因素，有助于政府建构具有前瞻性的网络文化产业发展制度体系，进而推动整个数字创意产业的健康、快速发展，并创造良好的数字创意产业生态环境。

（一）生态因素的基础分析

技术进步、创新与创意、政策法规、市场化、媒介集聚与融合等因素是网络文化产业发展的关键生态因素，推动着产业不断发展演进。

其一，技术进步是影响网络文化产业发展的关键因素。网络文化产业将现实与虚拟的文化资源借助网络技术进行着资源的迁移及整合，利用突破性的技术创新作为内在驱动力重新界定产业边界，推动网络文化产业融

---

[1] 陈洪，张静，孙慧轩. 数字创意产业：实现从无到有的突破 [J]. 中国战略新兴产业，2017 (1)：45-47.
[2] 臧志彭. 基于决策树的网络文化产业发展影响因素实证研究：来自上海的经验证据 [J]. 科技管理研究，2014，34 (24)：211-217.

合进程。随着技术的迅猛发展与科技创新周期的缩短,网络文化产品在网络空间传播的范围不断被拓展(臧志彭、解学芳,2013)。[①] 实际上,整个技术创新的扩散过程反映出随着时间的推移,技术创新主体占比在网络文化产业发展领域呈现 S 曲线式的不同阶段的演化特征,直接推动了产业的发展(李文明、吕福玉,2011)。[②]

其二,创新与创意影响网络文化产业的发展。创新是网络文化产业动态演化的关键。网络文化产业的发展过程是对创新意识、创造能力的鼓励与挖掘。熊彼特(Schumpeter)最早提出创新理论,认为创新是把生产要素和生产条件的新组合引入生产体系,建立起一种新的生产函数,形成"长、中、短"多层次的三种周期。人才是网络文化产业创新与创意的源泉,人才的短缺成为网络文化产业自主创新的短板,网络文化产业所需人才的培育模式亟须创新(刘克兴,2012;刘亚娟,2012;杨铭,2013)。[③]

其三,政策法规的完善与否影响着网络文化产业的发展。陆佳欢(2012)研究了美国网络文化产业限制竞争的规制政策,提出竞争政策是持续发展的源泉,强调美国反垄断执法对网络文化产业形成健康的竞争秩序的重要性。[④] 刘爽(2011)对 1999—2009 年的中国网络文化产业政策进行了综述,强调网络文化产业政策的选择、制定、执行、终止都影响着网络文化产业的发展。[⑤] 此外,网络文化产业扶持政策与网络文化产业发展规划的制定、网络文化创业园区和基地的设立以及网络文化产品市场准入条件的降低等将有助于推动产业的发展,而文化体制改革、相关文化管理部门职能交叉也影响着产业的发展(金昕,2012),[⑥] 网络文化产业发

[①] 臧志彭,解学芳. 中国网络文化产业制度创新演化实证研究:基于 1994 – 2011 年的实证分析 [J]. 科学学研究,2013(4):630 – 640.
[②] 李文明,吕福玉. 网络经济边际效应与网络文化产业发展模式研究 [J]. 现代财经,2011(10):5 – 15.
[③] 刘克兴. 从互联网络应用谈河南网络文化产业发展的问题与对策 [J]. 现代商业,2012(15):56.
[④] 陆佳欢. 美国网络文化产业中的限制竞争行为及其规制 [J]. 商品与质量,2012(3):280.
[⑤] 刘爽. 1999—2009 年我国网络文化产业政策综述 [J]. 江汉大学学报(人文科学版),2011(6):37 – 41.
[⑥] 金昕. 试论社会体制改革中网络文化产业的升级问题 [J]. 中国传媒科技,2012(6):135 – 136.

展活力的迸发需要软创新与硬创新的交叉与融合,积极创新文化政策对于网络文化产业发展摆脱僵局,扩展有效空间维度意义重大。①

其四,市场化是推动网络文化产业发展的重要因素。网络文化产业发展的时空跨界性的特点使其更强调个体而非区域的竞争,但对经济效益与社会效益双效益规律的遵循依然是其发展的基准。网络文化产业链结构,包括互联网内容提供商、服务提供商、网络技术与设备提供商、网络运营商、广告投放商和终端用户等制约着产业的发展(王雪梅,2012)。② 此外,网络文化消费意识与消费行为、网络文化产品传播途径与营销渠道以及知识产权、文化品牌打造、金融支持都是市场逻辑影响网络文化产业竞争优势的关键要素(李文明,2013),③ 特别是网络文化企业社会责任的缺失,如过于追求经济利益导致侵权文化泛滥、不良信息充斥市场等严重影响了产业的健康发展,应抓紧建立中国网络文化企业社会责任的实现机制,实施分级管理(张世军,2013)④。

其五,媒介融合与集聚也是网络文化产业发展的重要因素。随着宽带和移动技术在网络文化产业领域的应用,静态互联网向动态网、语义网以及网络终端多样化、智能化发展,推动了手机、网络新媒体与传统的电视、广播等媒体的横向和垂直融合,呈现出网络文化产业与传统文化产业、传统制造业、服务业的跨界合作与融合,不断形成、分化出与成熟的工业、高科技、金融业、商业等彼此支撑和优势互补的新型产业业态(钟忠,2010),⑤ 扩张了网络文化产业的行业规模与领域。特别是控制物质性与非物质性稀缺文化资源(如版权资源),可以提高网络文化企业的范围经

---

① Phil Cooke, Lisa De Propris. A policy agenda for EU smart growth: the role of creative and cultural industries [J]. Policy Studies, 2011 (7), 365 – 375.
② 王雪梅. 廊坊市网络文化产业链及发展空间分析 [J]. 现代商业, 2012 (35): 90 – 91.
③ 李文明, 吕福玉. 基于感性消费的网络文化产业营销策略探析 [J]. 内蒙古社会科学, 2013 (1): 114 – 120.
④ 张世君. 网络文化产业中的企业社会责任问题 [J]. 首都师范大学学报 (社会科学版), 2013 (1): 48 – 53.
⑤ 钟忠. 中国互联网治理问题 [M]. 北京: 金城出版社, 2010: 28 – 59.

济性，打造出竞争力强的大型文化集团（大卫·赫斯蒙德夫，2007）[①]。

实际上，现有研究中，还有学者利用生态位理论关于物种之间以及物种与周围环境之间的资源集聚与竞合研究网络文化产业生存与发展的演化规律，揭示了网络文化产业的发展类似于生态种群通过相互竞合实现发展的内驱动机理，也说明了网络文化产业的发展往往会依赖合作与竞争的共生关系，形成集聚发展的态势。但总体来看，关于网络文化产业发展生态因素的实证研究相对较少。

（二）生态理论概念模型的构建

网络文化产业发展是内外部因素的结合体，内部因素主要是对网络文化产品与网络文化产业链的打造，外部影响因素是政治环境、经济环境、社会文化环境与技术环境等网络生态因素。

根据内外部影响因素及其相互关系建立网络文化产业发展的影响因素的理论模型，如图 5-1 所示。从理论模型的内核来看，其是网络文化产业发展的内部因素，主要由两大关联因子构成：其一，网络文化产品是整个产业发展的核心，网络文化产品的内容创新与技术创新、网络文化产品的丰富性、网络文化产品的高品质都是影响产业发展的内源；其二，网络文化产业链，网络文化产业具有的跨界性与融合性的特点，网络文化产业链是否完善直接影响着产业的发展，网络文化企业对产业链条的重视与投入，网络文化产品开发源头的版权打造与保护，对网络文化市场喜好的迎合，以及网络文化产品销售体系的完善等，都是影响网络文化产业健康、快速发展的内部因素。从理论模型的外围来看，政治、经济、社会文化与技术因素都是网络文化产业发展的关键性外部影响因子。其中，政治环境主要在于从国家战略层面对网络文化产业发展的重视，既制定相关产业规划，又从产业定位方面鼓励与支持网络文化产业发展，并配套不断完善的规范性与指导性政策法规；经济环境主要是指宏观经济环境，中国

---

① ［英］大卫·赫斯蒙德夫．文化产业［M］．张菲娜，译．北京：中国人民大学出版社，2007：20-23．

GDP 的不断增长，互联网经济的崛起与服务业占 GDP 比重的不断提升，以及有一个良好的商业环境的塑造等；社会文化环境主要是网络社会的崛起，有一个推动网络文化产业发展的社会文化环境，网民建立起网络消费的意识，并逐渐培育起正版付费的消费观，而传统媒体与新媒体要给予网络文化产业客观的评价，塑造良好的舆论环境；技术环境主要是塑造一个鼓励新技术研发、核心技术与关键技术应用网络文化产业领域的鼓励技术创新的良好环境，网络文化产业实际是将现实与虚拟的文化资源借助网络技术进行资源的迁移及整合，突破性的技术创新是网络文化产业发展的重要因素。总体来看，内外部因素不是各自独立存在的因子，而是形成了一种互动关联：内部因素的变化受到外部因素的影响与推动，外部因素长期来看也会因网络文化产业内部因子的优化而带来整个产业生态大环境的改观。①

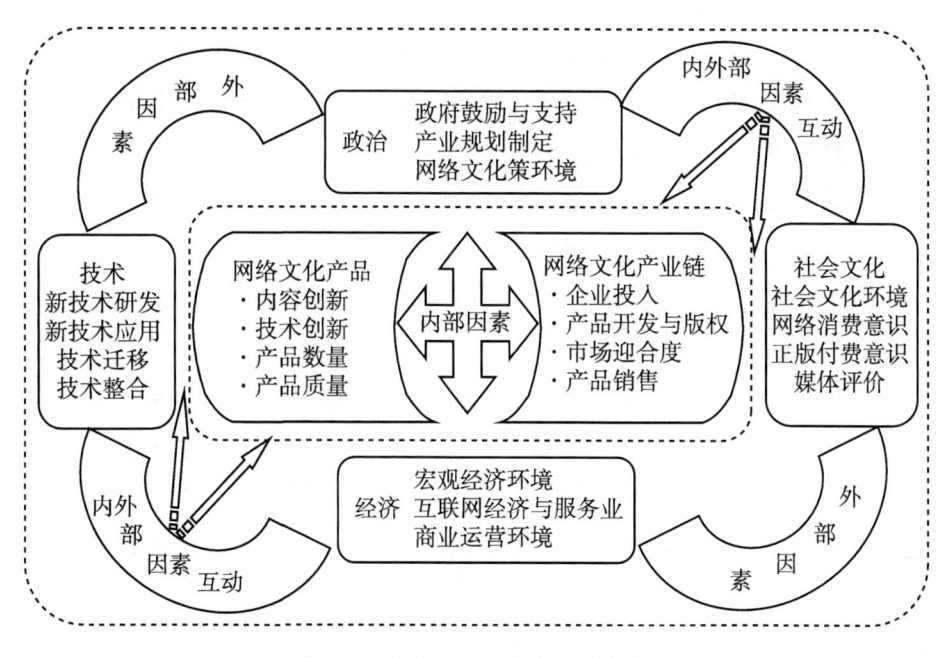

图 5-1　网络文化产业生态理论模型

---

① Xuefang Xie, Zhipeng Zang. The research on factors affecting the development of network culture industries. Conference Proceedings of 2014 Asia——Pacific Management and Engineering Conference（APME 2014）[C]，2014：6.

二、网络生态要素识别与优化路径[①]

鉴于本书是对网络文化产业发展生态因素的探索性研究,理论模型中所提到的内外部六大方面的因素都是网络文化产业发展生态中的重要因素;因此,将上述因素全部纳入实证研究,并基于理论模型设计了包含46个因素的分析问卷,希望通过实证调研找出其中具有显著重要影响的生态因素,从而为网络文化产业的发展提供有针对性的研究建议。[②]

(一) 决策树研究过程与方法

1. 数据采集与样本特征

上海网络文化产业发达程度较高,并且是中国网民的集聚地,上海互联网普及率居全国首位。以上海网民为样本研究上海网络文化产业发展的影响因素,将能够很好地反映网络文化产业发达地区的产业发展态势,对于制定具有前瞻性的相关政策具有较强的指导意义,因此,我们选择上海作为研究样本。

本研究的抽样样本主要是上海各个区县的网民。这里所说的网民特指在日常生活、工作中接触过网络视频、网络游戏、网络电影、网络动漫、门户网站、网络文学、网络聊天、博客与微博、网上购买图书音像等相关网络文化产品或服务的网民。

本研究对上海各个区县的网民进行了大范围抽样调查,问卷有效回收率达到97.4%。样本的一些主要特征如表5-1所示:从年龄来看,男性比例为43.9%,女性比例偏高,为56.1%;从婚姻状况来看,未婚网民偏高,为50.9%,已婚为49.1%,说明已婚网民通常会以电视作为主要的娱乐载体;从年龄来看,网民的主要年龄呈现年轻化状态,35岁以下的网民占71.5%,56—65岁的网民比例最低,为3.5%,基本和全国网民

[①] 臧志彭. 基于决策树的网络文化产业发展影响因素实证研究:来自上海的经验证据 [J]. 科技管理研究, 2014, 34 (24): 211-217.
[②] 解学芳. 网络文化产业:协同创新与治理现代化 [M]. 上海:复旦大学出版社, 2015: 109-182.

年轻化状况是相一致的;从学历来看,专科与本科学历是主要人群,为70.3%;此外,从职业与收入情况来看,高校学生与低收入人群居多,反映出目前网络文化产业的娱乐特点与年轻的大学生是主要目标人群的结构性特征,排名第二、第三的是民企职工(20.8%)与事业单位职工(11.8%),而收入较高的人群相对较少,这与网络文化产品与服务的娱乐特性以及网民是否有闲暇时间是息息相关的。

表 5-1 样本结构

类 别	样本结构	比例(%)	类 别	样本结构	比例(%)
性别	男	43.9	婚姻	未婚	50.9
	女	56.1		已婚	49.1
年龄	25 岁以下	39.0	学历	高中及以下	18.8
	26—35 岁	32.5		专科	31.5
	36—45 岁	17.5		本科	38.8
	46—55 岁	7.5		硕士研究生	10.0
	56—65 岁	3.5		博士研究生	1.0
职业	公务员	3.8	收入	<=5 万元	49.2
	事业单位职工	11.8		6—10 万元	26.6
	国企职工	8.5		11—15 万元	13.6
	外企职工	8.8		16—20 万元	6.3
	民企职工	20.8		21 万元以上	4.3
	个体户	2.8			
	自由职业者	5.0			
	教师	7.5			
	学生	27.0			
	待业/失业	0.8			
	离退休	1.0			
	其他	2.5			

2. 决策树研究方法

根据研究样本的特点以及实现数据挖掘分类的目的,本研究采用

SPSS18.0 软件中的决策树方法对数据样本进行分析。所谓决策树,是一种从无序样本数据集中进行归纳推理并构建分类模型的非参数方法,决策树构造实际上是一个包括根、子树、节点与叶子的树形结构,采用自顶向下的递归方式,从树根节点开始对样本特征值进行测试,不断往下分支,将数据样本划分成不同的数据样本子集,直至分支到叶子节点(即待分类对象的类别),实现从大量随机数据提取潜在有用信息的目的。①Quinlan(1986)提出的 ID3 算法是最早并最具影响力的基于信息熵的决策树算法,采用信息论中的信息增益作为决策属性分类判别能的度量,进行决策节点的选择;② 1993 年他又进行了改进,在 ID3 基础上增加了对连续属性离散化等功能,提出 C4.5 算法。③ 采用决策树研究方法,可以生成一些容易理解的规则,更好地将样本进行分类,在树状图中可以给出作为每一次分支的变量和变量的测试,实现充分利用数据信息。④

(二) 基于决策树网络生态因素实证分析

本研究对网络文化产业发展影响因素进行探索性研究,网络文化内容创新、网购配套体系完善性、社会文化环境、商业运营环境等 46 个内外因素可能对网络文化产业发展产生一定的影响,因此本研究将这些因素都纳入分析,从中找出真正对产业发展产生重要影响的因素。

实证结果显示,因变量为网络文化产业发展状况,自变量为 46 个可能的影响因素,经过数据挖掘分析,最终模型选入了 15 个自变量,其余 31 个变量因对模型贡献度不够显著,自动从最终模型中排出。树形图是树模型的图解,从树形图来看,对网络文化产业发展最具显著性的影响因子是网络文化内容的创新性。具体如图 5-2 所示。

---

① 唐华松,姚耀文. 数据挖掘中决策树算法的探讨 [J]. 计算机应用研究, 2001 (8): 18-19, 22.
② HAN J, KAMBR M. Data mining: concepts and techniques [M]. Morgan Kaufmann Publishers, 2001: 279-333.
③ 帅青红,方玲,匡远竞. 基于决策树与 logistic 的上市公司信用评估比较研究 [J]. 西南民族大学学报(人文社会科学版), 2013 (5): 135-140.
④ 魏凤江,等. 决策树模型与回归模型在天津市某区公务员健康状况分析中的应用与比较 [J]. 中国卫生统计, 2013 (1): 42-45.

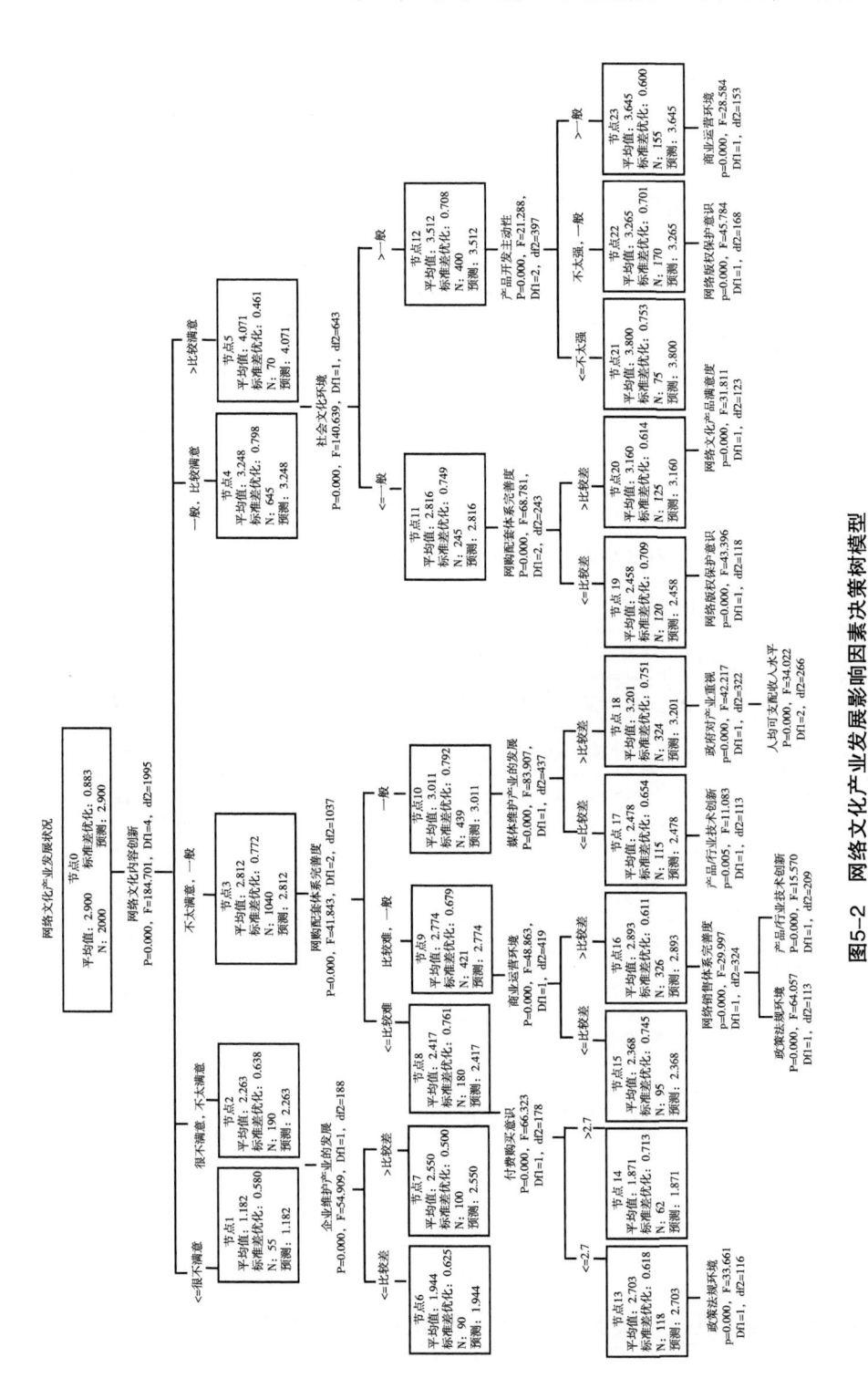

图5-2 网络文化产业发展影响因素决策树模型

在决策树模型中，15 个影响因素的 P 值都小于 0.001，说明这些因素对网络文化产业的发展具有显著的影响。从实证分析结果来看，对网络文化产业发展具有重要影响的因素主要分布在两个层面：内部因素的重要度最高，其次为外部因素。15 个影响因素按照重要度排序如表 5-2 所示。

表 5-2　决策树输出的重要影响因素

序号	影响因素	重要度	Sig.[a]
1	网络文化内容创新性	1.000	0.000
2	网购配套体系完善度	0.643	0.000
3	社会文化环境	0.323	0.000
4	商业运营环境	0.289	0.000
5	媒体维护产业发展的态度	0.220	0.000
6	网络文化产品开发的主动性	0.200	0.000
7	产品/行业技术创新	0.164	0.005
8	网络文化产品销售体系完善度	0.163	0.000
9	政府对产业的重视	0.162	0.000
10	网络版权保护意识	0.145	0.000
11	人均可支配收入水平	0.135	0.000
12	政策法规环境	0.117	0.000
13	企业维护产业的发展	0.095	0.000
14	付费购买意识	0.090	0.000
15	网络文化产品满意度	0.063	0.000

结合前文的理论模型，对上述重要的影响因素进行分析，得到如下基本结论。

1. 内容创新是网络文化产业发展的根本

对网络文化产业发展而言，最重要的影响因素是内部因素：一是网络文化内容创新度，重要度为 1.000。网络文化内容的优劣直接影响着网民的选择，这也是网络文化产业可持续增长最核心的要素。新观念、新知识、新思想、新技术在网络文化产业领域的聚合与扩散，更多的是微创意、微创新的专注与应用，不同的内容与技术创新的杂交会创意出具有异质性或互补性的网络文化产品，即使应用相似的技术因内容的差异化同样可以创意出具有差异化的网络文化产品与服务，从而不断开发出新的网络文化业态、新的发展空间。二是文化企业进行内容创新的主动性，即网络文化产品开发的主动性，重要度为 0.220。网络文化产品创新往往和拥有自主知识产权密不可分，伴随文化企业从代理生存模式向自主创新模式的转变，致力于新产品的研发、掌握自主知识产权是在网络文化市场取得一席之地的根本。

2. 营销体系的完善是网络文化产业发展的关键

网络文化内容的创新是产业链的前端，而产业链的延续性与新产品研发循环的开始则需要扎实的网络销售体系与网购配套体系的完善。从网购配套体系完善度来看，其重要性为 0.643；网络文化产品销售体系完善度，其重要性为 0.163。消费环节是实现网络文化产品研发的基本保障，网民的消费体验可以转化成网络文化的再生产，它既是终点又是新起点。伴随网络时代崭新的营销模式的产生，使文化企业与网民之间不再是单一的买卖关系，而成为互动互利的双方。例如，盛大网络旗下的盛大文学，占据着中国 80% 以上的网络文学市场，它推出自己的阅读器 bamboo，实现"免费阅读部分内容 + 付费阅读全部内容"的双轨制营销模式，并对盛大文学旗下的写手进行艺术包装、出版网民评价比较高的作品，实现网络文学、数字出版，甚至网络游戏、影视剧、网络动漫、网络音乐等的无缝衔接，形成了真正的网络文化品牌，为其他网络文化企业发展带来启迪。有鉴于此，为适应网络时代网民与网络文化企业之间的新型互动关系，网络文化产品现代营销体系亟须建立，并配套快捷、安全且多元化的网络支付体系，确保网络文化产业链的顺利循环。

3. 社会文化环境是网络文化产业发展最为重要的外部因子

决策树分析表明经济、社会文化、技术与政治环境中都有显著的影响因素，说明外部环境的重要程度得到了全面证实。而在这其中，社会文化环境的重要度最高，为 0.323。伴随网络社会的崛起，网民规模的激增与互联网普及率的提升将意味着更大网络文化市场规模和受众群的形成；同时，媒体维护产业发展的态度（重要度为 0.220），即传统媒体与新媒体对网络文化产业客观公正的评价对推动产业健康发展至关重要，这在网络游戏行业尤为突出。其次为经济环境，主要是商业运营环境（重要度为 0.289）的公平、规范、有序是网络文化产业链形成的重要影响因子，与此同时，居民可支配收入水平的不断提升（重要度为 0.135）也是网络文化产业发展的重要基础。再次为技术环境，良好的技术环境是推动企业/行业进行网络文化产品技术创新（重要度为 0.164）的保障。同时，技术创新与网络文化版权保护的结合，从技术层面确保网络正版付费的实现，客观上推动着网络文化版权保护意识的提升（重要度为 0.145）。最后为政治环境，表现为政府对网络文化产业的支持（重要度为 0.162）与政策法规环境的优化（重要度为 0.117）。

（三）基于决策树研究的网络文化产业生态发展建议

1. 加快网络文化内容创新与加大创意投入并举

网络文化内容创新是一种开放式创新，且融于网络文化产业竞争优势获得的生态过程之中，推动文化创新创意的集聚是网络文化产业提升竞争力的核心法宝：一方面，加大网络文化内容创意投入，包括创新投入、人才投入、技术投入与资金投入等，将网络文化内容源头创新融合在整个网络文化产业链的各个环节，实现内容创新的渗透与循环，不断带来新创意、新文化、新产品、新服务和新产品模式；其中技术投入在网络文化产业创新领域更为突出，特别是伴随新技术在网络文化产业各节点应用流量与应用速度的加快，推动着网络文化产品内涵的挖掘与高品质的打造，加速着各节点之间产生不同文化内容的融合创新,创造出具有异质性的网络文化产品与服务,推动内容创新不断进入新一轮的创新周期;另一方面,提高网络文化内容创新的产出效率,实现网络文化内容的创新增值,推动创新创意与网民受众偏好的有机融合,通过与网民的动态互动——利用网络互动技术、开放源代码、开放式网络关系(SNS,BBS)以及多种网络娱乐载体使网民成为新的创意主体,网民通过参与、反馈创意形成新的创新与创意集聚,这在推崇个体创造性的网络视频、网络游戏、网络文学等领域尤为突出。

同时,还需要强调的是网络文化人才的重要性。网络文化人才是创新、创意的核心要素,网络文化创意人才的集聚将会形成一个特殊的高端阶层,推动网络文化产业成为新经济增长的驱动力。

2. 完善网络文化产品营销体系与网购支付安全体系

大数据时代的到来,为网络文化产品精准营销提供新的挑战与契机。大数据时代开启了新的信息应用规则,塑造的集群整合与精准化效应造就了不同营销模式在网络文化产业领域的应用。[①] 网络文化产品的多元化与网民需求的多样化带来了一个更加复杂的网络营销环境,进入"让数据说话"的新发展时代,如何有针对性地为不同性别、不同年龄、不同学历、不同收入水平、不同行业、不同偏好的网民提供其所需的网络文化产品,准确进行网民需求数据的深度分析与预测变得日益重要,这就需要基于大数据时代的特点建立精准网络营销体系,实现网络文化产品营销与创意、创作的有机衔接,进行需求预测,开发出更符合网民需要的网络文化产品与服务。具体来说,网络动漫行业、网络游戏行业、网络视频行业、网络出版行业,应将文化作品的创作、生产、传播与推广整合在一个大数据平台之上,利用与网络文化相关数据的定期采集、整合、关联、挖掘与分析,系统地为网络文化产品从创作到营销的

---

① 张涛甫. "大数据"时代,知识生产如何应对[N]. 文汇读书周报,2013-02-23.

全过程提供精准服务。特别是在营销环节，要全面了解网民的需求，根据不同偏好建构"一站式"大数据平台营销体系，利用社交网站、即时通讯工具、微博、微信、BBS论坛，提高其对网络文化产品的关注度；同时，要利用基于PC、手机以及可移动终端等为载体的可视化方式提高网络文化产品的知名度，高效率地实现产品的精准推广与交叉营销，降低营销成本。①

此外，要迎合网络消费时代的购买需求与支付需求，积极建构安全、快捷、高效的多元化互联网支付与移动支付配套体系，在政府层面亟须完善网络支付服务规则、支付标准建设与风险控制措施，强化对网络支付体系的监督；在行业层面要优化网络账户服务、完善身份识别功能，加速实现网络支付服务的高效性、多样性、人性化与安全性。

3. 优化政治、经济、技术、社会文化环境，打造绿色网络文化生态

其一，完善网络文化产业政策法规。网络文化产业的崛起态势与问题的增生对整个产业结构与社会结构的破坏与重塑，凸显了现有网络文化产业政策法规的不足与滞后，改革不适应网络文化产业发展态势的文化管理体制，制定新的更适应网络文化产业发展的政策法规成为产业发展的内在诉求。一方面，需强化近年对数字出版、网络动漫、网络视频、高科技文化企业给予的税收优惠与资金扶持政策，做强、做大网络文化产业的优势行业。另一方面，需基于网络文化市场发展要求，加快制定网络文化版权保护政策、移动互联网相关政策、网络文化产业园区政策，提高政策法规的导向性、扶持性与前瞻性，为网络文化产业发展提供坚实的制度保障。

其二，建立更加自由、开放的经济环境。推动网络文化产业商业模式的合理化，实现盈利模式的多元化；提高网民的人均收入水平与互联网普及率，为网络文化产品付费模式的全社会运行打好基础；规范网络文化侵

---

① 曾凡斌. 大数据对媒体经营管理的影响及应对分析 [J]. 出版发行研究，2013 (2)：21 – 25.

权、盗版与网络暴力、网络犯罪行为，建构一个公平、公开、开放、有序的网络文化市场环境。

其三，技术创新环境的优化。云技术、数字传输与影像处理技术、3D 技术、高清采集技术、网络引擎技术、全息投影技术、虚拟现实技术、5G 技术、人工智能技术等关键技术兴起，要积极利用这些最新技术，应用到网络文化产业领域，高效推动网络文化信息的存储、转化与运行；利用全网融合实现跨平台的内容传播；利用移动互联网技术，加快移动终端和可穿戴设备的开发与性能的提升，承载更多的数字出版内容、播放更加流畅与高清的网络视频内容，提高网络文化产品的用户体验与网络文化服务的技术品质。可以说，新技术的研发与应用的加速将直接带来网络文化产业领域技术创新的加速与网络文化产品更新换代步伐的加快。

其四，打造一个良好的网络文化生态。尊重与保护网络文化版权，形成网络社会的规范性。网络文化生态危机伴随产业的崛起与经济利益的驱使，网络文化产业进入一种发展迷局，在虚拟的网络空间非法使用音乐、书籍、影视等文化作品的拷贝与传播变得容易、快捷与低廉，在无边界的网络环境里推动着网络侵权的恶意扩散，侵犯了版权人的合法权益，也严重打击了网络文化原创者的积极性，提高全社会网络文化版权的保护意识已刻不容缓。网民需合理分享与使用网络文学、网络音乐、网络游戏、网络动漫、网络视频等网络文化产品，建立消费正版网络文化产品的版权意识；企业则应提高网络文化产品版权保护水平，从创意初始阶段介入版权保护，提高网络版权服务增值运营水平。总之，加快建立一个绿色的网络文化生态环境对整个网络文化产业未来的可持续发展至关重要。[1]

---

[1] 解学芳. 网络文化产业：协同创新与治理现代化［M］. 上海：复旦大学出版社，2015：183-345.

三、中国网络文化产业发展指数[①]

随着网络文化产业的发展,网络文化产业发展演化研究逐渐受到关注。马雷尔巴(Malerba)在《创新与产业动态变化及演化:研究进展与挑战》中通过创新与产业动态变化及演化之间的关系演绎,研究了产业动态变化的马尔科夫完美模型;[②] 刘冰峰则研究了文化创意产业组织演化的动力机制,强调"产业演化多样性、演化选择环境和演化的传播机制"[③],为网络文化产业演化研究提供了有利的视角。

透过现有研究可以看到当前网络文化产业的发展演化研究,在内容上主要聚焦于以下几个方面:一是网络文化产业发展现状总结研究,如朱长春(2008)强调,"中国网络文化产业已经初步形成了以网络游戏、数字影音动画、无线内容服务为主,数字教育、数字出版等市场快速发展的产业格局"[④],解学芳(2010)在研究网络文化产业发展特征中,提出"网络文化产业作为一个新兴产业,包含多种业态,网络文化产业作为文化内容与网络技术的融合,展现出人文化、高技术、虚拟化、个性化和交互性等特点";二是网络文化产业发展因素分析研究,不少学者探讨了网络文化产业发展与技术、制度、管理等要素的内在逻辑,如臧志彭等(2012)在探讨网络文化产业技术创新的动态演化过程中,提出"网络文化产业技术创新,反映的是网络文化产业发展与技术创新间互动协同的动态逻辑,不同层级的技术创新与网络文化产业之间形成了竞争、共生、再生、

[①] 臧志彭. 中国网络文化产业发展指数构建与动态演化实证分析 [J]. 统计与决策, 2015 (01): 103 – 106.
[②] 弗朗哥·马雷尔巴, 李宏生, 乔晓楠, 刘大勇. 创新与产业动态变化及演化:研究进展与挑战 [J]. 经济社会体制比较, 2011 (2): 61 – 68, 77.
[③] 刘冰峰. 文化创意产业组织演化的动力机制研究 [J]. 商业时代, 2011, (13): 120 – 121.
[④] 朱长春. 基于SWOT分析的我国网络文化产业战略研究 [J]. 北京邮电大学学报(社会科学版), 2008 (4): 32 – 34.

自生的关系"[1];三是网络文化产业发展对策研究,王爱云(2009)研究了网络文化产业的发展方向与路径,提出网络文化产业今后发展四个方向即"内容为王、产业融合、市场开放、监管加强"[2],王秋菊(2010)在网络文化产业创新发展策略研究中探讨了网络文化产业发展的支撑体系,今后应该"打造并完善多点支撑的网络文化产业立体产业链、构建网络文化产品创新系统、培育多样化网络文化市场主体,构建网络文化产业体系"[3];四是关于各地网络文化产业发展的个案研究,分析了各地网络文化产业发展的优劣势条件,并结合各地网络文化发展的实际情况提出发展建议,如徐建勇(2008)对山东省网络文化产业发展状况进行研究,[4] 杨军(2012)研究了青海省网络文化产业发展情况。[5]

在研究方法上,网络文化产业发展的研究多为描述性、政策性研究,也有一些定量研究,指数研究逐渐受到关注,指数研究逐渐引入文化产业研究,成为重要的定量研究工具。例如,1997年,联合国社会发展研究所和教科文组织出台《针对文化和发展的全球性报告:建立文化数据和指数》,2002年贝克(Back)提出构建《地区文化发展的衡量和指数》。同时,与文化产业有关的指数研究较多是文化创意指数的研究,创意指数即对一国或地区文化创意产业发展现状的定量描述和分析比较,如美国经济学家理查德·佛罗里达(Richard Florida)和泰内格莉(Tinagli)构建了"欧洲创意指数",对文化产业发展起到了良好的评价和推动作用。[6] 近年来,国内学者也在文化产业发展指数研究中积极探索,胡惠林和王婧在《中国文化产业发展指数报告》中建立中国文化产业发展综合指数(CCIDCI)和中国文化产业发展指数(CCIDI)两套分析系统,指出中国

---

[1] 臧志彭,解学芳. 中国网络文化产业技术创新的动态演化[J]. 社会科学研究,2012(5):44-51.
[2] 王爱云. 网络文化产业的发展方向与路径探讨[J]. 理论学刊,2009(11):111-114.
[3] 王秋菊,马婷. 网络文化产业创新发展策略研究[J]. 新闻爱好者,2010(8):46-47.
[4] 徐建勇. 山东省网络文化产业发展研究[J]. 中国石油大学学报(社会科学版),2008(5):24-29.
[5] 杨军. 青海省网络文化产业发展思考[J]. 青海社会科学,2012(5):69-72,76.
[6] 史征. 文化创意产业发展指数的框架设计[J]. 统计与决策,2010(7):32-34.

文化产业发展指数体系需基于文化产业学和文化产业政策的基本原理,反映文化产业表征和内涵指数。[①]

尽管在学术研究领域形成了较多网络文化产业发展相关的研究成果,但是研究仍存在一些不足:一是现有研究以网络文化产业发展的综合性分析、总结性研究为主,但是对诸如发展指数的专题性研究缺乏;二是现有研究在研究方法上主要以理论分析的定性研究为主,以网络文化产业发展统计数据为基础的定量分析研究较少。因此,本研究将运用定量分析方法对2000—2011年的中国网络文化产业发展情况进行网络文化产业指数演化实证研究,探究网络文化产业动态演化的总体趋势和内在规律,总结和反思中国网络文化产业健康发展的政策建议,从而最终为数字创意产业的良性健康发展提供有价值的研究参考。

(一) 网络文化产业发展指数构建

网络文化产业是网络数字技术与现实文化的"联姻",建构于网络产业基础之上。因此,对网络文化产业发展水平的衡量需要以互联网络发展状况为基础,构建能切实反映文化产业发展水平的网络文化产业发展指数体系。[②]

1. 网络文化产业发展指数体系

中国互联网络信息中心自1997年开始,每半年公布一次《中国互联网络发展状况统计报告》,对互联网发展水平的测量通过互联网基础资源、网民规模与结构特征以及网民互联网应用状况三大方面,选取了11个具体指标,建立一套综合反映互联网发展水平的指标体系。因此,本书在充分借鉴互联网产业发展水平指标框架的基础上构建网络文化产业发展指数体系,网络文化产业发展指数体系由三大一级指标,即产业基础、产

[①] 胡惠林,王婧. 中国文化产业发展指数报告 [M]. 上海:上海人民出版社,2010:1-58.
[②] 解学芳. 网络文化产业:协同创新与治理现代化 [M]. 上海:复旦大学出版社,2015:245-268.

业规模、产业吸引力,以及网民总量、网络经济规模、在线浏览新闻意愿等 12 个具体指标构成。

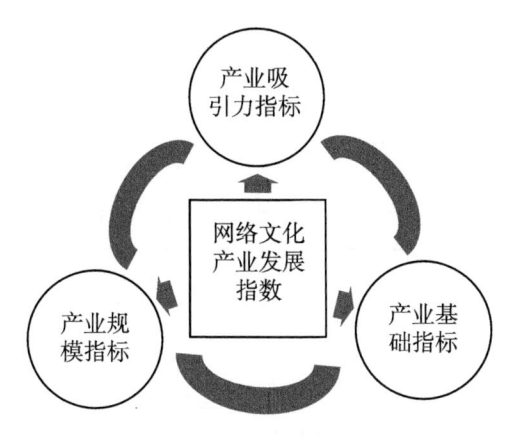

图 5-3　网络文化产业发展指数三维体系

（1）产业基础指标。产业的发展需要基础资源的支撑，产业基础显示出产业的稳定性。网络文化产业用户规模大、网民上网时间长，这是确保网络文化产业持续发展与繁荣的基础，具体细化指标为"网民总量""互联网普及率""平均每周上网时长""宽带用户规模"四个具体指标进行考察，网民总量、上网时间体现的是网络文化产业的市场需求；互联网普及率和宽带用户规模体现的是网络文化产业被消费的可能性，网络的普及能促使上网成为人们日常生活的基本所需，宽带的应用提供了高速网络连接，产生了更多网络文化产品消费。

（2）产业规模指标。这一指标反映的是产业的成熟程度，主要涉及网络文化产业各个行业的产值，根据《中国互联网络发展状况统计报告》中把互联网应用分为即时通信、搜索引擎、网络音乐、网络新闻、网络视频、网络游戏、微博、社交网站、网络文学、网络购物等多个方面，网络文化产业规模指标可细化为"网络经济规模""网络游戏规模""网络视频规模""移动互联网市场规模"等四个具体指标，其中"网络经济规模"主要包括涉及网络文化产品有关的"网络购物""数字出版""网络教育"等方面的产值。

(3) 产业吸引力指标。产业吸引力的强弱直接关系产业能否持久性发展，网民的网络文化消费意愿越强，网络文化产业相比线下文化产业的竞争力就越强，网络文化产业发展得就越好。产业吸引力指标可细化为"在线浏览新闻意愿""在线音乐收听及下载意愿""网络教育意愿""网络消费意愿"等四个方面的具体指标。

表5-3 网络文化产业发展指标体系

指标类别	指标编号	指标名称
产业基础	x1	网民总量
	x2	互联网普及率
	x3	平均每周上网时长
	x4	宽带用户规模
产业规模	x5	网络经济规模
	x6	网络游戏规模
	x7	网络视频规模
	x8	移动互联网市场规模
产业吸引力	x9	在线浏览新闻意愿
	x10	在线音乐收听及下载意愿
	x11	网络教育意愿
	x12	网络消费意愿

2. 网络文化产业发展指数的构建方法

综合分析目前的研究方法，层次分析法使用频率高，但易受专家主观因素的影响（张国良、陈宏民，2006），[1] 从而影响评价结果信度与效度；主成分分析建立在数据客观分析基础上，对得到的指标权重进行综合评价，但容易在提取主成分时一定程度上导致信息失真；BP神经网络是创

---

[1] 张国良，陈宏民. 国内外技术创新能力指数化评价比较分析［J］. 系统工程理论方法用，2006（5）：385-392.

新实证研究较为常用的方法，例如，夏维力与吕晓强（2005）[①] 等的研究，但此方法受样本数量与质量制约大；鉴于网络文化产业发展影响因素复杂、界限模糊等特点，采用模糊聚类方法具有可行性，例如，江兵（2002）[②]、唐炎钊（2004）[③] 的研究，但依然会受到主观因素的影响；而指数化的研究方法是实证研究较为常用的方法，根据网络文化产业研究内容与数据特点，本书在指标体系搭建基础上，构建网络文化产业发展指数进行网络文化产业发展演化研究，并引入熵权法进行指标权重计算，利用综合评价法构建网络文化产业发展指数。

首先，采用熵权法进行指标权重设计。熵权法作为客观赋权法的常用方法，在信息论中用于度量系统无序程度和有效数据量，其评价的基本原理是当评价对象的指标值相差较大时，其熵值就较小，说明这个指标提供的有效信息量较大，其对应的权重也较大；反之，则指标的权重应较小。鉴于此，下面采用熵权法进行权重设计，具体步骤如下[④]：
（1）设定原矩阵。设原始数据有 m 个评价指标，n 个评价对象，则评价矩阵为 $X = (x_{ij})_{m \times n}$，其中 x_{ij} 表示第 j 个评价对象的第 i 个指标的原始值。
（2）根据下面的公式对原矩阵进行指标化。其中效益性指标是和网络文化产业发展正向相关的指标，成本性指标则是和网络文化产业发展负向相关的指标。

$$\begin{cases} y_{ij} = \dfrac{x_{ij} - \min\{x_{ij}\}}{\max\{x_{ij}\} - \min\{x_{ij}\}}, \text{效益性指标} \\ y_{ij} = \dfrac{\max\{x_{ij}\} - x_{ij}}{\max\{x_{ij}\} - \min\{x_{ij}\}}, \text{成本性指标} \end{cases}$$

[①] 夏维力，吕晓强．基于 BP 神经网络的企业技术创新能力评价及应用研究 [J]．研究与发展管理，2005（1）：50-54．
[②] 江兵．国家技术创新能力分类与评价 [J]．系统工程理论与实践，2002（3）：89-92．
[③] 唐炎钊．区域科技创新能力的模糊综合评估模型及应用研究：2001 年广东省科技创新能力的综合研究 [J]．系统工程理论与实践，2004（2）：37-43．
[④] 臧志彭．中国网络文化产业发展指数构建与动态演化实证分析 [J]．统计与决策，2015（1）：103-106．

通过标准化后得到矩阵 $Y = (y_{ij})_{m \times n}$。

（3）求权重，即先定义熵，对于标准化后的矩阵 $Y = (y_{ij})_{m \times n}$ 熵定义为：

$$\begin{cases} f_{ij} = y_{ij} / \sum_{j=1}^{n} y_{ij} \\ k = 1/\ln n \\ f_{ij} \ln f_{ij} = 0, \quad if\ f_{ij} = 0 \\ H_i = -k \sum_{j=1}^{n} f_{ij} \ln f_{ij} \end{cases}$$

其中 H_i 表示熵，f_{ij} 表示状态概率，k 表示熵值系数。然后，定义各年份指标的熵权，计算公式：

$$w_i = \frac{1 - H_i}{m - \sum_{i=1}^{m} H_i}$$

其次，在上述网络文化产业发展指标权重设计基础上，采用综合评价法依次计算产业基础指数、产业规模指数与产业吸引力指数，考虑到产业基础、产业规模与产业吸引力对网络文化产业发展的不同贡献率，本书分别按30%、40%、30%的权重进行累加合计构建网络文化产业发展指数，具体计算公式如下：

$$IDI_i = \sum_{j=1}^{4} y_j w_j \times 10 \times 30\% + \sum_{j=5}^{8} y_j w_j \times 10 \times 40\% + \sum_{j=9}^{12} y_j w_j \times 10 \times 30\%$$

（1）产业基础指数

$$IBI_i = \sum_{j=1}^{4} y_j w_j \times 10$$

其中 IBI_i 表示产业基础指数，i 表示年份，$i \in [2000, 2011]$；y_j 表示经过标准化无量纲处理后的第 j 个产业基础指标；w_j 表示第 j 个指标对应的权重。

(2) 产业规模指数

$$ISI_i = \sum_{j=5}^{8} y_j w_j \times 10$$

其中 ISI_i 表示产业规模指数，i 表示年份，$i \in [2000, 2011]$；y_j 表示经过标准化无量纲处理后的第 j 个产业规模指标；w_j 表示第 j 个指标对应的权重。

(3) 产业吸引力指数

$$IAI_i = \sum_{j=9}^{12} y_j w_j \times 10$$

其中 IAI_i 表示产业吸引力指数，i 表示年份，$i \in [2000, 2011]$；y_j 表示经过标准化无量纲处理后的第 j 个产业吸引力指标；w_j 表示第 j 个指标对应的权重。

(二) 基于中国网络文化产业指数的演化实证分析

本书根据中国互联网络信息中心 (China Internet Network Information Center, CNNIC) 每年发布的《中国互联网络发展状况统计报告》和艾瑞咨询集团 (iResearch) 发布的《中国互联网市场年度总结报告》统计数据，对中国网络文化产业发展情况进行实证研究。实证研究结果分析得到如下结论。

1. 产业发展指数直线上升趋势：基于2000—2011年发展历史的考察

总体来看，产业基础指数、产业发展指数与产业吸引力指数稳步增长，到2011年达到最高峰，产业基础指数与产业吸引力指数增长到10.00，产业发展指数为9.93，反映出2000年以来网络文化产业的直线式发展演化态势。一方面，2000—2004年，网络文化产业发展处于平缓增长的长波期，发展指数在0.3—1.73稳步上升，反映出这一时期刚起步发展的互联网技术为网络文化产业提供了基础；另一方面，自2004年以来，网络文化产业进入快速发展阶段，在这段时期网络文化产业典型业态快速崛起，2004—2006年，网络游戏取得大发展、博客兴起、网络视频出现；

2006—2008 年，网络音乐、网络视频进入快速发展期；2008—2010 年，网络文学兴盛，微博出现；2010—2011 年，社交网站、微博崛起，并进入高速发展期。① 网络文化产业之所以能够保持直线式上升发展很大程度上得益于网络技术的创新应用高速增长，网络信息时效性与反应速度进一步提高，网络文化新产品与新服务呈现爆发式增长，促使网络文化产业进入新一轮发展高峰期。

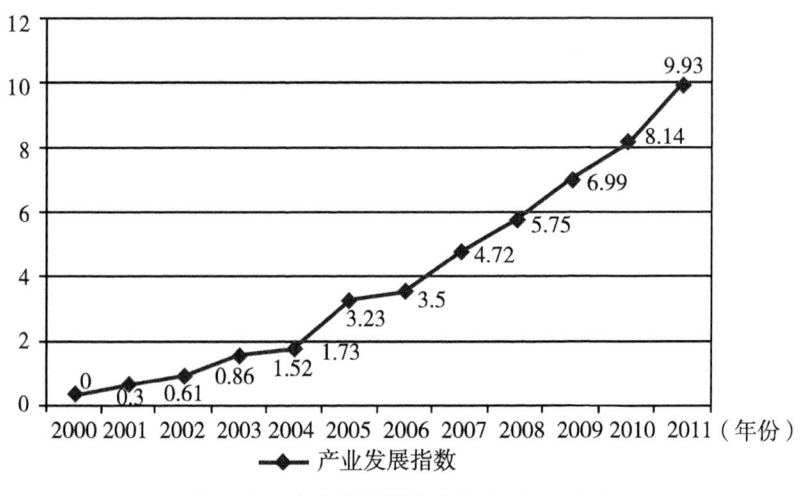

图 5-4　产业发展指数（2000—2011 年）

2. 产业基础指数呈现曲线式上升：基于 2000—2011 年发展历史的考察

从产业基础指数图可以看到，产业基础伴随着网民规模的快速增长、网络接入方式的创新以每年 0.9 的速度稳步上升，其中 2010—2011 年是产业基础指数的高速增长期，由 6.53 跃升至 10.00，这与 2011 年国家加大网络基础设施建设、文化产业倍增计划将网络文化产业定位为重点产业等举措密切相关。2011 年，中国政府扎实推进通信业转型发展，在互联网方面，积极推动宽带网络基础设施建设，加快发展新技术、新业态，互联网宽带接入用户达到 1.55 亿户。②

---

① 臧志彭，解学芳. 中国网络文化产业技术创新的动态演化 [J]. 社会科学研究，2012 (5)：44-51.
② 中国互联网络信息中心：第 29 次中国互联网络发展状况统计报告.

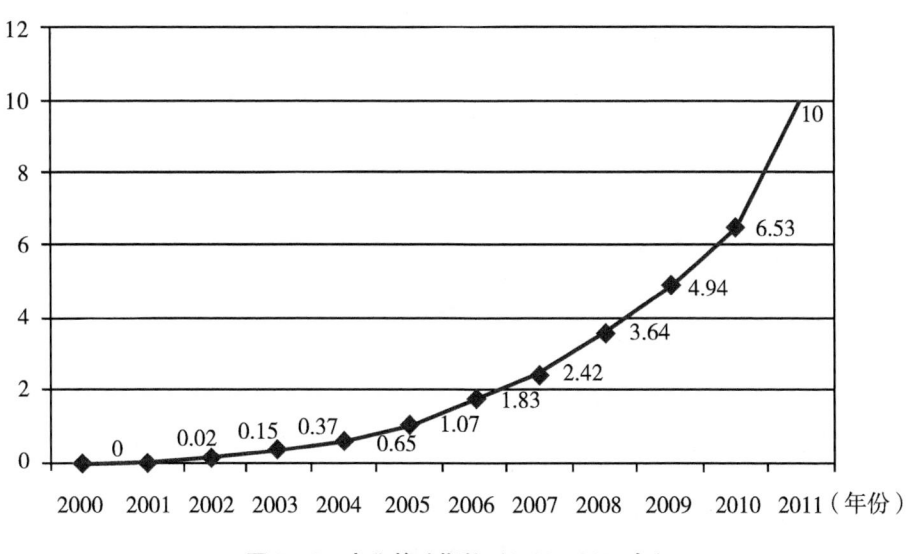

图 5-5　产业基础指数（2000—2011 年）

3. 产业规模指数呈现波动式发展：基于 2000—2011 年发展历史的考察

2000—2002 年产业规模指数保持在 0.99—1.21，反映出网络文化产业处于起步发展时期缓慢增长的趋势；2004—2006 年是网络文化产业规模急剧扩张起伏的时期，产业规模指数由 2004 年的 2.06 跃升至 2005 年的 5.51，又跌至 2006 年的 4.76，互联网发展进入到了宽带时代，网民的上网习惯正在发生显著的变化，网上娱乐休闲活动越来越受更多网民的欢迎，浏览新闻、网络游戏、在线音乐与在线影视成为互联网的 2004—2005 年的热门服务，网络教育、网络购物等网络经济已经开始起步发展；2006 年以来进入稳健增长时期，2006—2007 年产业规模指数从 4.76 增加到了 7.16，这与技术创新与技术应用的拓展、WEB2.0 时代的到来，以博客、网络视频等交互性网络文化新业态纷纷出现的局势密切相关；[1] 2008—2011 年产业规模指数均在 8.0 以上，且 2011 年达到了这段时期的峰值 9.77，表明产业发展达到了相当规模，这也是互联网络应用创新发展加速的必然结果，网络文化产品内容形态不断更新，尤其是近年来移动互联网

---

[1] 中国互联网络信息中心：第 16 次中国互联网络发展状况统计报告。

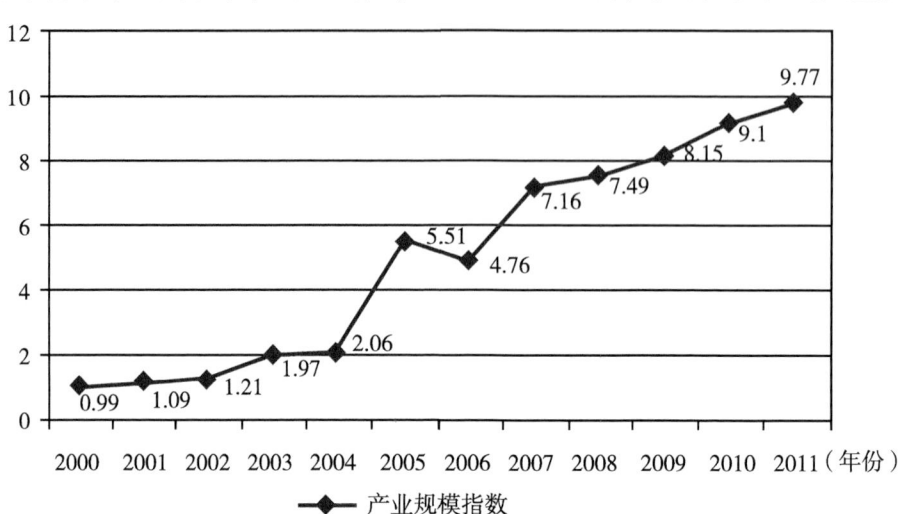

应用崛起，网络文化产品及时方便地进入网民视野，促成了产业的兴盛。

图 5-6 产业规模指数（2000—2011 年）

4. 产业吸引力指数呈现稳步上升趋势：基于 2000—2011 年发展历史的考察

2000—2003 年快速增长，网络文化产业吸引力指数从 0 上升到 2.62；2001—2002 年，增长了 58.7%；2002—2003 年，增长了 79.5%，当时的互联网发展逐渐走出了发展寒冬，重燃了网民对互联网发展的信心，一批优秀的门户网站发展起来，如雅虎、搜狐、网易；2005—2006 年，增长速度减缓，从 34.5% 年增长速度下降到了 16.8%，部分源自网民对网络环境安全性的担忧；2007—2009 年，迎来了新的高速增长期，伴随着互联网络逐渐成为年轻人生活方式的组成部分，以及各种关键网络技术如 Flash 技术、DRM 技术、3G 技术等的创新运用，增强了网络用户体验，同时这一时期产生了多样化的新型网络文化形态，如社交网站、微博等出现并得到快速发展，迎合了部分网民对网络文化产品的兴趣和需求；2009 年以来，随着互联网应用的拓展与成熟，网络不再局限于年轻人而逐渐成为更多网民进行学习、工作、娱乐和生活的重要手段，这一内在需求的释放直接推动了产业吸引力在 2009—2011 年持续稳定增长，从

8.56 攀升到 10。

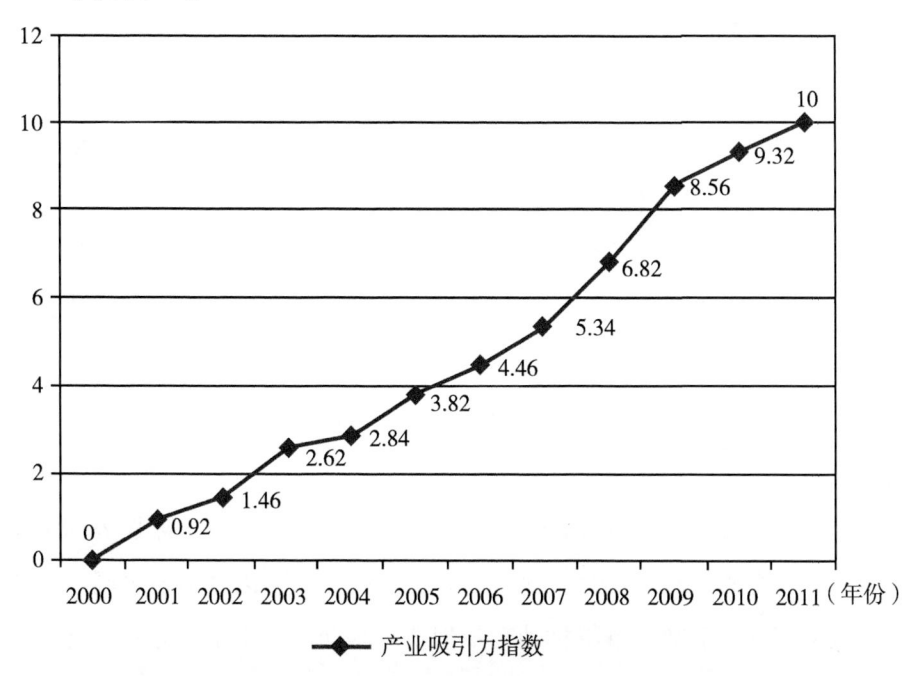

图 5-7 产业吸引力指数（2000—2011 年）

（三）基于指数研究的网络文化产业生态发展建议

从 2000—2011 年的发展指数动态演化可以看到，网络文化产业依托互联网的发展得到了持续性的上升发展，以网络游戏、网络视频等为代表的文化产品在文化市场中占到了庞大份额，但与互联网的高速发展势头相比较，发展速度仍显不足。要保持产业高速发展的势头，网络文化产业必须形成完善的支撑体系，形成产品服务发展机制，营造良好的发展环境。实际上，技术与制度是网络文化产业发展进程中既对立又统一的两大核心驱动因素，对网络文化产业健康、高效发展至关重要，构建网络文化产业生态发展体系就是要充分发挥技术与制度协同推进产业发展的作用。

1. 用好国家政策创新夯实网络文化产业发展基础

制度创新是产业发展的关键，对产业的发展具有深刻影响。国家政策作为网络文化产业制度体系的重要组成部分，出台、修订促进网络文化产业各业态发展的政策，提升产业发展地位，明确产业发展方向，从而有效规范、引导、鼓励网络文化产业发展。长期以来，中国逐步建立起了网络文化产业制度体系，出台了一系列规范网络文化产业发展的政策，如2009年国家发布《文化产业振兴规划》，提出"以文化创意、影视制作、出版发行、印刷复制、广告、演艺娱乐、文化会展、数字内容和动漫等产业为重点发展文化产业"；2012年印发的《国家"十二五"时期文化改革发展规划纲要》强调了"加快发展文化产业，加快发展文化创意、数字出版、移动多媒体、动漫游戏等新兴文化产业"，对推进产业日趋稳定的发展起到了重要的作用。

当前网络文化产业发展正处在关键发展时期，面对着国际强势网络文化产业竞争力的挑战、网络文化生态演化危机的凸显以及国内对网络文化需求不断攀升的形势，继续推动政策创新以驱动产业基础的夯实，将影响网络文化产业发展环境并将网络文化市场秩序风险降到最低，一方面，通过政策创新需要加强网络文化产业制度创新的顶层设计，出台权威性法律制度以促进产业健康高效发展；另一方面，建立系统性、预见性的网络文化产业政策创新体系，把网络文化产业涉及的问题控制在其制度规范的区域内。[①]

2. 利用技术创新拓展网络文化产业链，推动产业发展裂变

技术创新与网络文化产业发展间存在互动协同的动态逻辑，网络文化产业发展离不开技术创新的推动，需积极推动网络游戏产业、网络视频产业、数字出版产业、移动新媒体等与技术创新、制度创新的交融，推动网络文化产业的裂变。其一，在网络文化产品的传播阶段，充分利用桌面互联网、手机移动媒体等新媒体突破时空限阈的优势跨硬件、跨终端传播，

---

① 臧志彭，解学芳. 中国网络文化产业制度创新演化研究：基于1994—2011年的实证分析 [J]. 科学学研究，2013（4）：630–640.

提高传播范围与推广效率；出台一系列财政扶持政策与金融政策扶持重大文化产业项目及竞争力强的骨干网络文化企业，并配套完善的网络文化市场规范与管理制度体系。其二，在网络文化产品的流通阶段，要积极研究数字化技术的应用，加快网络文化企业知识产权的保护与应用，[①]配套良好的知识产权保护政策与文化版权退税政策等制度体系，打造一个网络文化产业全行业重视知识产权的制度化生态环境，全面推动网络文化企业的转型升级。[②]

3. 利用版权与文化品牌建构提升网络文化产业吸引力

"内容为王"是网络文化产业发展的重要特征，网络文化产业是互联网与传统文化产业的融合，产品更新速度快，在满足人们对数字化文化内容的需求过程中，需提供丰富网络文化产品，形成充足的网络文化产业供给能力。

一是要维护文化产品版权。尊重知识创造，才能为文化产品创新注入持久生命力。网络环境的虚拟性、开放性使网络文化产品得以面向更多的普通大众，同时也给文化产品知识产权维护带来了难度，网络游戏、网络音乐、网络视频、数字出版等盗版、抄袭现象比比皆是，严重损害了网络文化产品原创开发，不利于后续网络文化产品的丰富发展。

二是要打造网络文化产业的品牌效应。相对于传统文化产业，网络文化产业具有更为显著的"赢者通吃"的效应，需要借助网络广大的传播能力构建强大的品牌效应。互联网的"信息海洋"和虚拟性往往带给消费者"不信任"，在这种情况下，更需打造一批能够产生品牌效应的知名文化产品和知名文化企业，发挥品牌效应，吸引网络消费者眼球，引领网络文化产品潮流。[③]

---

① 章迪思. 文化业，突破关键技术势在必行 [N]. 解放日报，2012-08-23.
② 解学芳. 文化科技产业园区企业集群生态化与绩效评估体系构建 [J]. 社会科学研究，2014 (1)：35-41.
③ 解学芳. 网络文化产业：协同创新与治理现代化 [M]. 上海：复旦大学出版社，2015：269-380.

第六章
数字创意产业湾区集群：
粤港澳大湾区与世界一流湾区比较

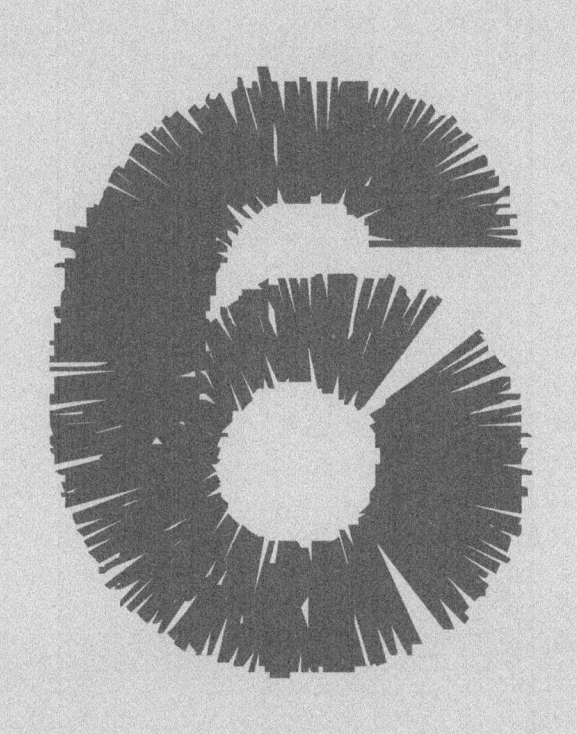

第六章 数字创意产业湾区集群：粤港澳大湾区与世界一流湾区比较

发达的文化创意产业集群是世界一流湾区的共同特征。纽约湾区拥有全球最为发达的新闻出版产业集群；旧金山湾区拥有世界上最为强大的数字创意产业集群，附近的洛杉矶好莱坞地区还拥有全球著名的影视产业集群；东京湾区拥有全球最为发达的动漫游戏产业及其配套的出版印刷产业集群。在中国的粤港澳大湾区，香港早年就形成了影视娱乐产业集聚，以广州、深圳为核心区和密集区也形成了初步的数字出版产业带。由此可见，湾区经济与文化创意产业密不可分、互相支撑。

一、湾区城市群与数字文化创意产业的融合共生机理

美国著名的文化经济学家斯科特在其《城市文化经济学》中曾指出，城市、经济、文化彼此共生，全球语境下，这种共生现象表现为将湾区特有的文化属性与经济秩序浓聚于地理环境之中，形成具有独特竞争优势的强大垄断力量[1]，这种垄断力量通过文化传媒产业的天然优势加以扩散传播，促使各类竞争要素向湾区城市群持续集聚，从而不断增强湾区的核心竞争力。

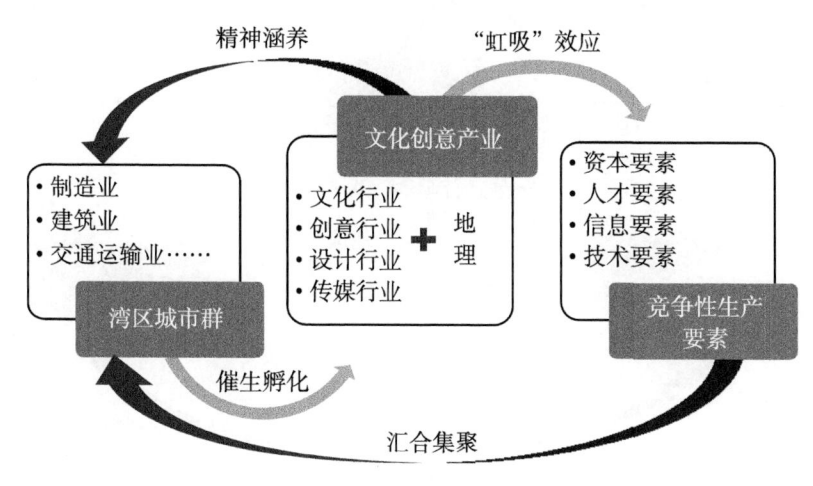

图 6-1 湾区城市群与文化创意产业的融合共生机理

---

[1] [美] 艾伦·J. 斯科特. 城市文化经济学 [M]. 董树宝, 张宁, 译. 北京：中国人民大学出版社, 2010: 22.

湾区经济发展催生了文化、创意、设计、传媒等现代服务业的不断孵化，而文化创意产业所具有的强大传播能力和"虹吸"效应又持续地促使资本、人才、技术、信息等核心生产要素向湾区城市群汇合集聚，并不断扎根生长，从而不断增强湾区的核心凝聚力；文化要素也在这一过程中向湾区聚集扎根，避免湾区沦为"经济孤岛"。

进而，当数字技术与文化创意产业融合发展之后，湾区城市群与文化创意产业的融合共生关系又进入了新的更深层次的融合升级。数字技术天然具备改造传统产业的强大能力。文化创意产业与数字技术的融合，给数字技术赋予了文化创意内涵，也让文化创意拥有了数字技术的强大渗透与延展能力。当湾区城市群与数字文化创意产业紧密结合后，湾区城市群原有的传统产业将同时受到双重的融合改造效应：一是数字技术对传统产业的强大的数字化升级改造效应；二是文化创意对传统产业的精神内涵塑造与升华，使其更加具有品质内涵和文化魅力。数字文化创意产业对湾区城市群传统产业的双重融合与改造效应如图6-2所示。

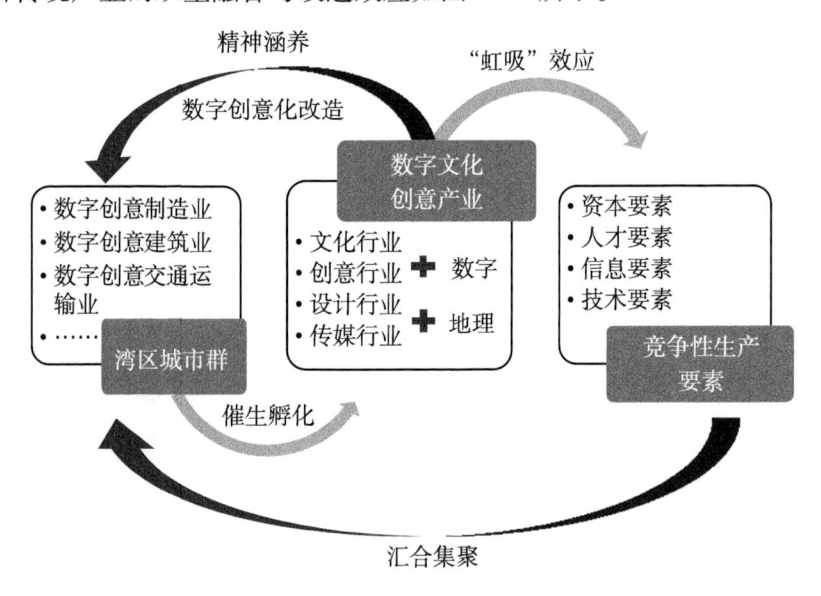

图6-2 数字文化创意产业对湾区城市群传统产业的双重融合与改造

二、世界四大湾区传媒产业集聚度比较

本书根据三大国际主流产业分类标准、依托上市公司年度报告、国际权威的美国标准普尔全球上市公司数据库及雅虎财经、谷歌财经等相关公开渠道搜集整理2008—2017年世界四大湾区传媒产业上市公司数据（数据采集截至2018年12月），从全球比较视野对粤港澳大湾区传媒产业的国际地位和竞争形势进行准确定位和科学研判，为粤港澳大湾区跨越式发展提供有价值的研究参考。

（一）世界四大湾区传媒产业集群竞争格局及演化态势

本书采用区域产业集群竞争力经典方法"区位熵"对世界四大湾区传媒产业集聚水平和竞争格局进行实证评估研究。

1. 纽约湾区：传媒产业具有明显集聚优势，但基本呈逐年减弱趋势

纽约湾区是世界公认的传媒产业中心。根据传媒产业上市公司数量和营业收入区位熵计算结果，纽约湾区传媒产业上市公司数量和税前利润区位熵均值在2008—2017年都大于1，营业收入及从业人数区位熵2008—2017年均值都大于2，表明纽约湾区传媒产业在四大湾区中具有显著的比较优势，形成了较为明显的规模集聚特征。但纽约湾区传媒产业上市公司数量、从业人数、营业收入及税前利润区位熵在2008—2017年都处于连年下行趋势，年均降幅分别达到5.5%、1.7%、2.8%和3.9%，其传媒产业的相对比较优势正在逐年减弱。[①]

---

① 感谢华东政法大学文化产业管理专业硕士研究生谢铭炀同学在世界四大湾区传媒产业相关数据计算、整理过程中作出的重要贡献。

(区位熵)

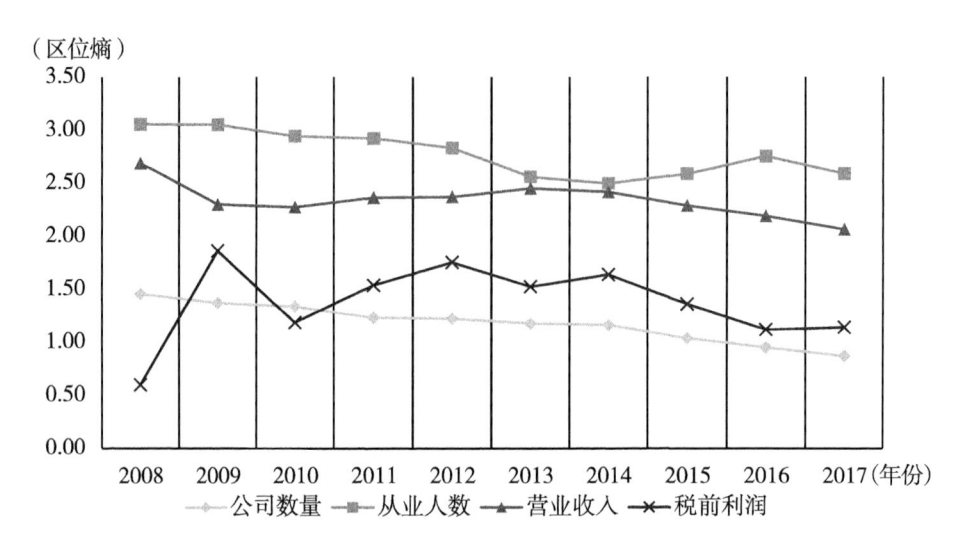

图 6-3 2008—2017年纽约湾区传媒产业集聚度演化趋势

注：区位熵大于1表明具有集聚优势，小于1表明具有集聚劣势，值越小劣势越明显。

表 6-1 2008—2017年纽约湾区传媒产业不同维度区位熵

区位熵维度 \ 年份	2008	2009	2010	2011	2012	2013	2014	2015	2016	2017	均值
公司数量	1.46	1.37	1.34	1.23	1.22	1.18	1.16	1.04	0.95	0.87	1.18
从业人数	3.06	3.06	2.95	2.92	2.83	2.56	2.50	2.59	2.76	2.59	2.78
营业收入	2.69	2.30	2.27	2.36	2.37	2.45	2.42	2.29	2.19	2.06	2.34
税前利润	0.60	1.86	1.18	1.54	1.75	1.53	1.64	1.36	1.12	1.14	1.37

2. 旧金山湾区：产业集聚水平稳中有升，盈利能力强大、结构稳定有序

数据分析显示，旧金山湾区传媒产业上市公司的从业人数、营业收入和税前利润区位熵在2008—2017年都保持了大幅度的增长，年均分别增长18%、13%和33.4%，2017年上述三个维度区位熵值分别达到2.16、2.42及1.94，表明旧金山湾区传媒产业在吸引就业、创造收入、获取盈利方面相较其他三大湾区而言，具有非常显著的比较优势，而且这一优势正呈现不断增长的态势。此外，2008—2017年互联网软件与服务、应用

软件和互动媒体及服务三大行业的上市公司数量牢牢占据着旧金山湾区传媒产业上市公司数量的前三名，占比超过60%，说明旧金山湾区长期以来已经形成以新兴科技媒体为引领的稳定的传媒产业结构。

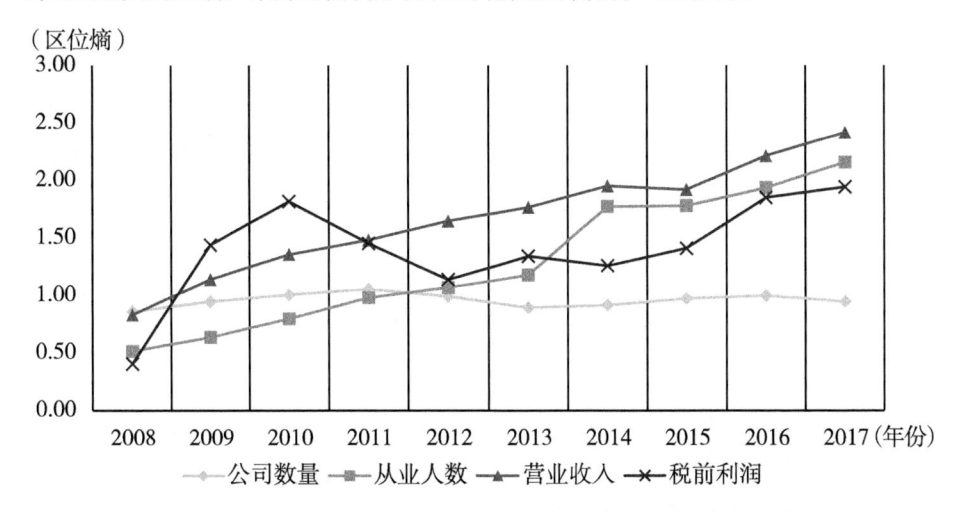

图 6-4　2008—2017 年旧金山湾区传媒产业集聚度演化趋势

表 6-2　2008—2017 年旧金山湾区传媒产业不同维度区位熵

区位熵维度 \ 年份	2008	2009	2010	2011	2012	2013	2014	2015	2016	2017	均值
公司数量	0.86	0.95	1.01	1.06	0.99	0.89	0.92	0.97	1.00	0.95	0.96
从业人数	0.52	0.64	0.80	0.98	1.07	1.18	1.77	1.78	1.94	2.16	1.28
营业收入	0.83	1.14	1.36	1.48	1.65	1.77	1.95	1.92	2.21	2.42	1.67
税前利润	0.40	1.44	1.82	1.45	1.14	1.34	1.26	1.41	1.85	1.94	1.41

3. 东京湾区：产业规模集聚水平全球第一，但发展质量不高、行业过于分散

东京湾区是全日本的传媒产业中心。2009—2017 年，东京湾区传媒产业上市公司数量区位熵值一直大于 1，而且呈现连年增长态势，2017 年数量区位熵值已经达到 1.33，比 2008 年增长了 33%，表明东京湾区传媒产业上市公司数量规模在世界四大湾区范围内已经具备较强的比较优势并

有进一步增强的态势。然而，东京湾区传媒产业的营业收入区位熵值一直徘徊在0.5以下，税前利润区位熵值一直低于0.4，而且2008—2017年还呈现小幅减小趋势，年均下降幅度为2.3%、1.2%，说明东京湾区传媒产业在营收水平和盈利能力方面发展质量不高、大大落后于美国湾区。从细分行业集聚情况来看，东京湾区集聚了多达25个行业的传媒产业上市公司，是四大湾区中集聚行业数量最多的湾区。过于分散、多元的产业结构，导致东京湾区传媒产业难以充分发挥产业集聚的规模优势，进而导致其在营业收入、盈利能力以及就业吸纳等方面未能具备足够强的国际竞争力。

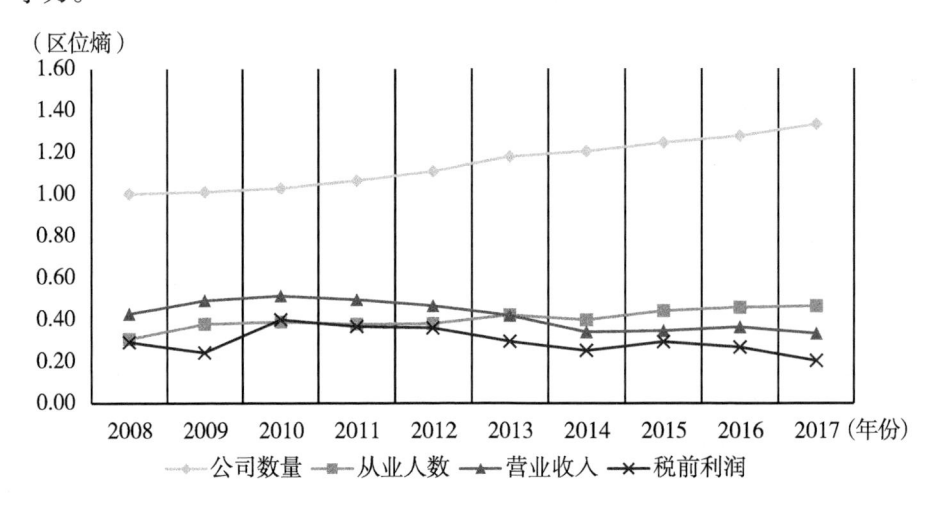

图6-5 2008—2017年东京湾区传媒产业集聚度演化趋势

表6-3 2008—2017年东京湾区传媒产业不同维度区位熵

区位熵维度 \ 年份	2008	2009	2010	2011	2012	2013	2014	2015	2016	2017	均值
公司数量	1.00	1.01	1.03	1.07	1.11	1.18	1.20	1.25	1.28	1.33	1.15
从业人数	0.31	0.38	0.39	0.38	0.38	0.42	0.40	0.44	0.46	0.47	0.40
营业收入	0.43	0.49	0.51	0.50	0.47	0.42	0.34	0.35	0.37	0.33	0.42
税前利润	0.29	0.24	0.40	0.37	0.36	0.30	0.25	0.29	0.27	0.20	0.30

4. 粤港澳大湾区：传媒产业集聚劣势明显、新媒体仍未占主导

从粤港澳大湾区传媒产业区位熵来看，公司数量、从业人数、营业收入和税前利润等四大维度计算的区位熵值都低于1，而且基本都在0.7以下徘徊，说明与美国纽约、旧金山以及日本东京等世界一流湾区相比，粤港澳大湾区传媒产业的相对集聚水平处于明显弱势地位。细分行业比较分析显示，2017年粤港澳大湾区传媒产业上市公司数量前五的行业依次为电影和娱乐、广播、出版、互联网软件与服务、互动媒体及服务。可见，虽然互联网新兴媒体进入前五，但排名末位，传统媒体产业仍然在粤港澳大湾区牢牢占据主导地位，同时互联网媒体相关行业上市公司数量占湾区传媒产业总体上市公司比例仅有22.3%，新兴媒体仍处于劣势地位。

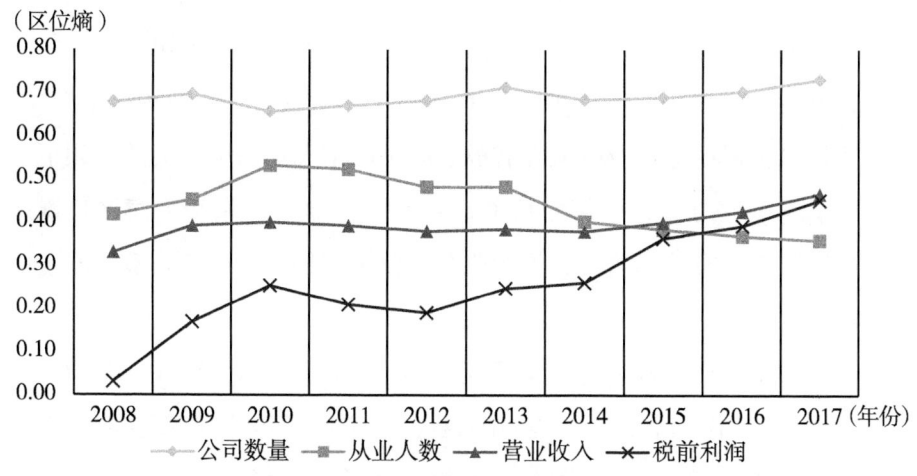

图6-6 2008—2017年粤港澳大湾区传媒产业集聚度演化趋势

表6-4 2008—2017年粤港澳大湾区传媒产业不同维度区位熵

区位熵维度\年份	2008	2009	2010	2011	2012	2013	2014	2015	2016	2017	均值
公司数量	0.68	0.70	0.66	0.67	0.68	0.71	0.69	0.69	0.70	0.73	0.69
从业人数	0.42	0.45	0.53	0.52	0.48	0.48	0.40	0.38	0.37	0.36	0.44
营业收入	0.33	0.39	0.40	0.39	0.38	0.38	0.38	0.40	0.43	0.47	0.40
税前利润	0.03	0.17	0.25	0.21	0.19	0.25	0.26	0.36	0.39	0.45	0.26

(二) 粤港澳传媒产业与世界一流湾区的关键指标差距

粤港澳传媒产业上市公司数量仅为东京湾区的 45.89%。四大湾区中，东京湾区传媒产业规模优势明显，其上市公司数量是四大湾区平均传媒产业上市公司数量的 1.6 倍，2015 年峰值达到 221 家，2017 年为 207 家。粤港澳大湾区传媒产业上市公司数量在 2008 年时仅有 73 家，2015 年增至峰值 101 家，2017 年滑落至 95 家，虽然十年间总体增速是最快的，但体量规模上与东京湾区完全不在一个量级上。

粤港澳传媒产业营收总额仅为纽约湾的 17.67%、旧金山湾区的 22.29%、东京湾区的 45.15%。从营业收入总额来看，粤港澳大湾区传媒产业与世界一流湾区的差距巨大。纽约湾区传媒产业虽然公司数量连年下滑，但其营业收入总额仍然非常庞大，全球传媒霸主地位仍然无法撼动。旧金山湾区传媒产业营业收入在谷歌、脸书、奈飞等超级巨头的带领下从 2008 年以来一路猛增，十年增长了 5.24 倍。然而，粤港澳大湾区传媒产业十年间虽然也有快速增长，但营收总额仅为纽约湾区的 1/6 多、旧金山湾区的 1/5 多，差距之大无法同日而语。

粤港澳传媒产业税前利润总额仅为旧金山湾区的 14.14%、纽约湾区的 21.41%。从税前利润总额排名来看，旧金山湾区十年来增长最为迅猛，从 2008 年的 148 亿美元增长至 2017 年的 948 亿美元，增长了 6.41 倍，成为世界四大湾区中盈利能力最强的湾区。纽约湾区传媒产业盈利水平经历了大幅震荡，2008 年受金融危机影响，总体亏损 678 亿美元，2009 年扭亏为盈，2014 年税前利润总额增至 811 亿美元，是当时粤港澳大湾区传媒产业的 15.30 倍。粤港澳大湾区虽然增幅最大，但由于基数太小，根本无法与纽约和旧金山湾区相抗衡。

三、世界四大湾区互联网产业集聚度比较

这里的互联网产业，主要是指国际权威的北美产业分类体系（North American Industry Classification System，NAICS）中的"互联网出版广播和网络搜索门户"（Internet Publishing and Broadcasting and Web Search Portals）产业。根据北美产业分类体系的界定，该产业主要包含了两大类组织，一类是专门在互联网上发布或广播内容的机构；另一类是网络搜索门户。该产业中的企业并不直接提供传统的信息内容，而是专门利用互联网技术或平台为用户提供个性化的文本、音频和视频内容以及相关的网络信息服务。[1]

（一）世界四大湾区互联网产业发展演化趋势：2008—2017年

2008年全球金融危机之后的十年，世界四大湾区互联网产业总体来讲经历了大幅上涨的发展演化过程。通过对世界四大湾区互联网产业上市公司数量统计分析发现，2008年四大湾区互联网上市公司数量为187家，到了2015年增长至峰值274家，增长了46.52%，2016年、2017年略有回落。从四大湾区互联网产业上市公司营业收入和税前利润变化情况来看，增长趋势更为明显：四大湾区互联网产业上市公司营业收入总额虽然在2009年、2010年受金融危机影响出现了下滑，但2011年开始企稳，2012年大幅提升了28.16%，然后一路迅猛增长，2017年比2008年营业收入总额增长了2.04倍；四大湾区互联网产业上市公司税前利润总额则从2008年以来基本处于高速增长态势，仅在2013年和2015年略有下滑，2017年世界四大湾区互联网产业上市公司税前利润总额达到了1205.88亿美元，比2008年增长了4.49倍。

---

[1] 感谢华东政法大学文化产业管理专业硕士研究生王悦同学在世界四大湾区互联网产业相关数据计算、整理过程中作出的重要贡献。

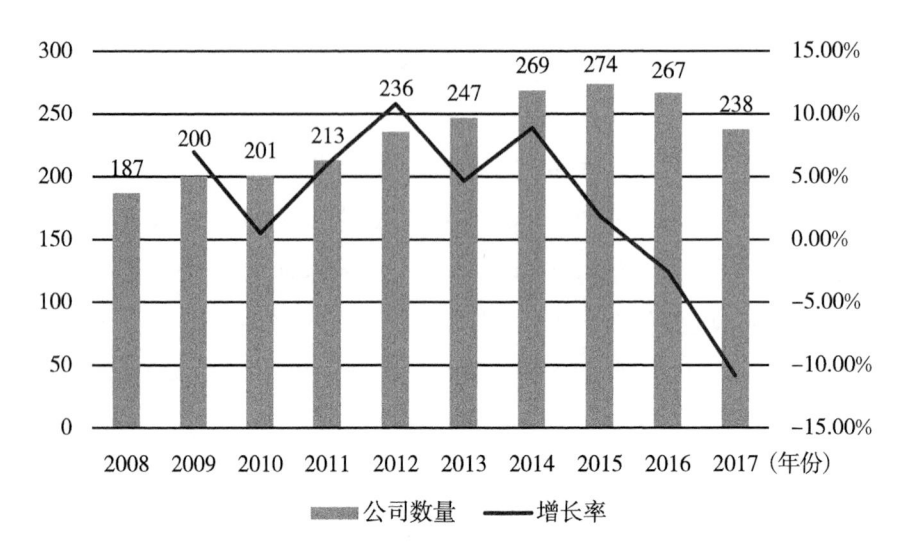

图 6-7 2008—2017 年四大湾区互联网产业上市公司数量演化趋势

图 6-8 2008—2017 年四大湾区互联网产业营业收入演化趋势

图 6-9　2008—2017 年四大湾区互联网产业税前利润演化趋势

（二）基于区位熵的世界四大湾区互联网产业集聚度比较

以上市公司数量、从业人数、营业收入和税前利润四大关键指标计算的世界四大湾区互联网产业区位熵比较可以发现，旧金山湾区互联网产业独占鳌头，具有明显的领先优势。

2017 年旧金山湾区互联网产业上市公司数量区位熵达到 1.76，明显大于 1，说明互联网产业在旧金山湾区所有产业中的比重具有明显的优势地位；排在第二位的是东京湾区，上市公司数量区位熵为 1.25；而纽约湾区和粤港澳大湾区上市公司数量区位熵仅分别为 0.65 和 0.48，处于明显的相对劣势地位。而以从业人数、营业收入和税前利润区位熵来看，旧金山湾区的优势更为明显，2017 年的区位熵分别高达 5.37、5.08 和 2.88，而同期其他三大湾区区位熵都远低于 1，处于明显的集聚劣势地位。粤港澳大湾区与其他三大湾区相比较而言，在从业人数集聚方面不如纽约湾区，在营业收入和税前利润集聚程度方面基本处于第二的位置，虽然区位熵低于 1，但相比纽约、东京湾区而言，集聚程度相对稍高。

从 2008—2017 年的四大指标区位熵变化趋势来看，纽约湾区在上市公司数量、从业人数和营业收入区位熵方面都呈现出明显的下降趋势，特别是营业收入从2008年的2.09大幅下降到0.37，税前利润区位熵则处于震荡波动态势。旧金山湾区除税前利润波动外，其余指标的区位熵都处于明显的增长趋势。东京湾区和旧金山湾区类似，但增长幅度比较缓慢。粤港澳大湾区虽然四大指标区位熵总体来讲基本都处于增长趋势，但增长速度都很缓慢，而且都未能超过1，总体仍然处于相对集聚劣势地位。

表6-5 2008—2017年纽约湾区互联网产业不同维度区位熵

区位熵维度 \ 年份	2008	2009	2010	2011	2012	2013	2014	2015	2016	2017	均值
上市公司数量	1.41	1.24	1.16	1.09	1.1	1.04	1.03	0.93	0.81	0.65	1.04
从业人数	2.97	2.46	1.35	1.23	1.03	0.96	0.81	0.80	0.89	0.72	1.32
营业收入	2.09	1.55	0.95	0.84	0.74	0.72	0.66	0.56	0.53	0.37	0.90
税前利润	0.13	0.34	0.27	0.47	0.99	0.46	1.03	-0.08	0.18	0.26	0.40

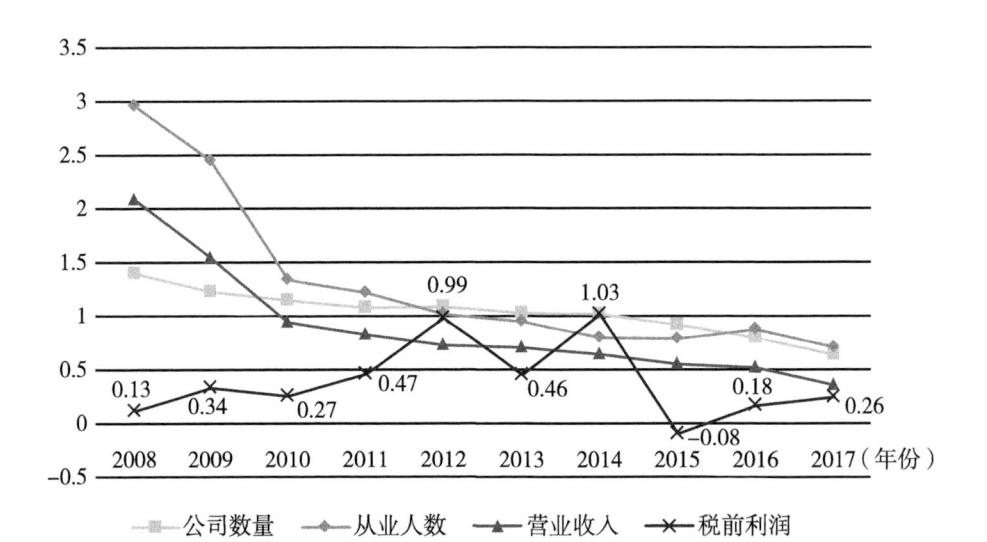

图6-10 2008—2017年纽约湾区互联网产业不同维度区位熵演化趋势

第六章 数字创意产业湾区集群：粤港澳大湾区与世界一流湾区比较

表6-6 2008—2017年旧金山湾区互联网产业不同维度区位熵

区位熵维度 \ 年份	2008	2009	2010	2011	2012	2013	2014	2015	2016	2017	均值
上市公司数量	1.59	1.77	1.83	1.89	1.75	1.58	1.60	1.72	1.78	1.76	1.73
从业人数	1.50	2.37	3.53	3.94	3.99	4.14	5.09	5.02	5.20	5.37	4.01
营业收入	3.32	4.50	5.79	5.92	5.91	5.50	5.27	4.85	5.03	5.08	5.12
税前利润	-0.88	3.07	3.32	2.67	2.07	2.83	2.06	3.00	2.96	2.88	2.40

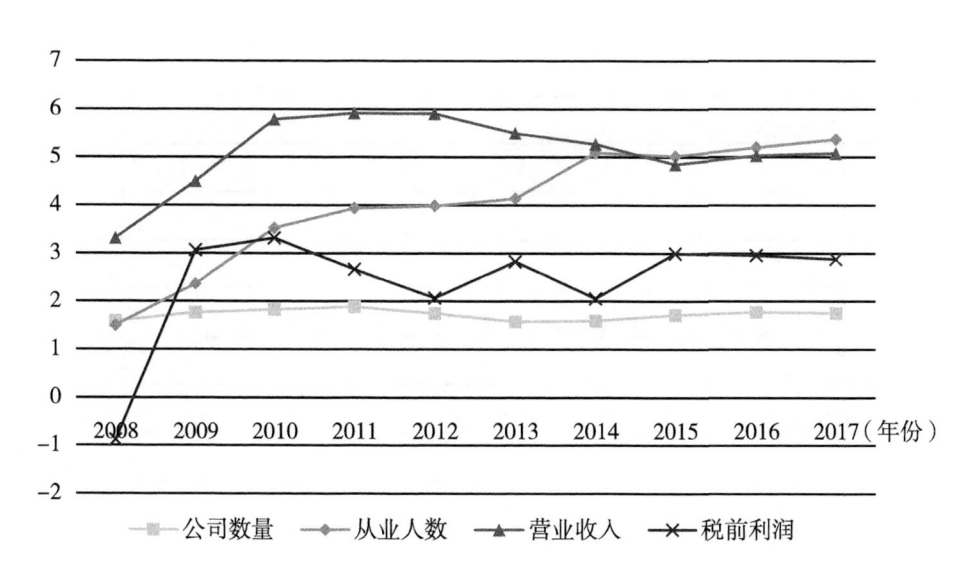

图6-11 2008—2017年旧金山湾区互联网产业不同维度区位熵演化趋势

表6-7 2008—2017年东京湾区互联网产业不同维度区位熵

区位熵维度 \ 年份	2008	2009	2010	2011	2012	2013	2014	2015	2016	2017	均值
上市公司数量	0.88	0.90	0.95	0.97	1.03	1.11	1.14	1.14	1.15	1.25	1.05
从业人数	0.15	0.22	0.27	0.23	0.23	0.25	0.21	0.26	0.29	0.30	0.24
营业收入	0.14	0.17	0.19	0.19	0.18	0.16	0.16	0.19	0.20	0.18	0.18
税前利润	-0.30	0.22	0.26	0.22	0.25	0.21	0.17	0.27	0.18	0.12	0.16

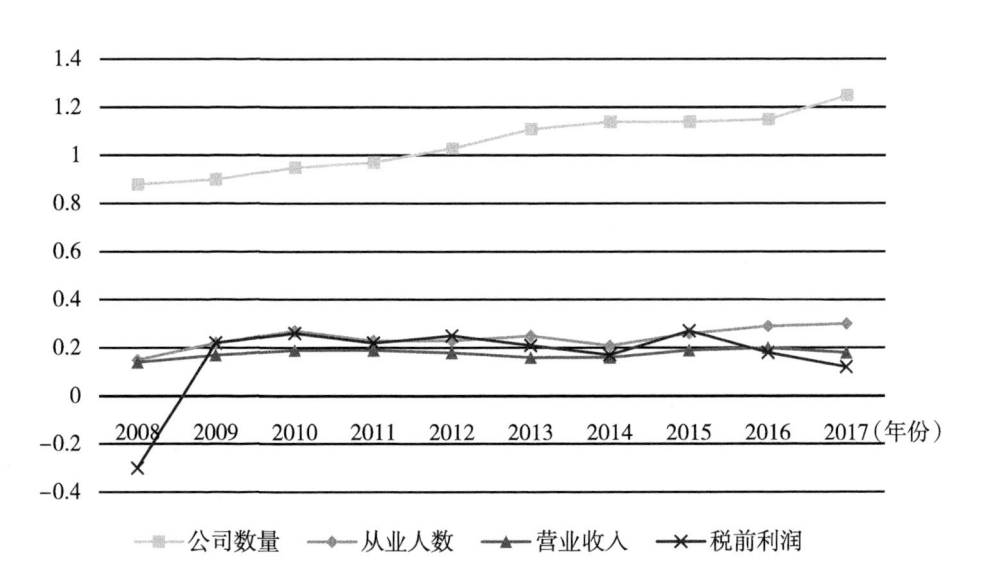

图6-12 2008—2017年东京湾区互联网产业不同维度区位熵演化趋势

表6–8　2008—2017年粤港澳大湾区互联网产业不同维度区位熵

区位熵维度 \ 年份	2008	2009	2010	2011	2012	2013	2014	2015	2016	2017	均值
上市公司数量	0.38	0.38	0.33	0.35	0.35	0.43	0.42	0.42	0.46	0.48	0.40
从业人数	0.27	0.48	0.86	0.74	0.80	0.74	0.53	0.52	0.51	0.53	0.60
营业收入	0.34	0.52	0.67	0.68	0.74	0.74	0.70	0.72	0.74	0.81	0.67
税前利润	-0.04	0.27	0.37	0.32	0.34	0.51	0.41	0.77	0.62	0.68	0.43

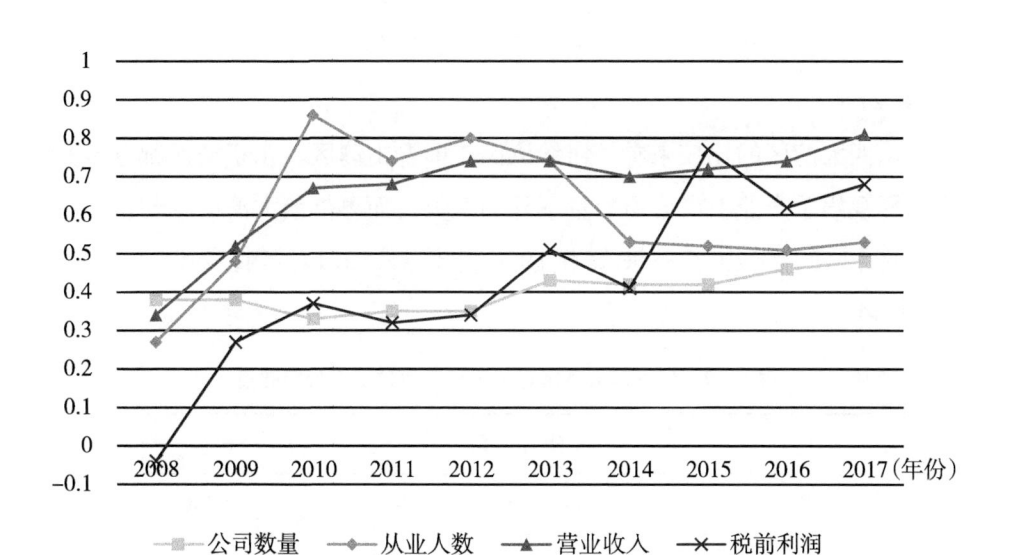

图6–13　2008—2017年粤港澳大湾区互联网产业不同维度区位熵演化趋势

四、世界四大湾区影视娱乐产业集聚度比较

这里所指的"影视娱乐产业"是一个综合概念,既包含了广播、电视、电影等内容生产行业,还包括上述内容分发传输相关行业;此外,还包括广电设备的生产、影视设备的生产等数字创意技术装备的生产行业。①

(一) 世界四大湾区影视娱乐产业发展演化趋势:2008—2017 年

2008—2017 年,世界四大湾区影视娱乐产业的上市公司数量总体经历了先微增然后不断下降的变化趋势,2008 年四大湾区合计拥有影视娱乐产业上市公司 295 家,到了 2017 年则下降到 247 家,减少了 16.27%。

从四大湾区的比较来看,纽约湾区、旧金山湾区、东京湾区都基本呈现出影视娱乐产业上市公司数量下降的态势,而粤港澳大湾区则与世界三大湾区相反,走出了一波缓慢的上升趋势,2017 年比 2008 年增长了 14.44%。

表 6-9 世界四大湾区影视娱乐产业的上市公司数量

年份	公司数量	比重
2008	295	10.5%
2009	299	10.7%
2010	297	10.6%
2011	283	10.1%

---

① 感谢华东政法大学文化产业管理专业硕士研究生马万祺同学在世界四大湾区影视娱乐产业相关数据计算、整理过程中作出的重要贡献。

续表

年份	公司数量	比重
2012	282	10.1%
2013	280	10.0%
2014	283	10.1%
2015	272	9.7%
2016	260	9.3%
2017	247	8.8%

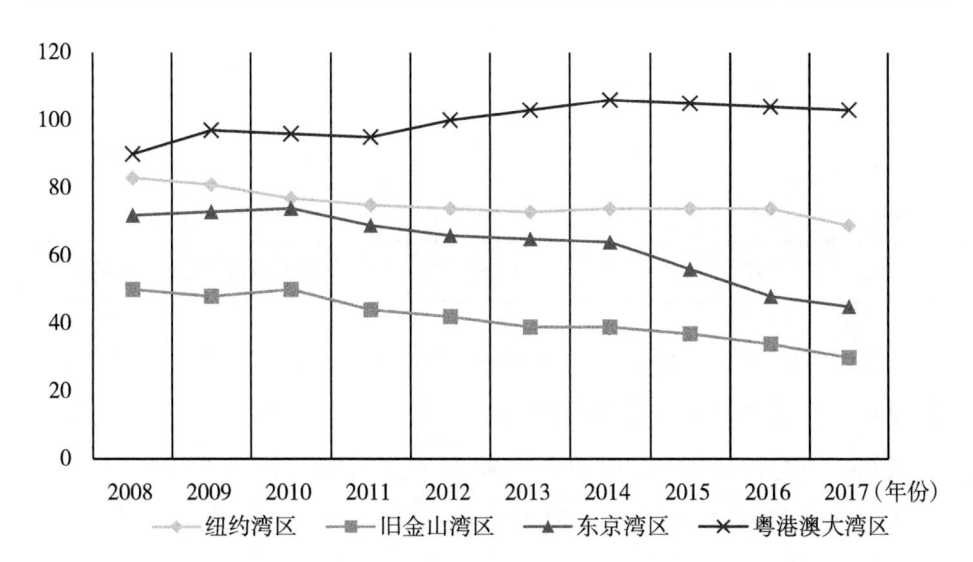

图6-14　2008—2017年世界四大湾区影视娱乐产业上市公司数量对比

从世界四大湾区影视娱乐产业上市公司从业人数来看，总体呈现波动式微幅上涨态势，2017年比2008年增长了7.06%。具体来看，在金融危机的影响下，2009年四大湾区影视娱乐产业上市公司从业人数总额下降了3.00%，但2010年又开始恢复，而2012年、2013年又略有下滑，2014年开始回升，并在2016年达到峰值，比2008年增长了19.82%。

表6-10　世界四大湾区影视娱乐产业上市公司从业人数

年份	披露人数的公司数量	均值（千人）	中值（千人）	极大值（千人）	合计（千人）	总和的%
2008	197	6.76	0.71	171	1332	9.6%
2009	199	6.49	0.83	168	1292	9.3%
2010	192	7.02	1.02	168	1348	9.7%
2011	188	7.41	1.06	163	1392	10.0%
2012	187	7.18	1.01	146	1343	9.7%
2013	190	6.95	1.04	141	1320	9.5%
2014	195	6.85	1.04	132	1336	9.6%
2015	202	7.31	1.15	125	1477	10.7%
2016	209	7.64	1.30	128	1596	11.5%
2017	202	7.06	1.06	123	1426	10.3%

从四大湾区影视娱乐产业上市公司从业人数比较来看，纽约湾区影视娱乐产业的从业人数呈现明显的下降趋势，2008—2017年下降了15.02%；旧金山湾区影视娱乐产业的从业人数总体呈现较为稳定的发展态势，虽有小幅波动，但总量在2016年和2017年基本恢复至2008年水平；东京湾区和粤港澳大湾区总体都呈现出影视娱乐产业从业人数增加的态势，但是东京湾区上涨比较平稳，基本维持小幅持续增长的态势；然而，粤港澳大湾区影视娱乐产业的从业人数却呈现大幅波动式上升的态势，暴露出粤港澳大湾区影视娱乐产业发展的不稳定性问题。

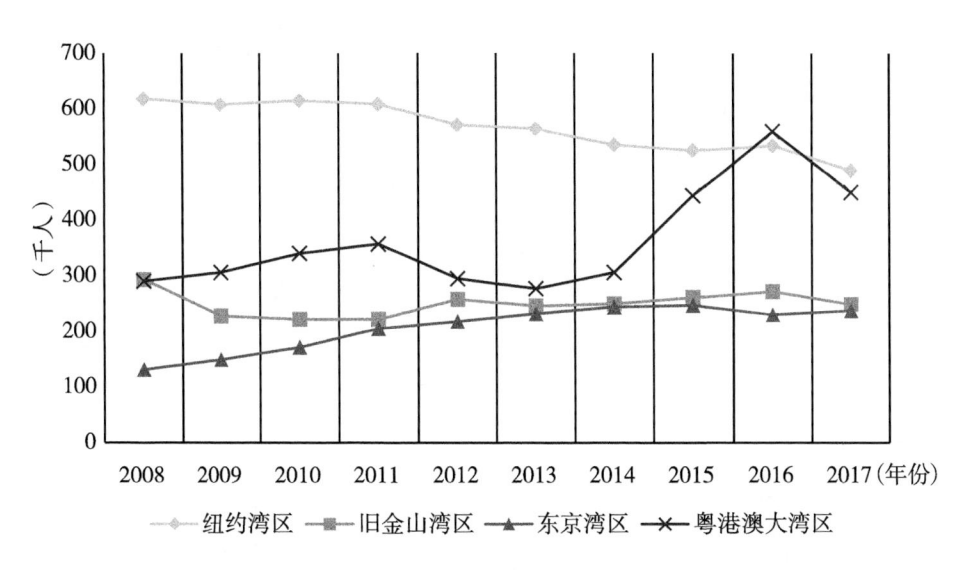

图 6-15 2008—2017 年世界四大湾区影视娱乐产业上市公司从业人数总量对比

(二) 基于区位熵的世界四大湾区影视娱乐产业集聚度比较

2008—2017 年世界四大湾区影视娱乐产业上市公司数量区位熵比较研究发现,粤港澳大湾区影视娱乐产业在湾区内的发展集聚相对优势最为明显,2017 年的区位熵达到 1.49,大大高于世界三大湾区。同期比较来看,东京湾区影视娱乐产业上市公司数量区位熵为 1.02,略高于 1,表明影视娱乐产业在东京湾区的地位相比其他湾区而言略微具有相对集聚优势。而旧金山湾区、纽约湾区都低于 1,并且旧金山湾区 2017 年的区位熵仅有 0.59,说明影视娱乐产业在旧金山湾区的集聚度比其他湾区相对较弱。

从发展趋势来看,呈现明显的"两两格局",即纽约湾区和粤港澳大湾区都基本呈现微幅的上升趋势,其中纽约湾区影视娱乐产业上市公司数量区位熵从 2008—2017 年上升了 16.67%;粤港澳大湾区则上升了 11.19%。东京湾区和旧金山湾区都基本呈现出明显的下降趋势,其中东京湾区影视娱乐产业上市公司数量区位熵十年间下降了 26.62%,旧金山湾区下降了 27.16%。

表 6-11 2008—2017 年世界四大湾区影视娱乐产业区位熵（公司数量）

年份	2008	2009	2010	2011	2012	2013	2014	2015	2016	2017
纽约湾区	0.72	0.72	0.71	0.77	0.78	0.78	0.78	0.81	0.85	0.84
旧金山湾区	0.81	0.78	0.80	0.70	0.69	0.66	0.67	0.64	0.63	0.59
东京湾区	1.39	1.37	1.39	1.36	1.27	1.26	1.24	1.16	1.03	1.02
粤港澳大湾区	1.34	1.36	1.33	1.31	1.34	1.36	1.36	1.40	1.45	1.49

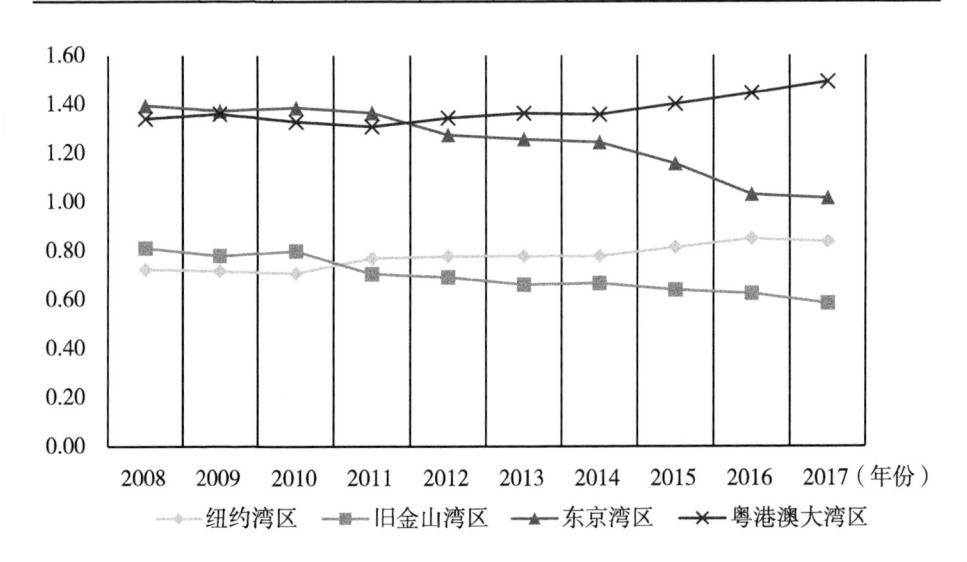

图 6-16 2008—2017 年世界四大湾区影视娱乐产业区位熵（公司数量）

通过对从业人数区位熵的四大湾区比较研究发现，东京湾区和粤港澳大湾区影视娱乐产业上市公司从业人数具有相对集聚优势，其中东京湾区区位熵达到 1.5，表明其相对集聚优势更加明显，粤港澳大湾区区位熵为 1.14，表明其影视娱乐产业上市公司从业人数也具有一定的相对集聚优势。旧金山湾区影视娱乐产业上市公司从业人数区位熵为 0.99，排在第三位；纽约湾区影视娱乐产业上市公司从业人数区位熵则仅为 0.79，具有明显的相对集聚劣势。

第六章 数字创意产业湾区集群：粤港澳大湾区与世界一流湾区比较

表6-12 2008—2017年世界四大湾区影视娱乐产业区位熵（从业人数）

年份	2008	2009	2010	2011	2012	2013	2014	2015	2016	2017
纽约湾区	0.95	0.96	0.94	0.92	0.91	0.97	0.90	0.83	0.78	0.79
旧金山湾区	0.93	0.82	0.79	0.78	0.93	0.85	0.91	0.92	0.97	0.99
东京湾区	0.79	0.95	1.03	1.17	1.23	1.40	1.51	1.39	1.30	1.50
粤港澳大湾区	1.44	1.38	1.37	1.30	1.16	0.98	1.01	1.17	1.24	1.14

根据2008—2017年十年演化趋势来看，粤港澳大湾区和纽约湾区影视娱乐产业上市公司从业人数区位熵都基本呈现明显的下降态势，而且粤港澳大湾区表现出大幅震荡下行的趋势，其中在2013年该湾区的区位熵下降到了1以下，跌破了临界值。与众不同的是，东京湾区和旧金山湾区影视娱乐产业上市公司从业人数区位熵呈现不同程度的上升趋势，其中东京湾区上升最为明显，十年间增长了89.87%，成为世界四大湾区中影视娱乐产业上市公司从业人数相对集聚优势增长幅度最为明显的湾区。

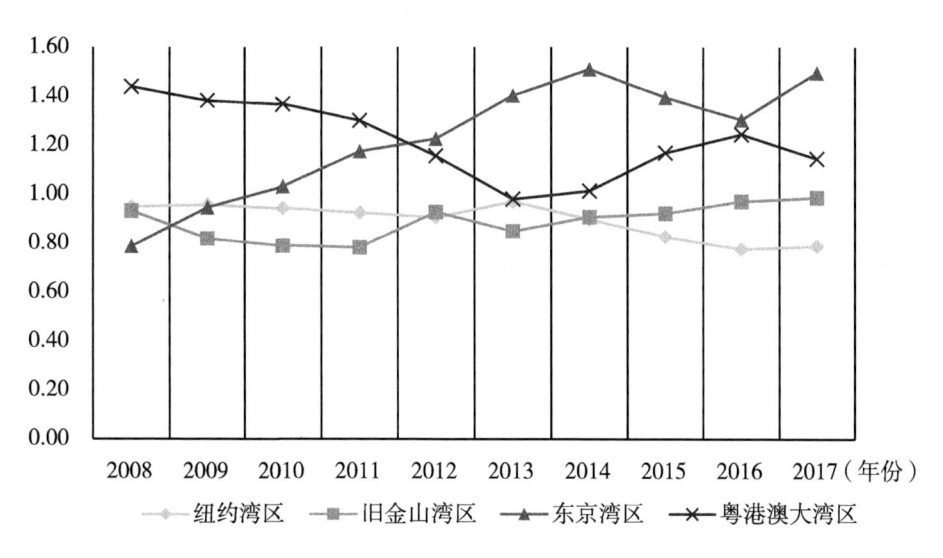

图6-17 2008—2017年世界四大湾区影视娱乐产业区位熵（从业人数）

第七章
数字创意产业主流价值：
基于人工智能的文化传播[①]

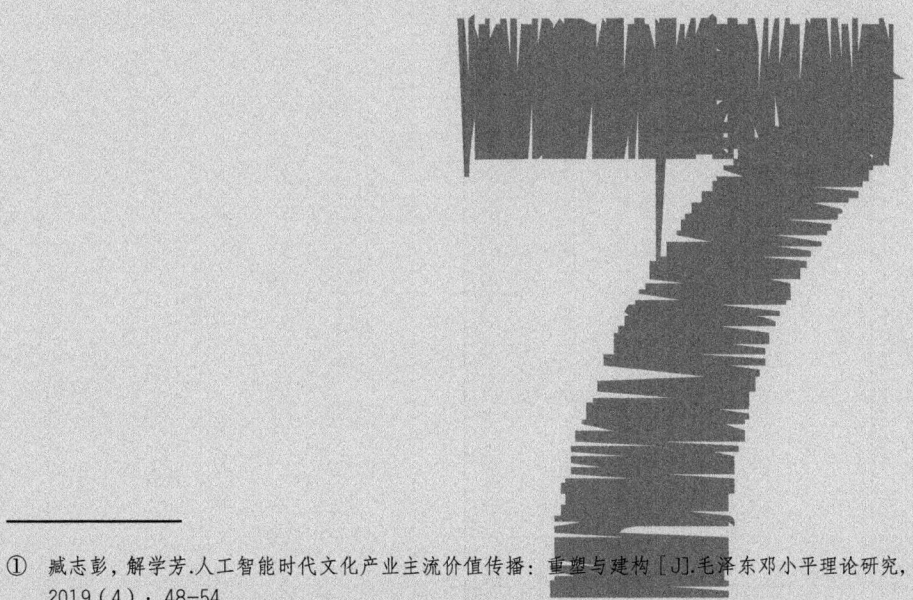

[①] 臧志彭，解学芳.人工智能时代文化产业主流价值传播：重塑与建构[J].毛泽东邓小平理论研究，2019（4）：48-54.

第七章　数字创意产业主流价值：基于人工智能的文化传播

1956 年，美国达特茅斯会议第一次正式定义人工智能（Artificial Intelligence，简称 AI）这一术语，发展至今已经 63 年。2016 年，AlphaGo 战胜李世石标志着人类进入人工智能时代的大幕逐渐开启。2018 年 9 月，在上海召开的世界人工智能大会让我们感受到了全球人工智能的繁荣发展态势。数据显示，2015—2020 年，全球用于人工智能系统的开支正以 54% 的年复合增长率快速攀升。[①] 人工智能之父马文·明斯基（Marvin Minsky）指出"没有心智社会就没有智能"[②]。2016 年 8 月，联合国发表《机器人伦理初步报告草案》强调机器人需要尊重人类社会伦理规范。2018 年 3 月，欧洲政治战略中心发布《人工智能时代：确立以人为本的欧盟人工智能战略》。由此可见，国际社会已普遍开始关注人工智能的伦理与价值观导向问题。

在人工智能即将开启的新时代，凡是能够标准化的工作将越来越多地被智能机器取代，人类社会也将发生两个与数字创意产业相关的重大转变：一是对文化相关产品（娱乐产品、休闲产品、创意产品等）的需求将呈现爆发式增长；二是将有越来越多的人群从事与数字创意产业相关的工作。放眼全球，人工智能技术正渗透到人们的精神思想，"Echo""小雅""小度"等智能音箱也让人们感觉越来越"懂我"。可以预见的是，数字创意产业将很可能成为人工智能时代主流价值传播最为重要的战略性产业。因此，开展人工智能与数字创意产业主流价值传播的前瞻研究和思考具有非常重要的战略意义。[③,④]

[①] 数据来自 2018 年 2 月埃森哲发布的《埃森哲技术展望 2018》报告，主题为"智能企业：共建新契约，共赢无边界"。
[②] [美] 马文·明斯基. 心智社会：从细胞到人工智能 人类思维的优雅解读 [M]. 任楠，译. 北京：机械工业出版社，2018：封面页.
[③] 解学芳. 人工智能时代的文化创意产业智能化创新：范式与边界 [J]. 同济大学学报（社会科学版），2019，30（01）：42 – 51.
[④] 解学芳，臧志彭. 人工智能在文化创意产业的科技创新能力 [J]. 社会科学研究，2019（1）：35 – 44.

一、人工智能时代数字创意产业主流价值传播的内在机理

习近平总书记在十九大报告中明确指出要发挥社会主义核心价值观对国民教育、精神文明创建、精神文化产品创作生产传播的引领作用,把社会主义核心价值观融入社会发展各方面,转化为人们的情感认同和行为习惯。文化产业作为一国现代文化发展与文化积累传承的重要载体,不但满足了人民日益增长的文化需求和对美好文化生活的向往,也是更广泛层面传播本国核心价值的平台与保障文化安全的产业保障。① 在即将到来的人工智能时代,推动数字创意产业主流价值传播,是立足新时代的历史方位,建设社会主义文化强国的必然要求。②,③

数字创意产业主流价值传播是产业自身的文化属性决定的,具有天然的内在动因。由于数字创意产业本质上是文化与科技融合的产业形态,文化产业所具备的独有的意识形态属性,数字创意产业也同样拥有。而且随着数字技术的日益发达,数字创意产业将具备更加重要的发挥社会主义核心价值体系精细化引领的功能。④

数字创意产业传播主流价值包含着数字文化企业社会责任与国家道德建设内涵。社会主义核心价值观可以通过数字文化产品和服务传播内化为社会公众的价值认同,进而升华为自觉的价值实践。首先,对于一个国家而言,确立核心价值,通过适合国情、迎合数字创意产业发展的传播方式推动大众对主流价值的认同,既有利于数字创意产业的健康发展,也有助于社会的稳定发展。换言之,致力于健康的精神文化产品开发,培育传承

---

① 周凯. 核心价值观的缺失与构建传播——中国文化产业发展反思与对西方文化产业的借鉴 [J]. 东岳论丛, 2012 (9): 5-14.
② 刘波. 习近平新时代文化自信思想的时代意涵与价值意蕴 [J]. 当代世界与社会主义, 2018 (1): 97-104.
③ 江畅. 核心价值观的合理性与道义性社会认同 [J]. 中国社会科学, 2018 (4): 4-23.
④ 易鹏. 社会主义核心价值体系的网络传播困境与消解 [J]. 编辑之友, 2014 (2): 58-61.

社会主义核心价值体系的文化产品与服务形式是数字创意产业发挥引领作用和释放社会价值的重要内容。其次，对于数字创意产业的主体企业而言，传播社会主义核心价值体系既要充分挖掘支撑主流价值观的文化资源，又要立足社会道德建设与增强国家主流价值精神的基准来建立正确的社会责任观，在道义性上致力于建构公众对国家治理良好社会效果的感知、领悟与理解，在实践层面助推核心价值观融入社会生活的全过程，内化为人们的道德、信念、品质和准则。[1] 最后，对于数字文化内容创作而言，在网络化、数字化与智能化社会，文化创新过程正被数字技术重塑，[2] 主流价值嵌入文化产品与服务的过程与方式也随之改变，数字文化产品传播主流价值应立足内容的说服力和价值取向细化，增强认同感与吸引力，[3] 反映社会主义核心价值观与优秀传统文化的互动。[4]

从形成轨迹来看，人工智能理论建构在三大理论观基础上——逻辑主义强调逻辑符号是人类的认识基元，[5] 而行为主义的研究重点是模拟人的各种控制行为。[6] 实际上，人工智能技术最早源于工业生产行业，但近年随着人工智能技术的成熟以及互联网、大数据的深度发展，人工智能逐渐从第二产业渗透到文化产业领域，加速了文化生产方式的变革。

人工智能时代数字创意产业主流价值传播的机理，是基于人工智能时代一系列新兴科技主导下主流价值传播的逻辑建构，是基于人工智能嵌入数字创意产业价值链的体系重塑。以社会主义核心价值体系为代表的主流价值是一切文化产品创作、生产、传播的精神内核和主旋律，是文化产业

---

[1] 江畅. 核心价值观的合理性与道义性社会认同 [J]. 中国社会科学, 2018 (4): 4 - 23.
[2] Le PL, Masse D, Paris T. Technological change at the heart of the creative process: insights from the video game industry [J]. International Journal of Arts Management, 2013, 15 (2): 45 - 59.
[3] 吴琳. 社会主义核心价值体系引领社会主义文化建设的传播理念创新实践机制 [J]. 行政与法, 2014 (1): 52 - 57.
[4] 杨铮, 刘麟霄, 陈永华. 社会主义核心价值观传播视域下的艺术创作价值研究 [J]. 新闻传播, 2018 (6): 66 - 67.
[5] 吴军. 智能时代: 大数据与智能革命重新定义未来 [M]. 北京: 中信出版社, 2016: 41 - 86.
[6] 肖斌, 薛丽敏, 李照顺. 对人工智能发展新方向的思考 [J]. 信息技术, 2009 (12): 166 - 168.

内容的灵魂展现。大数据驱动知识学习、跨媒体协同处理、人机协同增强智能、群体集成智能、自主智能系统是人工智能在文化产业领域应用的重点。数字创意产业可持续健康发展内嵌了社会主义主流价值担当的角色,基于人工智能将主流价值通过吸收、转换、分享、反馈等方式嵌入数字创意产业生产、传播、消费等价值链环节,形成了人工智能为基础的数字创意产业主流价值传播的内在机理与基本模式。

二、数字文化内容生产与主流价值智能嵌入

正确的价值观与精神信仰是数字创意产业可持续发展的灵魂,是文化内容创作、生产与传播的内在引领,积极进行富有精神内涵的文化生产是数字创意产业健康、可持续发展的保障。伴随科技创新、软硬件升级的协同推进,人工智能链式革新推动着经济社会各领域从数字化、网络化向智能化加速跃升。文化和创意是数字创意产业创新发展的本质,文化创新是对原有文化资源和文化内容的激活,是数字创意产业发展的核心;[1] 文化内容通过互联网、手机以及其他移动智能终端等与 ICT 密切相关的新兴媒体进行传播,塑造了全新的数字文化体验方式,[2] 呈现生产数字化、传播网络化、消费信息化等特征,[3] 主流价值嵌入文化产品与服务的过程与方式也随之改变。从 2014 年始于美国的智媒体——美联社 Wordsmith 平台、《洛杉矶时报》Quakebot 生成系统、《华盛顿邮报》的 Truth teller,《纽约时报》的 Blossom,以及中国新华社的快笔小新、《南方都市报》的小南、腾讯财经的自动化新闻写作机器人 Dreamwriter、《人民日报》的创作大

---

[1] Escalona-Orcao, A. I.; Escolano-Utrilla, S.; Saez-Perez, L. A. The location of creative clusters in non-metropolitan areas: a methodological proposition [J]. Journal of Rural Studies, 2016, 45: 112 – 122.

[2] Martins J., The extended workplace in a creative cluster: Exploring space (s) of digital work in Silicon Round about [J]. Journal of Urban Design, 2015, 20 (1): 125 – 145.

[3] Thomas W. How to Glean Culture from an Evolving Internet Richard Rogers, Digital Methods [J]. Technology and Culture, 2016, 57 (1): 238 – 241.

脑……智能化媒体成为文化产品生产与传播的先锋，如表 7-1 所示。一方面，人工智能主导的文化信息生产系统高效定位受众内容偏好，进行信息循环、价值传递的补给与互动，通过发挥直接面向市场和深入产业链各环节的优势成功实现主流价值的建构、复制和传播；另一方面，机器人写稿实现了主体、信息内容等要素与整个产业链与主流价值链的紧密衔接，形成了开放协同的信息内容生产模式，提高了人工智能创新因子在整个文化信息生产系统中的运作效率，从而生产出影响受众价值选择、思想意识、知识体系的信息内容，不断增强受众认同感和吸引力。

表 7-1 写稿机器人在媒体业应用现状

产品名	Dreamwriter	DT 稿王	度秘 Duer	Xiaomingbot	媒体大脑	《人民日报》的创作大脑
所属平台	腾讯	第一财经（阿里巴巴）	百度	今日头条	新华社	《人民日报》
对接平台	腾讯财经、腾讯科技、腾讯体育	第一财经看板、第一财经电视、一财网	百度	今日头条	新华社、新华智云（新华网与阿里巴巴）	人民号
上线时间	2015 年 9 月	2016 年 5 月	2016 年 8 月	2016 年 8 月	2017 年 12 月	2018 年 6 月
覆盖领域	NBA 赛事、足球赛事、财经报道	财经频道	NBA 赛事	NBA 赛事、足球赛事	线索、策划、采访、生产、分发、反馈	智能写作、智媒引擎、语音转写、数据魔方和视频搜索
报道属性	战报、快讯	快讯、长报道、电视新闻	赛事解说	战报	全新闻链路、视频新闻	全媒体

续表

产品名	Dreamwriter	DT 稿王	度秘 Duer	Xiaomingbot	媒体大脑	《人民日报》的创作大脑
是否配图	部分是	少数是	是	是	是/视频	是
日产稿量（平均值）	500—2000 篇	数百到上千篇	10—20 场	30 篇以上	数篇/10 秒成稿视频新闻	—

资料来源：作者根据相关媒体公开信息整理。

人工智能时代，在大数据驱动与知识引导结合、自然语言理解与视听图像为核心的认知计算驱动下，文化生产被进行重新诠释、解读、再现，文化产品和文化服务的内容生产更加多元化。首先，在生产主体上包括 PGC 模式、UGC 模式、PUGC 模式、AI 模式、人机互动模式，与言语感知获取、交互识别等实现高度融合，其中人工智能主体自带"创新基因"，亟须主流价值的导入作为创新边界的基准。其次，在供给主体上包括文化企业、文化社会组织、文化机构、智能机器，乃至人机协同等。由于主流价值是国家精神内核和理性智慧的集中反映，对于文化供给主体而言，应着重在创意创作、文化生产过程中嵌入精神内涵、艺术价值、历史价值与积极向上的舆论导向，提供精神价值支撑。最后，在供给内容上，跨媒体感知方式多样化，包括文字、图片、音频、长视频、短视频、智能语音等。实际上，大众对文化产品和文化服务的消费很大程度上是对蕴含其中的文化内涵与核心价值的消费，这对文化内容潜含的主流价值与大众现实文化需求、潜在文化需求实现高度匹配提出更高要求。由此，AI 时代应将文化内容创意与生产的多元化特点与传播主流价值的多媒体感知创新融合在一起：对内，要以开放思维推动意识形态内容的创新，凸显文化价值，生产更多社会效益与市场口碑好的文化产品，在内容传播中广泛融入主流价值、强化社会效益与核心价值认同，成为主流价值嵌入文化内容生产流程的主动实施机制，改变以往强压模式；对外，要学会国际化表达，利用人工智能时代文化内容生产制作的高效率与智能化优势，在内容上提高中国文化产品价值内涵的普适性，在技术上凸显文化产品的高科技附加值，生产更多市场口碑好、国际影响力大的优秀文化品牌，在全球广泛传播中塑造中国国家形象与中国文化自信，提升中国在国际文化市场的话语权。

文化市场是一种精神消费品市场，其"喜新厌旧"的特点对文化内容创新与主流价值表达方式创新提出新要求。一方面，人工智能技术改变了数字创意产业的内容制作环节，基于大数据分析实现消费者偏好内容与热点的锁定，有针对地生产文化产品和文化服务，既大大提高了文化信息数据收集、整合、转化的效率，也实现了生产端口对内容快速自审和把关的功能。另一方面，大数据对于文化内容制作方向、深度的挖掘以及内容增值等环节具有重要的推动作用。例如，人工智能介入现代视频游戏复杂的交互环境，基于智能角色分布应用于游戏的创新活动中成为标准范式。实际上，人工智能对于主流价值的理解还是来自人工智能开发过程中海量数据深度学习形成的价值判断，这种价值判断将深刻反映在文化产品的情感镜像里。因此，从内容供给源头确保主流价值嵌入是至关重要的。

三、主流价值文化内容的智能运营与智能分发

在价值观日益多元化的时代，普遍认同的主流价值是社会共同体良性维系与社会秩序和谐的关键。具备自主学习能力和深度分析能力以及刺激感应能力，这成为人工智能在互联网时代利用大数据实现"智能化"与进入文化内容分发传播环节的基础，也凸显了主流价值传播嵌入的必要性。文化内容分发传播环节是一个平台创新活动开展、融媒体传播资源集聚的综合体，它强调以文化内容分发为节点，内部搭建起传播资源网络系统，实现分发传播资源要素的多元化与联动性。从发展现状来看，今日头条、抖音、暴走漫画等频频触碰红线暴露内容分发环节主流价值传播的薄

弱。实际上，主流价值的传播与社会认同，要能够将主流价值融入社会公众的个人价值观，既体现出对社会共同价值规范的践行，又能够为彰显个性特质留有空间。进入人工智能时代，如果智能机器未能在深度学习过程中建立基本的伦理道德标准和主流价值标准，其提供的内容服务将很可能超出管控的限域。对于人工智能时代的文化企业而言，应利用人工智能基于算法、大数据与强大的计算能力打造"场景"，加快将主流价值嵌入文化内容分发传播平台，建立健康的文化内容平台运营模式与盈利机制，通过文化立法斩断"唯利益至上"的非法利益链条。

在运营环节，人工智能在媒体领域的应用更为广泛。但同时也必须认识到，智媒体带来的"第一现场"将解构传统媒介"权利中心"意志，对主流文化内容运营与传播带来挑战；而且基于大数据的挖掘可能存在重复、堵塞和失实，导致人工智能一定程度上存在抓取虚假信息的缺陷；[1]而基于大数据算法也潜含了创意匮乏症，虽然强化了精准定位，但程序性创意缺乏有感染力的沟通和直达人心的力量，[2] 影响了对深层次内容的挖掘。[3] 鉴于此，要基于人工智能中的数据处理、语音与图像识别、智能算法等在媒体传播中具备普遍适用性的优势，以优质内容与主流价值为第一主导。[4]

主流价值在数字创意产业运营过程中的"落地"需要赢得受众的理解、喜爱，获取受众对文化产品承载价值观的认同。在平台运营的文化内容中，诸多网络游戏、网络直播、短视频等网络文化产品不仅没有承载社会主义核心价值观，反而传播了大量低俗内容、背离了主流价值而带来不良社会影响。在此情形下，人工智能技术的高效率、低成本让内容自审成

---

[1] Jaroslav Bukovina. Social media big data and capital markets-An overview [J]. Journal of Behavioral and Experimental Finance, 2016, 11：18 - 26.
[2] 鞠宏磊，黄琦翔，王宇婷. 大数据精准广告的产业重构效应研究 [J]. 新闻与传播研究，2015 (8)：98 - 106.
[3] 柳斌杰. 探索大数据为核心的媒体融合发展之路 [J]. 新闻与写作，2016 (7)：6 - 9.
[4] 刘雪梅，杨晨熙. 人工智能在新媒体传播中的应用趋势 [J]. 当代传播，2017 (5)：83 - 86.

为可能。特别是对于文化企业内容自审而言，应更加关注文化内容主流价值边界的制度与技术管控。应充分利用智能算法和人机混合智能提高文化治理效率与治理精度，实现对数字创意产业主流价值传播的把控、预警与精准治理。

四、文化产品消费与主流价值智能引导

人工智能是深刻改变互联网时代人类文化生产与生活方式，乃至思维模式变革的强大引擎。优质内容成为立足之本，特别是在共享理念和社群经济下，消费环境与消费习惯被改变，文化内容在消费分享过程中实现了链式快速传播，如何将主流价值顺畅合理地嵌入优质文化内容消费的诸多环节是需要建立文化消费引导机制的。

在消费传播环节，大众对文化内容的消费影响与塑造着消费者的身份认同。人工智能时代的开启意味着文化内容的消费和传播更多依赖人机协同、智能服务的动态过程。特别是在文化消费重参与、重分享和重体验的时代，伴随互联网技术的普及与智能终端产品成本的下降，原来相互独立的模块被串联成文化产品更加丰富、文化体验更加快捷与智能化、文化参与更加彰显重要性的网状文化消费体系。一方面，人工智能优化了文化消费用户的体验，VR（虚拟现实）和 AR（增强现实）等技术使体验式情景消费成为可能；[①] 这就为消费环节实现主流价值的传播提供了条件，而受众也在消费与体验中如细雨润无声般感受和习得公平道义、提升自我境界与修养。另一方面，数字创意产业领域智能植入式营销服务系统将变得日益普及、高效，数字创意产业价值链将被延展，意味着主流价值传播的通道被打开，将有助于主流价值融入日常文化生活。

此外，人工智能时代，信息与内容的传播由知识型向社交型、娱乐

[①] 喻国明，兰美娜，李玮. 智能化：未来传播模式创新的核心逻辑——兼论"人工智能＋媒体"的基本运作范式 [J]. 新闻与写作，2017（3）：41-45.

型、生活型转变，智能产品的交互性、关联性空前增强。与此同时，文化内容消费传播环节潜含了国家文化安全危机，大量不健康的文化滋生，甚至非法的数字文化内容泛滥成灾——危害国家统一、主权与安全的文化内容，煽动民族仇恨与破坏民族团结的文化内容，宣扬邪教、迷信的内容，散布谣言、扰乱社会秩序与稳定的内容，宣扬淫秽、赌博、暴力或者教唆犯罪的内容，侮辱或诽谤他人的信息，危害社会公德或民族优秀文化传统的内容等①……引发着主流价值社会认同危机，亟须加快确立人机协作新时代的社会思潮与凝聚价值共识，加快引导大众树立正确的消费心理、理想信念、道德规范和行为准则，并内化于心。按照社会学家托马斯的观点"一个人对情境的主观解释（或定义）会直接影响他的行为"，说明加快塑造主流价值传播的真实语境有助于提升整个社会的精神境界；同时，要基于人工智能的多目标决策系统为国家文化治理制度提供科学高效的决策支撑，通过人工智能技术实现文化内容动态自审与主流价值引导，营造健康的精神文化环境，维护主流价值给大众带来的道义感、正义感与幸福感，维护国家社会稳定与国家文化安全。

五、构建数字创意产业主流价值国际化智能传播体系

经济全球化带来文化全球化。美国凭借强大的经济与政治优势推动美国文化产品和价值观的全球传播，通过"三片"（好莱坞大片、薯片、芯片）建构起以美国价值观为主导的世界价值体系，通过苹果、谷歌、Facebook、亚马逊（电子书）等巨头蚕食、侵吞和控制全球大部分发展中国家的数字文化市场，构建起"互联网+"时代美国文化霸权的世界影响力和美国价值观的全球话语权。虽然中国在经济领域 GDP 全球第二、在政治领域正建构大国格局，然而中国对外传播主流价值的能力却非常薄

---

① 主要来自《互联网文化管理暂行规定》第 16 条的禁止内容。

弱,与中国经济大国、政治大国的地位完全不匹配。

近年以来,人工智能日渐成为国际社会主流价值话语权争夺的"战略新高地"。纵观全球,在战略布局层面,欧洲政治战略中心2018年3月发布的《人工智能时代:确立以人为本的欧盟人工智能战略》明确指出,人工智能在增强人类技能的同时还将"加剧目前的权利不对称和偏见",政府需要设定"必要的框架"。韩国早在2011年实施的《内容产业振兴基本计划》中就提出"体现智能内容的韩国内容产业增加值占GDP比重2015年实现5%"的目标;并在2014年发布《第二个智能机器人总体规划(2014—2018年)》,2015年又成立AI Star Lab,促进人工智能技术在数字创意产业及各产业领域的应用步伐。日本则推行"酷日本"计划,确立动漫、影视、音乐、游戏、时装和设计等为"软实力产业",积极在全球范围内传播日本文化,[①]并于2015年颁布了《机器人新战略》,目标是到2035年日本机器人市场50%需求来自娱乐、教育等服务行业。英国通过强势的电视、出版、电影、动漫游戏等文化产品不遗余力地传播与输出英国的核心价值观念,2018年更是颁布《产业战略:人工智能领域行动》(Industrial Strategy: Artificial Intelligence Sector Deal),以巨额资金扶持人工智能产业发展。美国2016年5月成立人工智能委员会,10月出台《国家人工智能研发战略规划》,将人工智能规划战略上升至国家战略,致力于在人工智能领域继续掌控世界霸主地位……可见,发达国家对人工智能的重视正引领世界人工智能发展潮流。可以预见,在不久的将来,全球主流价值传播话语权的争夺将很快进入人工智能时代。

人工智能时代的来临,对于中国主流价值国际传播能力和体系建设是具有战略价值的历史契机。数字创意类行业,因为和各国消费者日常生活密切相关,可以成为中国人工智能主流价值传播国际化的首要战略突破口。首先,应抓住当前全球新闻行业智能化变革大趋势,充分利用中国领

[①] 张胜冰,徐向昱,马树华.世界文化产业导论[M].北京:北京大学出版社,2015:193-240.

先的人工智能技术快速在世界各个目标国家建立智能化、分众化的媒体传播机构。① 美国的谷歌及其控股的 Youtube、Facebook、Twitter 等已经占据优势,中国的阿里巴巴、腾讯、今日头条等民营企业也在积极"抢滩登陆",政府应积极予以支持,同时应整合有实力的国有传媒资源以适当方式加快战略布局。要借助智能媒体国际化快速形成中国的国际传播能力和国际传播基本框架体系,并利用智能媒体的快速性和客观性,在当地民众心目中形成中立、客观、智能、高效的媒体形象。其次,要积极参与人工智能全球治理,倡导创建人工智能伦理与价值观全球多边合作,特别是在文化产业人工智能相关领域(如智能媒体、智能影视、智能阅读、智能游戏、智能教育)主导建立人工智能全球治理标准体系,将主流价值与国际社会的普适价值充分融合,争取国际社会真正认识和认同中国的主流价值体系,不断增强国际社会意识形态领域话语权。最后,建立文化产业主流价值国际智能传播、反馈和迭代能力,包括建立主流价值国际传播的大数据库,加快机器深度学习、计算机视觉、虚拟助理、自然语言处理、情感感知计算、知识图谱等技术研发和应用,实时收集反馈主流价值国际传播过程中的问题与缺陷,并建立科学的自动学习迭代机制,逐步形成能够与 GDP 全球第二地位相匹配的人工智能时代强大的主流价值国际智能传播能力,在即将到来的意识形态人工智能战役中掌握足够的主动权。需要指出的是,中国发展人工智能、建立基于人工智能的文化产业主流价值国际传播能力,其根本目的在于实现人类命运共同体,希望通过社会主义核心价值观的国际智能传播,让国际社会充分理解和认同中国的主流价值,弥合"文明的冲突"以构建和谐的世界文明新秩序。②

---

① 朱霁. 论社会主义核心价值观的对外传播及其实践路径 [J]. 马克思主义研究, 2016 (8): 102 – 107.
② 高奇琦. 人工智能时代的人类命运共同体与世界政治 [J]. 当代世界与社会主义, 2018 (3): 40 – 47.

第八章
数字创意产业行政变革：
协同治理与政府绩效管理体系

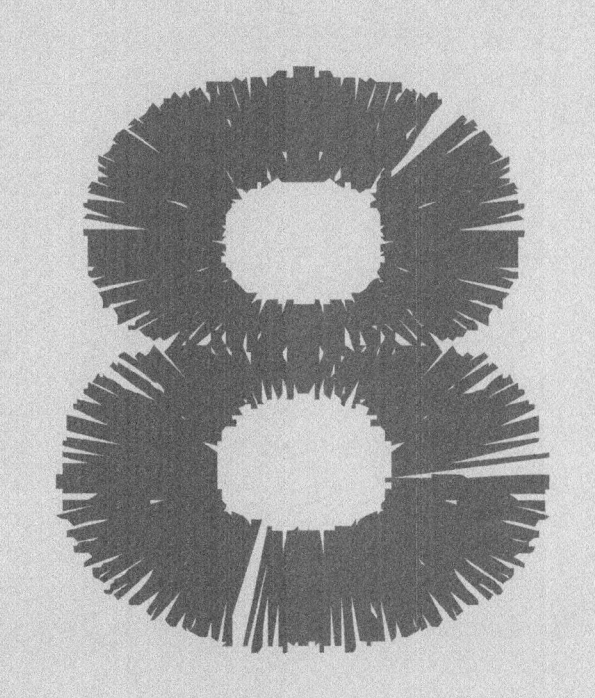

第八章　数字创意产业行政变革：协同治理与政府绩效管理体系

政府是产业治理的主体，对于数字创意产业这样一个既涉及技术创新，又关乎主流价值的国家战略性新兴产业，政府的行政管理职能必不可少。然而，如果仍然依靠传统制造业管理的模式去管理数字创意产业也必然会遇到很大的问题，甚至可能在当前和今后数字创意产业全球化治理趋势下阻碍中国数字创意产业的快速发展。因此，必须进行数字创意产业行政管理方式的变革，建立规范、高效的服务型政府管理体系。

一、数字创意产业多头管理体制与协同治理变革

数字创意产业本身就是一个跨界、跨领域的产物，其产业特性决定了在发展过程中必然涉及多个行政主管部门：内容创新涉及宣传、文化文物部门、新闻出版与广电部门、版权局以及网信办等部门，技术创新涉及工业和信息化部门、科技部门，产业发展和政策涉及发展改革委、财政、金融等部门，全球价值链涉及商务部门、海关部门等多个部门。在这种产业特性下，中国的数字创意产业发展过程中长期以来一直面临着多头管理、各自为政的问题。当前，中国数字创意产业的管理体制属于典型的多部门管理，国家层面承担数字创意产业管理职能的有关部委包括国家发展和改革委员会、工业和信息化部、文化和旅游部、科学技术部、广播电视总局、国家知识产权局等多个部门，此外相关的部门还包括财政部、商务部、人力资源和社会保障部、中国人民银行、国家市场监督管理总局、国家税务总局、海关总署以及国务院办公厅等机关部门。中央层面有中央精神文明建设指导委员会、中共中央宣传部等多个部门管理。

部门分割式的管理格局必然带来数字创意产业政府补助管理过程中的多头管理、职能交叉、各自为政，进而造成国家数字创意产业管理缺乏科学的顶层设计，带来重复建设、资源浪费，甚至恶意夺权等众多问题。

为了有效确保中国数字创意产业战略的顺利实施，亟须建立跨部门协同治理机制，建立数字创意产业政府与社会双层协同治理推进机制。首

先，初期可以考虑建立数字创意产业治理部际联席会议机制，明确数字创意产业协同治理机制的具体部门构成，部门间组织架构模式（领导职位、牵头单位、召集人等的设置）、各个部门的主要职责分工、日常办公机构的设置、例会制度、部门间会商制度，以及专家咨询委员会的设立、争议与问题响应及解决机制，并且需要具备指导、管理社会组织机构的职能和具体管理机制。其次，需要构建能够有效整合与协调相关企业的社会组织机制，由政府相关部门引导设立中国数字创意产业协同治理战略联盟：一是此类社会组织需要能够和政府的跨部门协同治理机构建立沟通渠道，做到顺畅沟通；二是此类社会组织需要建立科学有效的治理体系，包括设立章程，完善治理结构、建立合理的组织架构、明确各部门职责权限、各参与单位的责任义务、组织运行机制、定期例会制度、资金募集与财务管理制度等；三是该组织需要引导有关企业编制系统科学的数字创意产业发展战略规划，明确战略定位和总体战略目标，基于各级各类企业的优劣势制定内容创新、技术创新、生产网络、市场开发等各个价值链环节的协同策略，定期组织研讨特定环境下与发达国家跨国价值链开展竞争的具体策略等，最低要求是能够有效协调本国数字创意企业间的内部纠纷和冲突，避免本国企业在海外市场上的恶性竞争行为；四是该组织需要组织各细分行业龙头企业牵头组织成立各类各行业的跨国联盟，参与国际组织并推动国际标准研究制定，推动全球价值链网络的建立。

二、数字创意产业行政机关亟须构建科学的绩效管理体系

行政机关开展绩效管理源于20世纪七八十年代西方的"新公共管理"运动时期，90年代末期厦门思明区尝试性引入，2000年以来中国很多地方行政机关开始试验性导入，并且形成了"甘肃模式""青岛模式"

"福建模式""珠海模式""杭州模式""岳阳模式"等各种形态。[①][②]《国民经济和社会发展第十二个五年规划纲要》明确提出要"推行政府绩效管理和行政问责制度"。2011年3月,国家成立了由监察部、中共中央组织部、中央机构编制委员会办公室、国家发展和改革委员会等九大部委组成的政府绩效管理工作部际联席会议,6月国务院确定北京、吉林、福建、广西、四川、新疆、杭州、深圳等八个地区,国家发展和改革委员会、财政部、国土资源部、环境保护部、农业部、质量监督检验检疫总局六个国务院部门开展政府绩效管理试点工作。

数字创意产业行政机关作为社会主义文化强国建设的体制性组织,涉及宣传、文化、教育、科技、新闻出版、广播电视、知识产权、旅游、宗教、文物以及体育等多类行政机关,这些行政机关的绩效水平无疑将直接影响到中国文化大发展、大繁荣的历史进程。因此,数字创意产业行政机关开展绩效管理工作已是大势所趋,构建科学的绩效管理机制将有效促进社会主义文化强国建设各项战略目标的贯彻执行,有效促进数字创意产业行政机关转变职能、改进作风、提高效率、降低成本,而且也符合十八大提出的"创新行政管理方式,提高政府公信力和执行力,推进政府绩效管理"的明确要求。

实际上,一些地方数字创意产业相关的行政机关已经开始了绩效管理实践探索,如广西玉林文化局早在2007年就建立了绩效管理指标体系,[③]上海文化广播影视管理局2012年开展了对区县文化(广)局、文化执法大队的绩效管理工作。[④] 然而,目前各地行政机关绩效管理工作仍然处于

---

① 周志忍. 公共组织绩效评估:中国实践的回顾与反思 [J]. 兰州大学学报(社会科学版), 2007, 35 (1): 26 – 33.
② 高小平,盛明科,刘杰. 中国绩效管理的实践与理论 [J]. 中国社会科学, 2011 (6): 4 – 14.
③ 玉林市文化局. 玉林市文化局2007年度绩效评估指标考核表 [EB/OL] [2017 – 06 – 05]. http: //www. yulin. gov. cn/web/style/default/content. jsp? issueId = 65650, 2007 – 05 – 23.
④ 上海市文化广播影视管理局,上海市文化市场行政执法总队. 关于2012年上海市文化市场三级联动 巡查工作绩效考核结果的通知 [EB/OL] [2017 – 06 – 05]. http: //wgj. sh. gov. cn/wgj/node888/node897/u1ai83305. html, 2013 – 01 – 09.

摸索阶段,没有形成权威一致的体系与模式(高小平等,2011),[①] 各地出现了诸如绩效指标设立缺项漏项严重、过程缺乏规范化引导处于混乱状态、考评计分人情化、满分化、难以服众、结果应用方式各异却收效甚微等各种问题,导致绩效管理的真正价值难以有效发挥。本研究在总结前人研究和各地探索经验及多年咨询实践经验基础上,构建一套具有一定普适价值的绩效管理体系,供学者理论研究和各级数字创意产业行政机关实践参考。[②]

(一)数字创意产业行政机关绩效管理体系理论框架

对于绩效管理机制的内容构成,目前学术界还没有达成完全共识。蔡立辉(2003)在总结国外研究基础上提出了"阐明评估的要求与任务、确定评估目的和可量化的目标、建立各种评估标准、根据评估标准进行绩效评估、比较绩效结果与目标、分析与报告绩效结果、运用绩效评估结果改善政府管理"的多环节行为系统的观点。[③] 周云飞(2009)提出绩效管理实际上是一个"计划、实施、评价、结果应用"四环节构成的 PDCA 循环。[④]

本书认为绩效指标是绩效管理体系的核心和逻辑起点,绩效管理的整个过程都是以绩效指标为基础和依据的。在绩效指标体系构建的基础上,首先,应该针对每项指标制订详细的绩效计划,明确具体的实施步骤、时间节点、资源匹配、责任分工等;其次,各绩效管理主体需要根据绩效计划开展执行过程的监督与管理工作;再次,到了绩效管理期末,由各类

---

① 高小平,盛明科,刘杰. 中国绩效管理的实践与理论 [J]. 中国社会科学,2011 (6):4-14.
② 臧志彭. 政府绩效管理的基本流程与方法 [J]. 中国人力资源开发,2013 (15):60-65.
③ 蔡立辉. 西方国家政府绩效评估的理念及其启示 [J]. 清华大学学报(哲学社会科学版),2003 (1):76-84.
④ PDCA 循环即 "P(Plan)计划" "D(Do)执行" "C(Check)核查" "A(Action)改进" 的一个闭合循环,由美国贝尔实验室的休哈特博士在 20 世纪 20 年代提出,戴明博士引入日本质量管理领域后成效显著,现已在全球范围内广泛应用,并被认为是做好工作应遵循的科学程序。

考评主体对绩效管理对象的各方面表现进行考核评价；最后，考评结果出来后，进行分析研究，制订结果应用措施和绩效改进方案，为下一个管理周期绩效指标的制订做好准备。从上述流程步骤可以看出，绩效管理实际上建立在绩效指标基础上的 P（绩效计划）、D（过程管理）、C（考核评价）、A（结果应用）持续改善、螺旋式上升的循环机制，其框架模型如图 8-1 所示。

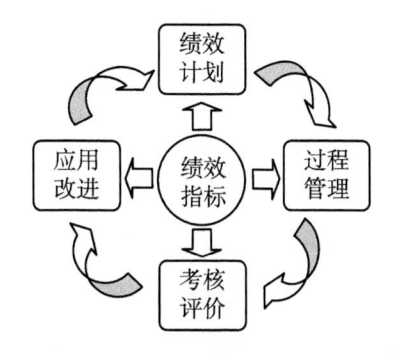

图 8-1 行政机关绩效管理机制模型

（二）数字创意产业行政机关绩效管理指标体系

指标体系是绩效管理体系的核心要素，绩效计划、过程管理、考核评价以及结果应用都要以绩效指标为基础和依据。指标体系是绩效管理"全面、客观、准确的关键所在"（卓越等，2011）。[1] "评估什么就表明关心什么，评估什么就能得到什么"的指标设计理念假设（吴建南，杨宇谦，2009），[2] 使得指标体系成为政府资源配置的指挥棒和风向标，也决定了政府绩效管理的价值取向（Janet M. Keuy，2003）。[3]

---

[1] 卓越，孟蕾，林敏娟. 构建整体性绩效管理框架：西方政府绩效管理的新视点 [J]. 中国行政管理，2011 (4)：26-30.

[2] 吴建南，杨宇谦. 地方政府绩效评估创新：主题、特征与障碍 [J]. 经济社会体制比较，2009 (5)：152-158.

[3] Janet M. Keuy. Performance and Budgeting for State and Local Governmental MJ. NY: M. E. Sharpe Inc.，2003：37.

171

1. 指标体系设计的基本原则

绩效管理指标体系的设计要坚持顶层科学、关键突出、资源整合、100%可衡量四项基本原则。

（1）顶层科学。顶层设计是指标体系科学合理的基础。在指标体系构建过程中，首先要组织各方面专家对总体指标框架进行深入研究、科学设置，力争做到统筹兼顾、重点突出、导向明确、逻辑清晰。

（2）关键突出。指标体系的空间是有限的，不可能面面俱到，而是要借鉴 KPI 管理思想，选择能够反映政府核心的战略任务、关键职能进行指标体系的设计，让绩效管理真正成为各级政府战略执行的有效机制。

（3）资源整合。传统的政府考评，专项指标林立，考评资源浪费严重。在绩效管理指标体系设计过程中应充分特别注重将原有各种专项考评进行有机整合，统一纳入规范化的管理体系，整合考评资源、降低考评成本，实现优势互补、资源共享、结果共用，切实减轻考评对象的负担。

（4）100%可衡量。末级绩效指标是制订绩效计划、开展过程管理、进行考核评价的基础，必须做到100%可衡量化，否则将直接影响到绩效管理的有效性。从性质上讲，绩效指标有定性与定量指标之分，末级的定量指标必须做到可计算；而末级的定性指标也不能模模糊糊，要通过指标项目化、项目节点化等方式设置具体的衡量标准，确保指标体系100%可衡量。

2. 纵向指标类别构成

在绩效管理中，指标体系不仅是几个指标的简单组合，而是由纵向的指标类别、横向的指标内容共同构成的、内部逻辑严谨的相对完整的系统。纵向由不同的指标类别构成，反映的是数字创意产业行政机关的功能组合，其本质上体现的是数字创意产业行政机关存在的意义和价值。从类别上讲，无论何种类型的数字创意产业行政机关，其指标类别都可以分为战略性指标、职能性指标和非权重指标三大类。具体来讲，三类指标在构建过程中有如下要点。

(1) 战略性指标。指标制定的过程同时也是数字创意产业行政机关战略细化落实的过程。在设计过程中，要着重将文化"十二五"规划，党委政府关于文化发展的重大决策、年度中心工作等重要文件、战略任务进行逐条梳理、细化分解，设计战略指标（关键绩效指标），防止出现避重就轻、缺项漏项等问题。

(2) 职能性指标。指标制定的过程同时也是数字创意产业行政机关职能明确到位的过程。要根据数字创意产业行政机关的法定职责、"三定方案"等文件规定，设计职能性指标体系，明确数字创意产业行政机关应该履行的文化发展基本职责。

(3) 非权重指标。非权重指标包含特色加分指标和问责减分指标两类。一方面，在落实战略、明确职责的基础上，可以设置特色指标，为数字创意产业行政机关的创新创优提供空间、留有余地。另一方面，对于文化管理公共权力履职过程中出现的违法违纪行为、社会负面影响事件，严重渎职行为，予以扣减分，情节严重的实行"一票否决"。

3. 横向指标内容构成

数字创意产业行政机关绩效指标体系，在横向的内容要素构成上，要明确具体的绩效内容、考评方式和责任主体，是一个逻辑严谨的体系。总的来讲，一个完整的绩效指标，应该包含各层级指标名称（一级/二级/三级/四级指标）、指标释义、设置依据、目标值、权重、评分标准、完成时限、考评周期、考评主体、数据来源与数据采集单位、负责人/负责部门等要素。

(1) 各层级指标名称、指标释义和设置依据等三个要素其实是对数字创意产业行政机关绩效考评与管理内容的内涵构成与来源的具体界定。各层级（如一级/二级/三级/四级）指标是对各指标类别中政府目标的逐级逻辑分解、层层细化落实。指标释义是对末级指标具体考评内容的阐述解释，其目的有两个，一是在考评主体与考评对象之间建立对考评内容的一致性理解，从而避免年底考评产生不必要的纠纷；二是让考评对象明确今后的努力方向。设置依据是指指标设计不能"拍脑袋""主观随意化"，而要找到权威的来源依据文件，以体现依法行政的理念。

（2）目标值、权重、评分标准、完成时限和考评周期等五个要素是对数字创意产业行政机关绩效内容考评方式的具体界定。目标值明确了各项指标要达到的目标数值，一般按照适度挑战性（"跳一跳，够得着"）的原则进行设置；权重反映某项指标在整个指标体系中的相对重要程度，一般采用德尔菲法、层次分析法、权值因子判断表法等方法进行设置；评分标准是对每项指标实际评分方法的规则设计，包括计算公式、评分细则等内容，应本着科学性、简易性、激励性的原则进行设置；完成时限是对考评对象达成绩效目标值的具体时间要求；考评周期反映的是各项指标的监督与考评频率，为考评主体的过程监督与管理提供指引。上述五项要素实际上体现了对绩效任务目标的具体管理理念、管理思路、管理方法和管理手段，目的在于为政府决策目标贯彻落实提供管理支持。

（3）考评主体、数据来源与数据采集单位、负责人/负责部门等三类要素实际上是对三类责任主体（考评主体、数据主体和负责主体）的明确。考评主体明确的是谁来负责考评，在绩效管理的体系中，考评主体应该担负起所负责指标的日常监督与管理工作。数据来源与数据采集单位明确的是指标考评数据的来源文本与责任单位。在数字创意产业行政机关绩效管理体系中，每项指标都应该有权威、一致的数据来源，有明确的数据采集单位，从而避免年终考评时因统计口径不一致造成的考评结果争议，增强考评的公平与公正。此外，中国目前关于文化数据的采集与统计体系很不健全，现实中很多的指标缺乏数据来源，通过设立数据来源和采集单位也可以促进地方数字创意产业行政机关建立、完善文化数据统计体系。负责人/负责部门明确的是每项指标的职责履行主体，对于需要多个部门联合承担的文化指标，要明确牵头负责部门及相关责任人，做到分工到位、责任到人。

（三）数字创意产业行政机关编制绩效计划

绩效指标体系设计完成后，首先需要制订绩效计划。绩效计划是西方发达国家政府绩效管理的重要内容之一。美国联邦政府《政府绩效与结果法案》规定每一机构都应编制年度绩效计划，并包含"机构预算中涉及的所有项目活动"。[①] 所谓绩效计划，是对绩效指标细化落实的实施方案，包括绩效管理周期的阶段划分与阶段目标确定、关键推进措施与步骤、具体责任分工、时间进度计划及所需配套资源支持等相关内容。绩效指标的完成很多情况下单独依靠绩效管理对象自身的努力还不够，需要资金、技术、人员等各方面的配套支持，"所需配套资源支持"实际上就是给绩效管理对象提出可能遇到的困难的机会，同时也提醒各绩效管理主体在给绩效管理对象下任务的同时也需要提供相关的支持。

绩效计划的制订主要包括三个关键环节：首先，由绩效管理对象（通常是下一级数字创意产业行政机关及其组成部门）根据绩效指标体系制订绩效指标的计划初稿，提交相关绩效管理主体；其次，由各绩效管理主体对绩效计划初稿进行审核，并与绩效管理对象就相关计划内容进行反复沟通，双方达成一致后，形成正式的绩效计划书；最后，由绩效管理对象在绩效计划书上签字盖章，绩效承诺生效。

绩效计划的编制有着极其重要的意义：第一，确保了各项绩效指标的落地。绩效指标体系虽然从纵向和横向两方面构建了数字创意产业行政机关战略目标的分解落实框架，但是缺少一项核心内容，即行动方案。绩效计划，其实质就是为绩效指标的执行落实提供一套契合实际的行动方案，从而确保政府战略的落地实施。第二，促进了绩效指标理解的一致性。如果没有绩效计划过程，由各绩效管理对象直接根据指标体系开展执行工作、各绩效管理主体直接根据指标体系进行监督管理，双方的理念意识、

[①] 美国《政府绩效与结果法案》（1993）第1115条绩效计划。

关注重点、实现效果等各个方面很可能彼此偏离。绩效计划的制订过程，实际上是通过双方的充分沟通帮助管理对象和管理主体就绩效指标达成一致的理解，体现了一种双向互动的契约内涵。第三，为过程绩效管理提供有力的抓手。绩效计划的制订，一方面，帮助绩效管理对象明确了阶段性目标和关键的工作步骤、措施，同时还通过"所需配套资源支持"解决了配套支持问题，无疑将更有力地促进各项绩效指标的完成；另一方面，为绩效管理主体开展过程监管提供了详细的文本依据，监管重点、管理节点都非常明确，过程绩效管理不再"拍脑袋"。第四，为纪检监察和社会监督提供明确的依据。为促进责任政府和透明政府建设，绩效计划在提交绩效管理相关部门的同时，还应当提交纪检监察系统，为绩效管理监察、效能监察提供依据和抓手，有利于改变传统以"查处案件"为主的事后监察模式；同时，绩效计划还应当以适当方式向社会各界公开，接受人民监督。深圳市政府的公共服务白皮书实际上就是绩效计划面向社会公开的有益尝试。

（四）数字创意产业行政机关过程绩效管理

对过程管理的重视是绩效管理区别于绩效评估的关键所在。

数字创意产业行政机关的过程绩效管理，可以采用月度自我管理、季度监督检查、半年进度通报等多种方式相结合的模式，并建立过程促进与协调机制。

1. 月度自我管理

月度的过程管理可以通过绩效管理对象的自我管理来进行。自我管理不是放任不管，应建立自我管理的有效机制，可以采用计划纪实总结的方式。月初，绩效管理对象根据绩效计划制订月度的具体工作计划；过程中，将相关的文件、台账、图片或影像资料及时记录整理在案，留下工作纪实的"痕迹"；月末，进行总结，即针对月初的计划逐项说明实际完成情况，对于没有按时完成的，应明确说明原因和改进措施。月度计划纪实可以借助信息科技手段提高效率和便利性。计划纪实总结的方式，一方面，便于上级部门及时了解目标的落实情况，及时进行决策调整与计划修正；另一方面，让原本"看不见摸不着"的政府工作有了实实在在的真实信息反映，改变了很多部门职责不清、"做多做少一个样"的"糊涂"状态，促进后期的考核评价、激励改进等工作更加科学、有针对性。

2. 季度监督检查

季度的过程管理主要通过绩效管理主体的监督管理来进行。每季度末，绩效管理主体应根据绩效计划，开展对绩效管理对象对口业务的专项监督检查，及时解决发现的问题，并提供相关业务指导与培训。

3. 半年进度通报

半年是过程管理的重要节点，对于年度目标的完成意义重大，因此，需要重点对各项绩效指标的进度情况进行监督。可以建立半年进度通报制度：首先，由各绩效管理对象对各项指标完成情况进行自评，提交《中期绩效自评报告》；其次，由各绩效管理主体开展进度抽查，核验自评结果；最后，半年进度通报，对各绩效管理对象绩效指标进展情况、初步成果及存在问题进行及时通报，以勉励先进、督促落后。条件允许的数字创意产业行政机关，可以开展半年考评。绩效管理对象需要对半年过程管理中发现的问题制订专项改进方案。

4. 促进与协调机制

过程管理的目的是推进工作落实。一方面，可以根据需要建立过程协调会议制度，构建重大疑难问题协调解决机制，及时调配所需资源，解决存在的难点问题；另一方面，需要建立培训辅导机制，对于过程管理中发现的问题，在加强督促整改的同时，也要给予文化管理的专业培训与辅导，帮助绩效管理对象提升文化管理专业能力。

（五）数字创意产业行政机关绩效考核评价

绩效考核评价（简称"绩效考评"）是对绩效管理对象各项绩效指标

和绩效计划完成情况的多维度、全方位衡量。在数字创意产业行政机关的绩效管理机制中，从内容上讲应该包含自我评价、指标考评、查访核验、多元评价、成绩评定、结果分析与结果反馈等环节。

1. 自我评价

传统考评中，自评往往是两种文体，一种是感想体会式，洋洋洒洒上万言，却与绩效指标无关；另一种是报告式，虽然也是照着绩效计划在写，但是普遍都"扬长避短"，完成的长篇大论，未完成的几笔带过，结尾都是"进一步完善"。这种自评很难起到实效，应该建立规范化、标准化、格式化的绩效自评机制，采用统一的表格来完成，形成《年度绩效自评报告》。《年度绩效自评报告》需要包含三个部分的内容：一是情况简述；二是绩效指标逐项自评（完成/未完成，分值），完成的要给出相关的证据附件，未完成的要逐项给出原因，并在此基础上给出自评总分；三是下一步整改计划措施。绩效自评的结果主要作为指标考评的依据，不建议直接作为最终成绩的一部分。

2. 指标考评

指标考评是指由数字创意产业行政机关绩效管理主体依据绩效计划、过程管理情况以及自评情况对绩效管理对象相关指标进行考核评分的过程。很多数字创意产业行政机关的指标考评过于简单化，只给出一个分数，这样很难令人信服，也缺乏对工作的指导。应该建立规范化的指标考评机制，要求各绩效管理主体给出《绩效考评报告》，主要包含如下内容：一是考评基本情况；二是绩效指标逐项考评，给出得分的同时，定量指标要给出原始数据和可靠的来源证明材料，定性指标需要列出每项指标的扣分点和扣分原因；三是从文化管理专业角度给出下一步促进文化管理能力提升的整改建议。

3. 查访核验

查访核验是指对绩效管理对象绩效指标实际完成情况进行的现场调查、寻访、核实、验证的过程，目的在于核验绩效指标得分的真实性与准确性，保证绩效考评的公平与公正，消除弄虚作假和形式主义。查访核验一般包含成立查访核验工作组、建立查访核验规范、材料集中审核、关键点抽查核验和指标考评成绩修正五个环节的工作。在查访核验过程中要建立严格的保密制度，不能让绩效管理对象有提前准备的可能。对于查访核验发现的问题要严肃处理、严惩不贷。

4. 多元评价

多元评价应该从数字创意产业行政机关的内部和外部两个方面展开。外部评价可以有效避免内部考评的"人情因素"与"操纵控制"（Gao, 2009）。[①] 在内部，一方面，由上级领导根据考评对象各项指标的完成情况，结合自身掌握情况进行评价；另一方面，作为一个组织系统，可以由相关部门进行跨部门协作的评价。在外部，首先需要由服务对象对考评对象提供的服务进行评价；作为公共部门，需要由社会公众参与评价；作为被监督者，需要由两代表一委员、特约监察员、媒体等进行评价。Yang, K., & Callahan, K（2007）研究指出如果没有科学设计，公民参与往往变成"形式主义"[②]。因此，在外部公众评价中，应该借助信息手段将绩效管理对象所做的工作、证明材料提供给评价主体，从而实现"看着业绩做评价"，尽量避免外部评价仅凭印象打分，克服主观化、随意化倾向。负责多元评价的部门应该编制相应主体的《评价报告》，一方面需要对评分结果进行汇总分析，另一方面需要将百姓以及社会各方的意见建议进行梳理归纳，为绩效管理对象的绩效改进提供尽量全面的信息反馈。

5. 成绩评定

绩效管理对象综合考评成绩由指标考评成绩、多元评价成绩、过程管

[①] Gao, J. Governing by Goals and Numbers: A Case Study in the Use of Performance Measurement to Build State Capacity in China [J]. Public Administration and Development, 2009: 29.

[②] Yang, K., & Callahan, K. Citizen Involvement Efforts and Bureaucratic Responsiveness: Participatory Values, Stakeholder Pressure, and Administrative Practicality [J]. Public Administration Review, 2007: 67.

理成绩以及非权重项成绩按一定方式汇总计算得出。综合成绩可以进行排名排序，同时可以根据得分从高到低划分等次级别。排名排序和等级评定不是绩效管理的最终目的，其主要目的是：一方面，对考评对象一年的绩效表现作出量化的衡量，帮助考评对象找准三个定位，一是与理想状态的差距定位，二是在同类群体中的位置定位，三是与过往相比的改进幅度定位；另一方面，为绩效结果的深度分析提供数据基础。

6. 结果分析

结果分析是指对绩效考评结果进行的多维度全面深入分析，并在此基础上编制《年度绩效报告》的过程。结果分析是绩效管理核心流程中至关重要的环节，为下一年度绩效改进提供了明确的努力方向，是绩效持续改进的重要基础。数字创意产业行政机关应高度重视对绩效考评结果的深度分析。在分析过程中可以采用标杆管理法、结构分析法、横向比较法、历史比较法、案例分析法、比例分析法以及其他定性与定量分析方法。《年度绩效报告》需要包含如下内容：一是总体报告，对全部绩效管理对象的年度绩效表现进行宏观性总体分析，总结成绩与进步，同时也找出存在的共性与突出问题，提供后一步改进计划；二是专项报告，在《专项考评报告》和《多元评价报告》基础上进行各个专项的分析研究；三是分对象报告，为每个绩效管理对象提供一份《绩效报告》，内容涵盖总体绩效分析、专项考评结果分析、多元评价分析，并提出下一步改进建议。

7. 结果反馈

数字创意产业行政机关绩效考评的结果反馈应经过结果公示、异议申诉和正式发布三个环节。（1）结果公示：将绩效考评成绩评定结果上报领导机构审批后在绩效管理对象范围内公示，给予异议申诉的时间，确保绩效考评的民主与公正。（2）异议申诉：对考评结果有异议的绩效管理对象，应当在规定时间内向绩效管理组织机构提出，绩效管理组织机构组织相关部门进行复核，提出复核意见上报领导机构审议、决定。（3）正式发布：对内，绩效考评结果和《年度绩效报告》应及时向绩效管理对象反馈，为绩效改进和下一年度绩效指标与计划的制订提供支持；对外，绩效考评成绩评定最终结果应当以适当的形式在全社会范围内公开，接受社会各界民主监督。

（六）数字创意产业行政机关绩效考评结果应用

绩效考评结果应用是指通过采用多种渠道和方式将绩效考评结果有效地应用于数字创意产业行政机关管理的各种相关方面，从而最大化发挥考评结果的价值效用（刘旭涛、邱霈恩，2009）。[①]

数字创意产业行政机关绩效考评结果应用至少有如下方式：

（1）应用于绩效改进。各级数字创意产业行政机关及其组成部门要根据《年度绩效报告》中反映的问题制订具体的工作改进方案；绩效管理主体和绩效管理组织机构应结合考评结果科学设置下一年度的绩效指标，有针对性地开展专题培训和辅导，促进政府绩效的不断提升。

（2）应用于人员激励。一是作为数字创意产业行政机关领导班子和领导干部实绩考评的依据，作为干部培养选拔、职务任免、行政问责的依据；二是应用于公务员评先评优、奖励处罚、职位升降、能力培养的依据，从而有效激发数字创意产业行政机关公务人员的工作热情、提升文化行政管理专业能力。

（3）应用于决策与管理改善。一是应用于数字创意产业行政机关财政预算调整、资金配置优化、修正数字创意产业行政机关的有关决策，提高资金使用效率、促进数字创意产业行政机关决策科学化、增强政策有效性；二是应用于理顺政府部门职能、明晰岗位职责、调整人员与机构编制，改善数字创意产业行政机关管理水平。

此外，对于处在绩效管理推行阶段的数字创意产业行政机关，还应该

---

① 刘旭涛，邱霈恩. 关于改进我国政府绩效管理制度的建议 [J]. 行政管理改革，2009（2）：72-74.

从提高绩效管理工作质量的角度加强对绩效考评结果的延伸性分析研究，包括对绩效指标的质量、过程管理作用、考评公平与公正性、考评结果有效性、各参与方积极性与满意度等各个方面进行评估，建立和优化各项绩效管理制度，促进绩效管理公正专业化与规范化，从而全面提升数字创意产业行政机关绩效管理能力和水平，为中国数字创意产业的健康与高速发展保驾护航。

主要参考文献

[1] Benghozi, P. J., Salvador, E. How and where the R&D takes place in creative industries? Digital investment strategies of the book publishing sector [J]. Technology Analysis & Strategic Management, 2016, 28 (5): 568-582.

[2] Blythe, M. The work of art in the age of digital reproduction: The significance of the creative industries [J]. Journal of Art & Design Education, 2001, 20 (2): 144-150.

[3] Bredrup, H. Background for Performance Management. In A. Rolstadas (Ed.), Performance Management: A Business Process Benchmarking Approach [M]. London: Chapman & Hall Publishing, 1995.

[4] Cacciatore, M. A. Coverage of emerging technologies: A comparison between print and online media [J]. New Media & Society, 2012, 14 (6): 1039-1059.

[5] Chalaby, J. K. Can a GVC-oriented policy mitigate the inequalities of the world media system? Strategies for economic upgrading in the TV format global value chain. International Journal of Digital Television, 2017 (1): 9-28.

[6] Chaudhry P. The looming shadow of illicit trade on the internet [J]. Business Horizons, 2017, 60 (1): 77-89.

[7] Choi, J. Evolution of innovation focus of online games: from technolo-

gy-oriented, through market-oriented, and to design-oriented soft innovation [J]. Asian Journal Technology Innovation, 2011, 19 (1): 101 – 116.

[8] Choi, Moonkyung. Policies for Developing Digital Contents Industry [J]. Productivity Review, 2002, 16 (1): 85 – 105.

[9] Comunian, R., Faggian, A., Jewell S. Digital technology and creative arts career patterns in the UK creative economy [J]. Journal of Education and Work, 2015, 28 (4): 346 – 368.

[10] Donald F. Kettl and H. Brinton Milward. The State of Public Management [M]. Baltimore and London: The Johns Hopkins University Press, 1996.

[11] Edward, A., Sanjeev, G., Sahu, S. A Digital Media Asset Ecosystem for the Global Film Industry [J]. Journal of Digital Asset Management, 2008, 2 (1): 6 – 16.

[12] Escalona-Orcao, A. I.; Escolano-Utrilla, S.; Saez-Perez, L. A. The location of creative clusters in non-metropolitan areas: a methodological proposition [J]. Journal of Rural Studies, 2016 (45): 112 – 122.

[13] Escalonaorcao, A. I, Escolanoutrilla, S., Sáezpérez, L. A, Sánchezvalverde, G. B. The location of creative clusters in non-metropolitan areas: a methodological proposition [J]. Journal of Rural Studies, 2016 (45): 112 – 122.

[14] Gandia R. The Digital Revolution and Convergence in the Videogame and Animation Industries: Effects on the Strategic Organization of the Innovation Process [J]. International Journal of Arts Management, 2013, 15 (2): 32 – 44.

[15] Gao, J. Governing by Goals and Numbers: A Case Study in the Use of Performance Measurement to Build State Capacity in China [J]. Public

Administration and Development, 2009.

[16] Goode, S., Kartas, A. Exploring software piracy as a factor of video game console adoption [J]. Behavior & Information Technology, 2012, 31 (6): 547 – 563.

[17] Gort M., Klepper S. Time paths in the diffusion of product innovation [J]. The Economic Journal, 1982 (92): 630 – 653.

[18] Guan JC, Richard CMA, Chiu KM, et al. Study of the relationship between competitiveness and technological innovation capability based on DEA models [J]. European Journal of Operational Research, 2006 (3): 971 – 986.

[19] HAN J, KAMBR M. Data mining: concepts and techniques [M]. Morgan Kaufmann Publishers, 2001: 279 – 333.

[20] Han, B. A Study on the Facilitating of Global Competitiveness in the Digital Contents Industry for Korea [J]. The Journal of Korea Research Society for Customs, 2004, 5 (2): 177 – 204.

[21] Hansen M, Birkinshaw J. The innovation value chain [J]. Harvard Business Review, 2008 (4): 36 – 49.

[22] Hardy, J., Imani, Y., Zhuang, B. N. Regional resilience and global production networks in China: An open political economy perspective [J]. Competition & Change, 2018, 22 (1): 63 – 80.

[23] Hotho S, Champion K. Small businesses in the new creative industries: innovation as a people management challenge [J]. Management Decision, 2011, 49 (1): 29 – 54.

[24] Hsueh SL, Hsu KH, Liu CY. Multi-Criteria Evaluation Model for Developmental Effectiveness in Cultural and Creative Industries [J]. 2012 International Workshop on Information and Electronics Engineering, 2012 (29): 1755 – 1761.

[25] Humphrey J& Schmitz H. Developing country firms in the world economy: governance and upgrading in global value chains [R]. INEF Report, University of Duisburg, 2002: 25 – 27.

[26] Janet M. Keuy. Performance and Budgeting for State and Local Governmental MJ. NY: M. E. Sharpe Inc. , 2003: 37.

[27] Jaroslav Bukovina. Social media big data and capital markets-An overview [J]. Journal of Behavioral and Experimental Finance, 2016 (11): 18 – 26.

[28] Kim, H. Y. The American Film Industry and the Expansion of Digital Studio-Focusing on Creative Strategy of Industrial Light and Magic [J]. Bulletin of Korean Society of Basic Design & Art, 2004, 5 (3): 227 – 236.

[29] Kogut, B. Designing global strategies: comparative and competitive value-added chains [J]. Slogan Management Review, 1985, 26 (4): 15 – 28.

[30] Koiso-Kanttila, N. Digital Content Marketing: A Literature Synthesis [J]. Journal of Marketing Management, 2004, 20 (1): 45 – 65.

[31] Le PL, Masse D, Paris T. Technological Change at the Heart of the Creative Process: Insights From the Videogame Industry [J]. International Journal of Arts Management, 2013, 15 (2): 45 – 59.

[32] Lee J. , Gereffi G. Global value chains, rising power firms and economic and social upgrading [J]. Critical Perspectives on International Business, 2015 (7): 319 – 341.

[33] Leung, L. , Bentley, N. Producing Leisured Laborers: Developing Higher Education Courses for the Digital Creative Industries [J]. Journal of Arts Management Law and Society, 2017, 47 (2): 148 – 160.

[34] Liboriussen, B. (Digital) tools as professional and generational identi-

ty badges in the Chinese creative industries [J]. Convergence: The International Journal of Research into New Media Technologies, 2015, 21 (4): 423 –436.

[35] MacDermott R., Mornah D. The Effects of Cultural Differences on Bilateral Trade Patterns [J]. Global Economy Journal, 2016 (4): 637 – 668.

[36] Mangematin, V., Sapsed, J., Schüßler, E. Disassembly and reassembly: An introduction to the Special Issue on digital technology and creative industries [J]. Technological Forecasting and Social Change, 2014 (83): 1 – 9.

[37] Mark Page, Christophe Firth & Colin Rand. The Internet Value Chain: A study on the economics of the internet [R]. 科尔尼管理咨询公司 (A. T. Kearney), 2016 – 05.

[38] Martins, J. The extended workplace in a creative cluster: Exploring space(s) of digital work in Silicon Roundabout [J]. Journal of Urban Design, 2015, 20 (1): 125 – 145.

[39] Molly, S. Sales of In-Game Assets: An Illustration of the Continuing Failure of Intellectual Property Law to Protect Digital-Content Creators [J]. Texas Law Review, 2002, 80 (6): 151 –153.

[40] Montgomery, L. China's Creative Industries: Copyright, Social Network Markets and the Business of Culture in a Digital Age [M]. Edward Elgar Publishing Ltd., 2010: 1 – 15.

[41] Nam-Hee. The Age of Cultural Industry and The Establishment of 'Digital Humanities' -Digital Area Studies and Creative Human Resources [J]. Won-Buddhist Thought & Religious Culture, 2017, 74: 227 –251.

[42] Nathan M, Lee N. Cultural Diversity, Innovation, and Entrepreneurship: Firm-level Evidence from London [J]. Economic Geography,

2013, 89 (4): 367 - 394.

[43] Newsinger, J. The politics of regional audio-visual policy in England: Or how we learnt to stop worrying and get 'creative'. International Journal of Cultural Policy, 2012, 18 (1): 111 - 125.

[44] Niu, J. S. A study of the influencing factors of the export trade of Beijing's cultural creativity industry [J]. American Journal of Industrial and Business Management, 2017, 7 (1): 69 - 77.

[45] Noh, S., Bang, K. C. A Study on Creative Industry Development Vision based on Digital Contents [J]. Journal of Digital Convergence, 2012, 10 (2): 47 - 53.

[46] Olcay, G., Bulu, M. Techno parks and technology transfer offices as drivers of an innovation economy: Lessons from Istanbul's innovation spaces [J]. Journal of Urban Technology, 2016, 23 (1): 71 - 93.

[47] Parmentier, G., Mangematin, V. Orchestrating innovation with user communities in the creative industries [J]. Technological Forecasting and Social Change, 2014, 83 (3): 40 - 53.

[48] Phil Cooke, Lisa De Propris. A policy agenda for EU smart growth: the role of creative and cultural industries [J]. Policy Studies, 2011 (7), 365 - 375.

[49] Raymond J. MacDermott., Dekuwmini Mornah. The Effects of Cultural Differences on Bilateral Trade Patterns [J]. Global Economy Journal, 2016 (4): 637 - 668.

[50] Rehnberg, M., Ponte, S. From smiling to smirking? 3D printing, upgrading and the restructuring of global value chains [J]. Global Networks, 2018 (1): 57 - 80.

[51] Richard S Williams. Performance Management [M]. London: International Thomson Business Press, 1998.

[52] Rozann W Saaty. Decision making in complex environments: The analytic hierarchy process (AHP) for decision making and the analytic network process (ANP) for decision making with dependence and feedback [M]. 2003.

[53] Saaty T L. Decision Making with Dependence and Feedback [M]. Pittsburghn: RWS Publications, 1996.

[54] Saragih, R., Rahayu, A., Wibowo, L. A. External environment impact on business performance in digital creative industry: Dynamic capability as mediating variable [J]. International Journal of Advanced and Applied Sciences, 2017, 4 (9): 61 – 69.

[55] Scott AJ. Entrepreneurship, Innovation and Industrial Development: Geography and the Creative Field Revisited [J]. Journal Small Business Economics, 2006, 26 (1): 1 – 24.

[56] Shahzad, F., Xiu, G. Y., Shahbaz, M. Organizational culture and innovation performance in Pakistan's software industry [J]. Technology in Society, 2017, 51 (51): 66 – 73.

[57] Shin, J. A Study on the Amendment of Online Digital Contents Industry Promotion Act [J]. Journal of Industrial Property, 2005, 18, 343 – 368.

[58] Shin, J. The Legal Protection of Digital Contents under the Online Digital Contents Industry Development Law [J]. Journal of Industrial Property, 2002, 11, 257 – 286.

[59] Stam E, JPJ De Jong, Marlet G. Creative Industries in the Netherlands: Structure, Development, Innovativeness and Effects on Urban Growth [J]. Geografiska Annaler: Series B, Human Geography, 2008, 90 (2): 119 – 132.

[60] Strange, R., Zucchella, A. Industry 4.0, global value chains and in-

ternational business [J]. Multinational Business Review, 2017, 25 (3): 174 – 184.

[61] Tamar G., Figuerola Carlos G. Ten years of science news: A longitudinal analysis of scientific culture in the Spanish digital press [J]. Public Understanding of Science, 2016, 25 (6): 691 – 705.

[62] Tanner, C., Fishman, E. K., Horton, K. M, Sheth, S. How Technology Is Changing News and Our Culture: Lessons From Elections 2016 and Davos 2017: Tech, Media, and the Newsroom of the Future [J]. Journal of the American College of Radiology, 2017, 14 (12): 1632 – 1634.

[63] Thomas W. How to Glean Culture from an Evolving Internet Richard Rogers, Digital Methods [J]. Technology and Culture, 2016, 57 (1): 238 – 241.

[64] United States International Trade Commission. Global Digital Trade 1: Market Opportunities and Key Foreign Trade Restrictions [EB/OL]. [2018 – 09 – 28]. https://www.usitc.gov/publications/332/pub4716_0.pdf.

[65] Wang CH, Lu LX, Chen CB. Evaluating firm technological innovation capability under uncertainty [J]. Technovation, 2008 (28): 349 – 363.

[66] Weeds H. Superstars and the long tail: The impact of technology on market structure in media industries [J]. Information Economics and Policy, 2012, 24 (1): 60 – 68.

[67] Xuefang Xie, Zhipeng Zang. The Research on Factors Affecting the Development of Network Culture Industries. Conference Proceedings of 2014 Asia: Pacific Management and Engineering Conference (APME 2014) [C]. 2014: 6.

[68] Yang, K., & Callahan, K. Citizen Involvement Efforts and Bureau-

cratic Responsiveness: Participatory Values, Stakeholder Pressure, and Administrative Practicality [J]. Public Administration Review, 2007: 67.

[69] [美] 艾伦·J. 斯科特. 城市文化经济学 [M]. 董树宝, 张宁, 译. 北京: 中国人民大学出版社, 2010.

[70] [美] 加里·杰里菲, 等. 全球价值链和国际发展: 理论框架、研究发现和政策分析 [M]. 曹文, 李可, 译. 上海: 上海人民出版社, 2018.

[71] [美] 马文·明斯基. 心智社会: 从细胞到人工智能 人类思维的优雅解读 [M]. 任楠, 译. 北京: 机械工业出版社, 2018.

[72] [美] 迈克尔·波特. 竞争优势 [M]. 夏忠华, 译. 北京: 中国财政经济出版社, 1988.

[73] [英] 大卫. 赫斯蒙德夫. 文化产业 [M]. 张菲娜, 译. 北京: 中国人民大学出版社, 2007: 20-23.

[74] 蔡立辉. 西方国家政府绩效评估的理念及其启示 [J]. 清华大学学报（哲学社会科学版）, 2003 (1): 76-84.

[75] 曾凡斌. 大数据对媒体经营管理的影响及应对分析 [J]. 出版发行研究, 2013 (2): 21-25.

[76] 柴冬冬. 游戏产业: 我国对外文化贸易的生力军: 2012—2013 中国游戏产业对外文化贸易发展述要 [J]. 中华文化论坛. 2014 (4): 5-13.

[77] 陈洪, 张静, 孙慧轩. 数字创意产业: 实现从无到有的突破 [J]. 中国战略新兴产业. 2017 (1): 45-47.

[78] 陈建, 朱旌, 等. 国际舆论高度关注习近平出席世界经济论坛年会: 期待中国在全球治理中增强领导力 [N]. 经济日报, 2017-01-17.

[79] 陈金丹, 吉敏, 黄晓. 基于网状产业链的数字内容产业园区协同创新研究 [J]. 科技进步与对策, 2016, 33 (4): 70-76.

[80] 陈可嘉, 于先康. 逆向物流服务供应商选择的 ANP 方法及 Super Decisions 软件实现 [J]. 福州大学学报（自然科学版）, 2012（2）: 31-37.

[81] 程丽仙. 数字创意成经济增长新动力 [N]. 中国文化报. 2016-09-30.

[82] 池仁勇, 邵小芬, 吴宝. 全球价值链治理、驱动力和创新理论探析 [J]. 外国经济与管理, 2006（3）: 24-30.

[83] 崔保国. 数字文化产业的未来 [M]. 北京: 清华大学出版社, 2016.

[84] 戴木才. 论坚定社会主义核心价值观自信 [J]. 马克思主义研究, 2018（8）: 72-80.

[85] 戴新民, 徐艳斌. 基于 DEA 的传播与文化产业上市公司效率评价 [J]. 安徽工业大学学报（社会科学版）. 2011（6）: 39-41.

[86] 范柏乃. 政府绩效评估与管理 [M]. 上海: 复旦大学出版社, 2007.

[87] 范兆斌, 黄淑娟. 文化距离对"一带一路"国家文化产品贸易效率影响的随机前沿分析 [J]. 南开经济研究, 2017（4）: 125-140.

[88] 冯根福, 温军. 中国上市公司治理与企业技术创新关系的实证分析 [J]. 中国工业经济. 2008（7）: 91-101.

[89] 弗朗哥·马雷尔巴. 创新与产业动态变化及演化: 研究进展与挑战 [J]. 经济社会体制比较, 2011（2）: 61-68.

[90] 高奇琦. 人工智能时代的人类命运共同体与世界政治 [J]. 当代世界与社会主义, 2018（3）: 40-47.

[91] 高小平, 盛明科, 刘杰. 中国绩效管理的实践与理论 [J]. 中国社会科学, 2011（6）: 4-14.

[92] 宫瑶. 网游, 欢乐梦想 [J]. 走向世界, 2012（31）: 28-29.

[93] 顾江. 全球价值链视角下文化产业升级的路径选择 [J]. 艺术评

论，2009（9）：80-86.

[94] 郭新茹，刘冀，唐月民. 价值链视角下我国文化产业参与国际分工现状的实证研究：基于技术含量的测度［J］. 经济经纬，2014（5）：81-86.

[95] 哈特利. 创意产业读本［M］. 曹书乐，包建女，李慧，译. 北京：清华大学出版社，2007.

[96] 韩顺法. 数字创意产业有助实现美好生活［N］. 中国社会科学报，2018-08-07.

[97] 何其生. 美国自由贸易协定中数字产品贸易的规制研究［J］. 河南财经政法大学学报，2012，27（5）：142-153.

[98] 胡惠林，王婧. 中国文化产业发展指数报告［M］. 上海：上海人民出版社，2010.

[99] 胡曙光，陈昌凤. 观念与规范：人工智能时代媒介伦理困境及其引导［J］. 中国出版，2019（2）：11-15.

[100] 花建. "一带一路"战略与提升中国文化产业国际竞争力研究［J］. 同济大学学报（社会科学版），2016（5）：30-39.

[101] 黄鲁成，江剑. 关于开展上市公司技术创新能力评价的思考［J］. 科学学与科学技术管理，2005（5）：85-89.

[102] 黄鲁成，江剑. 市场化研发机构绩效评价体系设计与实施［J］. 科技管理研究，2005（4）：13-15.

[103] 江兵. 国家技术创新能力分类与评价［J］. 系统工程理论与实践，2002（3）：89-92.

[104] 江畅. 核心价值观的合理性与道义性社会认同［J］. 中国社会科学，2018（4）：4-23.

[105] 解学芳，刘芹良. 创新2.0时代众创空间的生态模式：国内外比较及启示［J］. 科学学研究，2018，36（4）：577-585.

[106] 解学芳，臧志彭. "互联网+"背景下的网络文化产业生态治理

[J]. 科研管理, 2016, 37 (2): 80-89.

[107] 解学芳, 臧志彭. "互联网+"时代文化产业上市公司空间分布与集群机理研究 [J]. 东南学术, 2018 (2): 119-128, 248.

[108] 解学芳, 臧志彭. "互联网+"时代文化上市公司的生命周期与跨界演化机理 [J]. 社会科学研究, 2017 (1): 29-36.

[109] 解学芳, 臧志彭. 人工智能在文化创意产业的科技创新能力 [J]. 社会科学研究, 2019 (1): 35-44.

[110] 解学芳, 臧志彭. 网络文化产业动态演化机理与新治理体系构建 [J]. 东南学术, 2015 (4): 115-123, 248.

[111] 解学芳. 网络文化产业: 协同创新与治理现代化 [M]. 上海: 复旦大学出版社, 2015.

[112] 解学芳. 网络文化产业公共治理全球化与国家网络文化安全 [A] //上海市社联, 中共上海市委党校, 中国浦东干部学院, 复旦大学, 上海财经大学, 上海外国语大学, 上海师范大学, 上海市教育委员会. 全球治理: 新认识与新实践: 上海市社会科学界第十届学术年会文集 (2012年度) 世界经济·国际政治·国际关系学科卷 [C]. 上海市社联, 中共上海市委党校, 中国浦东干部学院, 复旦大学, 上海财经大学, 上海外国语大学, 上海师范大学, 上海市教育委员会: 上海市社会科学界联合会, 2012: 4.

[113] 解学芳. 基于网络游戏的文化软生产集聚与文化空间重塑: 以上海为例 [J]. 同济大学学报 (社会科学版), 2015, 26 (3): 41-48.

[114] 解学芳. 科技发展与文化产业管理制度建构的逻辑演进 [J]. 科学学研究, 2010 (12): 1820-1831.

[115] 解学芳. 论网络文化产业管理制度创新基准与创新机理 [J]. 上海文化, 2013 (8): 83-90.

[116] 解学芳. 人工智能时代的文化创意产业智能化创新: 范式与边界 [J]. 同济大学学报 (社会科学版), 2019, 30 (1): 42-51.

[117] 解学芳. 网络文化产业的公共治理：一个网络生态视角 [J]. 毛泽东邓小平理论研究, 2012 (3)：45-50, 115.

[118] 解学芳. 网络文化产业公共治理全球化语境下的我国网络文化安全研究 [J]. 毛泽东邓小平理论研究, 2013 (7)：50-55, 92-93.

[119] 解学芳. 网络文化产业管理体制改革：技术创新驱动的缺位与突破 [J]. 社会科学研究, 2011 (5)：30-34.

[120] 解学芳. 文化科技产业园区企业集群生态化与绩效评估体系构建 [J]. 社会科学研究, 2014 (1)：35-41.

[121] 金昕. 试论社会体制改革中网络文化产业的升级问题 [J]. 中国传媒科技, 2012 (6)：135-136.

[122] 金元浦. 文化创意产业概论 [M]. 北京：高等教育出版社, 2010.

[123] 金元浦. 我国当前文化创意产业发展的新形态、新趋势与新问题 [J]. 中国人民大学学报, 2016, 30 (4)：2-10.

[124] 经济合作与发展组织. OECD 科学技术和工业展望 [M]. 北京：科学技术文献出版社, 2006.

[125] 鞠宏磊, 黄琦翔, 王宇婷. 大数据精准广告的产业重构效应研究 [J]. 新闻与传播研究, 2015 (8)：98-106.

[126] 赖茂生, 叶元龄, 闫慧, 李璐. 从产业融合看数字内容产业发展：基于广东产业发展的分析 [J]. 情报科学, 2009, 27 (7)：961-964.

[127] 李凤亮, 潘道远. 文化创意与经济增长：数字经济时代的新关系构建 [J]. 山东大学学报（哲学社会科学版). 2018 (1)：77-83.

[128] 李凤亮, 赵雪彤. 数字创意产业与国家文化软实力提升路径研究. 广西民族大学学报（哲学社会科学版), 2017 (6)：2-7.

[129] 李凤亮, 宗祖盼. 科技背景下文化产业业态裂变与跨界融合 [J]. 学术研究, 2015 (1)：137-141, 160.

[130] 李嘉珊, 宋瑞雪. "一带一路"倡议背景下中国对外文化投资的机遇与挑战 [J]. 国际贸易, 2017 (2)：53-57.

[131] 李靖华, 郭耀煌. 国外产业生命周期理论的演变 [J]. 人文杂志, 2001 (6): 62-65.

[132] 李康化, 马萍. 众创空间: 文化创客的群落生境 [J]. 中国文化产业评论, 2015, 21 (1): 407-416.

[133] 李康平. 基于 ANP 的江苏省企业技术创新能力评价及评价系统研究 [D]. 东南大学硕士学位论文, 2006.

[134] 李良荣, 周亭. 打造电视产业链 完善电视产品市场 [J]. 现代传播, 2005 (3): 15-19.

[135] 李明德. 美国《版权法》对于计算机软件的保护 [J]. 科技与法律, 2005, (1): 35-51.

[136] 李鹏. 数字内容产业的自我规制研究 [J]. 软科学, 2017, 31 (2): 33-37.

[137] 李葳. 文化传媒类上市公司科技创新效率研究 [J]. 科技与管理, 2012 (14): 97-100.

[138] 李文明, 吕福玉. 基于感性消费的网络文化产业营销策略探析 [J]. 内蒙古社会科学, 2013 (1): 114-120.

[139] 李文明, 吕福玉. 网络经济边际效应与网络文化产业发展模式研究 [J]. 现代财经, 2011 (10): 5-15.

[140] 李炎, 陈曦. 世界文化产业发展概况 [M]. 昆明: 云南大学出版社, 2014.

[141] 刘冰峰. 文化创意产业组织演化的动力机制研究 [J]. 商业时代, 2011, (13): 120-121.

[142] 刘波. 习近平新时代文化自信思想的时代意涵与价值意蕴 [J]. 当代世界与社会主义, 2018 (1): 97-104.

[143] 刘果, 王梦洁. 数字内容产业发展: 基于经济、产业、用户的视角 [J]. 求索, 2017 (7): 91-95.

[144] 刘晶, 孙利辉, 王军. 高新技术企业技术创新能力评价研究 [J].

科研管理. 2009（S）：19-23.

[145] 刘筠筠，王梅. 创意产业知识产权管理机制探析［J］. 科技与法律，2012（2）：41-44.

[146] 刘克兴. 从互联网络应用谈河南网络文化产业发展的问题与对策［J］. 现代商业，2012（15）：56.

[147] 刘芹良，解学芳. 创新生态系统理论下众创空间生成机理研究［J］. 科技管理研究，2018，38（12）：240-247.

[148] 刘爽. 1999—2009年我国网络文化产业政策综述［J］. 江汉大学学报（人文科学版），2011（6）：37-41.

[149] 刘旭涛，邱霈恩. 关于改进我国政府绩效管理制度的建议［J］. 行政管理改革，2009（2）：72-74.

[150] 刘雪梅，杨晨熙. 人工智能在新媒体传播中的应用趋势［J］. 当代传播，2017（5）：83-86.

[151] 刘银娣. 我国数字内容产业价值链建设初探［J］. 编辑之友，2011（10）：67-70.

[152] 刘英基. 高技术产业技术创新、制度创新与产业高端化协同发展研究：基于复合系统协同度模型的实证分析［J］. 科技进步与对策，2015（2）：66-72.

[153] 刘志彪，吴福象. "一带一路"倡议下全球价值链的双重嵌入［J］. 中国社会科学，2018（8）：17-32.

[154] 刘志彪. 从全球价值链转向全球创新链：新常态下中国产业发展新动力［J］. 学术月刊，2015（2）：5-14.

[155] 刘卓军，周城雄. 中国数字内容产业的创新模式分析［J］. 中国软科学，2007（6）：111-114.

[156] 柳斌杰. 探索大数据为核心的媒体融合发展之路［J］. 新闻与写作，2016（7）：6-9.

[157] 陆地，陈学会. 中国网络文化产业发展报告［M］. 北京：新华出

版社，2010.

[158] 陆佳欢．美国网络文化产业中的限制竞争行为及其规制［J］．商品与质量，2012（3）：280.

[159] 罗立彬．中国文化贸易进口与中国文化走出去：以电影产业为例［J］．东岳论丛，2017（5）：93－102.

[160] 吕尚彬，黄荣．智能技术体"域定"传媒的三重境界：未来世界传播图景展望［J］．现代传播（中国传媒大学学报），2018（11）：37－45.

[161] 玛格丽特·博登．AI：人工智能的本质与未来［M］．孙诗惠，译．北京：中国人民大学出版社，2017.

[162] 毛蕴诗．重构全球价值链：中国企业升级理论与实践［M］．北京：清华大学出版社，2017.

[163] 梅国平，刘珊，封福育．文化产业的产业关联研究：基于网络交易大数据［J］．经济管理，2014，（11）：25－36.

[164] 宁连举，李萌．基于因子分析法构建大中型工业企业技术创新能力评价模型［J］．科研管理，2011（3）：52－58.

[165] 潘文卿，李跟强．中国区域的国家价值链与全球价值链：区域互动与增值收益［J］．经济研究，2018，53（3）：171－186.

[166] 彭兰．智能时代的新内容革命［J］．国际新闻界，2018（6）：88－109.

[167] 彭伟步．文化产业发展要紧抓新兴业态［J］．新闻爱好者，2011（12）：38－39.

[168] 邱蔻华．管理决策与应用熵学［M］．北京：机械工业出版社，2002.

[169] 尚涛，陶蕴芳．我国创意产业中的国际分工研究：基于典型发达国家和发展中国家的比较分析［J］．世界经济研究，2011（2）：40－47.

[170] 邵国松. 媒体智能化发展的伦理与法律问题初窥 [J]. 现代传播（中国传媒大学学报），2018，40（11）：9-14.

[171] 邵培仁，陈江柳. 整体全球化："一带一路"的话语范式与创新路径：基于新世界主义视角的再阐释 [J]. 暨南学报（哲学社会科学版），2018，40（11）：13-23.

[172] 沈玉良，金晓梅. 数字产品、全球价值链与国际贸易规则 [J]. 上海师范大学学报（哲学社会科学版），2017（1）：90-99.

[173] 帅青红，方玲，匡远竞. 基于决策树与 Logistic 的上市公司信用评估比较研究 [J]. 西南民族大学学报（人文社会科学版），2013（5）：135-140.

[174] 宋建武，黄淼. 媒体智能化应用：现状、趋势及路径构建 [J]. 新闻与写作，2018（4）：5-10.

[175] 宋培义，黄昭文. 中国广播影视数字内容产业价值链模式构建 [J]. 现代传播（中国传媒大学学报），2014，36（5）：107-110.

[176] 眭纪刚，陈芳. 新兴产业技术与制度的协同演化 [J]. 科学学研究，2016（2）：186-193.

[177] 谈国新，郝挺雷. 科技创新视角下我国文化产业向全球价值链高端跃升的路径 [J]. 华中师范大学学报（人文社会科学版），2015（2）：54-61.

[178] 谈国新，郝挺雷. 科技创新视角下我国文化产业向全球价值链高端跃升的路径 [J]. 华中师范大学学报（人文社会科学版），2015（2）：54-61.

[179] 汤永川，刘曦卉，王振中，盘剑，王健，周明全，唐智川. 数字创意产业向其他产业无边界渗透 [J]. 中国战略新兴产业，2017（9）：70-74.

[180] 唐华松，姚耀文. 数据挖掘中决策树算法的探讨 [J]. 计算机应用研究，2001（8）：18-19，22.

[181] 唐绪军，黄楚新，王丹. 智能互联与数字中国：中国新媒体发展现状、展望 [J]. 新闻与写作，2018 (8)：22 – 25.

[182] 唐炎钊. 区域科技创新能力的模糊综合评估模型及应用研究：2001 年广东省科技创新能力的综合研究 [J]. 系统工程理论与实践，2004 (2)：37 – 43.

[183] 田思，高长春. 中国创意产品贸易出口技术复杂度变化趋势研究 [J]. 研究与发展管理，2015 (4)：54 – 59.

[184] 田新玲，刘海贵. "互联网＋" 背景下中国文化创意产品 "走出去" 策略探析：基于价值链的理论视角 [J]. 新闻爱好者，2016 (3)：45 – 51.

[185] 王爱云. 网络文化产业的发展方向与路径探讨 [J]. 理论学刊，2009，11：111 – 114.

[186] 王斌，蔡宏波. 数字内容产业的内涵、界定及其国际比较 [J]. 财贸经济，2010 (2)：110 – 116.

[187] 王国安，赵新泉. 中美两国影视产业国际竞争力的比较研究：基于全球价值链视角 [J]. 国际贸易问题，2013 (1)：58 – 67.

[188] 王红梅，杨燕英，王红. 数字创意产业生态环境研究：模型构建及应用 [J]. 现代传播（中国传媒大学学报），2010 (7)：143 – 144.

[189] 王缉慈，梅丽霞，谢坤泽. 企业互补性资产与深圳动漫产业集群的形成 [J]. 经济地理，2008 (1)：49 – 54.

[190] 王缉慈，梅丽霞，谢坤泽. 企业互补性资产与深圳动漫产业集群的形成 [J]. 经济地理，2008 (1)：49 – 54.

[191] 王莲芬，徐树柏. 层次分析法引论 [M]. 北京：中国人民大学出版社，1990：69 – 75.

[192] 王秋菊，马婷. 网络文化产业创新发展策略研究 [J]. 新闻爱好者，2010 (8)：46 – 47.

[193] 王新奎. 全球价值链竞争背景下，中国（上海）自由贸易试验区

的历史使命[N]. 中国社会科学报, 2016 – 10 – 11 (004).

[194] 王新奎. 增强制定经贸规则的能力 提高制度性话语权[J]. 国际贸易问题, 2016 (11): 18 – 20.

[195] 王雪梅. 廊坊市网络文化产业链及发展空间分析[J]. 现代商业, 2012 (35): 90 – 91.

[196] 王影, 梁祺. 基于广义最大熵原理的上市公司技术创新能力评价[J]. 科技管理研究, 2006 (10): 195 – 197.

[197] 王悦, 支庭荣. 机器人写作对未来新闻生产的深远影响: 兼评新华社的"快笔小新"[J]. 新闻与写作, 2016 (2): 12 – 14.

[198] 王志成, 等. 城市发展创意产业的影响因素分析及实证研究[J]. 中国工业经济, 2007 (8): 49 – 57.

[199] 魏凤江, 等. 决策树模型与回归模型在天津市某区公务员健康状况分析中的应用与比较[J]. 中国卫生统计, 2013 (1): 42 – 45.

[200] 魏鹏举, 戴俊骋, 魏西笑. 中国文化贸易的结构、问题与建议[J]. 山东社会科学, 2017 (10): 55 – 60.

[201] 吴建南, 杨宇谦. 地方政府绩效评估创新: 主题、特征与障碍[J]. 经济社会体制比较, 2009 (5): 152 – 158.

[202] 吴军. 智能时代: 大数据与智能革命重新定义未来[M]. 北京: 中信出版社, 2016.

[203] 吴琳. 社会主义核心价值体系引领社会主义文化建设的传播理念创新实践机制[J]. 行政与法, 2014 (1): 52 – 57.

[204] 吴琳琳, 罗敏. 全球价值链下两岸动漫产业的发展与合作: 基于历史的考察和交易成本分析[J]. 国际新闻界, 2018, 40 (8): 122 – 140.

[205] 吴伟光. 版权制度与新媒体技术之间的裂痕与弥补[J]. 现代法学, 2011 (3): 55 – 72.

[206] 夏维力, 吕晓强. 基于BP神经网络的企业技术创新能力评价及应

用研究［J］．研究与发展管理，2005（1）：50－54．

［207］肖斌，薛丽敏，李照顺．对人工智能发展新方向的思考［J］．信息技术，2009（12）：166－168．

［208］谢新洲．打造普惠共享的国际网络空间［N］．人民日报，2016－03－17．

［209］熊澄宇，孔少华．数字内容产业的发展趋势与动力分析［J］．全球传媒学刊，2015（2）：39－53．

［210］熊澄宇，张铮，孔少华．世界数字文化产业发展现状与趋势［M］．北京：清华大学出版社，2016．

［211］熊励，季佳亮，陈朋．基于平台经济的数字内容产业协同创新动力机制研究［J］．科技管理研究，2016，36（2）：21－25．

［212］熊励，周璇，金晓玲，顾勤琴．基于云服务的数字内容产业协同创新与创新绩效实证研究［J］．科技进步与对策，2014，31（2）：58－65．

［213］徐建勇．山东省网络文化产业发展研究［J］．中国石油大学学报（社会科学版），2008（5）：24－29．

［214］严三九．中国传统媒体与新兴媒体内容融合发展研究［J］．新闻与传播研究，2017，24（3）：101－118，128．

［215］杨东星，李多．出版类上市公司近年经营情况比较分析：以天舟文化、出版传媒和时代出版为例［J］．中国出版，2013（1）：57－61．

［216］杨海平．数字内容产业运作机理与商业模式研究［J］．图书情报工作，2010，54（23）：5．

［217］杨军．青海省网络文化产业发展思考［J］．青海社会科学，2012（5）：69－72，76．

［218］杨群．2010年上海文化创意产业发展取得重大突破性进展［N］．解放日报，2011－09－23．

［219］杨永忠，陈睿．基于价值链的游戏创意产品文化、技术、经济的融

合研究：以竞争战略为调节变量［J］．四川大学学报（哲学社会科学版），2017（3）：121-131.

［220］杨铮，刘麟霄，陈永华．社会主义核心价值观传播视域下的艺术创作价值研究［J］．新闻传播，2018（6）：66-67.

［221］易华．论经济新常态下文化科技融合推动文化创意产业发展［J］．学术论坛，2017（1）：145-149.

［222］易鹏．社会主义核心价值体系的网络传播困境与消解［J］．编辑之友，2014（2）：58-61.

［223］俞荣建，文凯．揭开 GVC 治理"黑箱"：结构、模式、机制及其影响：基于 12 个浙商代工关系的跨案例研究［J］．管理世界，2011（8）：142-154.

［224］喻国明，兰美娜，李玮．智能化：未来传播模式创新的核心逻辑：兼论"人工智能+媒体"的基本运作范式［J］．新闻与写作，2017（3）：41-45.

［225］喻国明，张小争．传媒竞争力：产业价值链案例与模式［M］．华夏出版社，2005.

［226］喻国明．人工智能与算法推荐下的网络治理之道［J］．新闻与写作，2019（1）：61-64.

［227］臧志彭，解学芳．全球文化创意产业上市公司发展报告［M］．中国社会科学出版社，2019.

［228］臧志彭，解学芳．中国网络文化产业技术创新的动态演化［J］．社会科学研究，2012（5）：44-51.

［229］臧志彭，解学芳．文化产业上市公司科技创新能力评价研究：来自国内 A 股 191 家公司的实证分析［J］．证券市场导报，2014（8）：23-30.

［230］臧志彭，解学芳．中国网络文化产业制度创新演化研究：基于 1994-2011 年的实证分析［J］．科学学研究，2013，31（4）：

630 - 640.

[231] 臧志彭. 中国网络文化产业发展指数构建与动态演化实证分析 [J]. 统计与决策, 2015 (1): 103 - 106.

[232] 臧志彭. 中国文化产业政府补助研究 [M]. 北京: 中国社会科学出版社, 2015.

[233] 臧志彭. 基于决策树的网络文化产业发展影响因素实证研究: 来自上海的经验证据 [J]. 科技管理研究, 2014, 34 (24): 211 - 217.

[234] 臧志彭. 数字创意产业全球价值链: 世界格局审视与中国重构策略 [J]. 中国科技论坛, 2018 (7): 64 - 73, 87.

[235] 臧志彭. 数字创意产业全球价值链重构: 战略地位与中国路径 [J]. 科学学研究, 2018, 36 (5): 825 - 830.

[236] 臧志彭. 数字创意产业全球价值链重构战略研究: 基于内容、技术与制度三维协同创新 [J]. 社会科学研究, 2018 (2): 45 - 54.

[237] 臧志彭. 政府绩效管理的基本流程与方法 [J]. 中国人力资源开发, 2013 (15): 60 - 65.

[238] 张国良, 陈宏民. 国内外技术创新能力指数化评价比较分析 [J]. 系统工程理论方法用, 2006 (5): 385 - 392.

[239] 张胜冰, 徐向昱, 马树华. 世界文化产业导论 [M]. 北京: 北京大学出版社, 2015.

[240] 张世君. 网络文化产业中的企业社会责任问题 [J]. 首都师范大学学报 (社会科学版), 2013 (1): 48 - 53.

[241] 张涛甫. "大数据" 时代 知识生产如何应对 [N]. 文汇读书周报, 2013 - 02 - 23.

[242] 章迪思. 文化业, 突破关键技术势在必行 [N]. 解放日报, 2012 - 08 - 23.

[243] 钟忠. 中国互联网治理问题 [M]. 北京: 金城出版社, 2010.

[244] 周城雄, 周庆山. 我国数字内容产业政策演变及分析 [J]. 学习

与实践，2013（12）：115-123.

[245] 周格菲，周庆山．我国数字内容产业政策的内容分析与完善策略［J］．图书情报工作，2014，58（10）：11-18.

[246] 周洁．百视通牵手微软进军中国家庭娱乐［N］．上海商报，2013-09-25.

[247] 周凯．核心价值观的缺失与构建传播：中国文化产业发展反思与对西方文化产业的借鉴［J］．东岳论丛，2012（9）：5-14.

[248] 周荣庭，宋怡然，田红林．2017年度数字创意产业研究述评［N］．中国社会科学报，2018-01-03.

[249] 周荣庭，孙松．增强现实出版物产业价值链分析［J］．中国出版，2018（8）：3-6.

[250] 周志忍．发达国家政府绩效管理［C］．部级领导干部历史文化讲座，北京：北京图书馆出版社，2005.

[251] 周志忍．公共组织绩效评估：中国实践的回顾与反思［J］．兰州大学学报（社会科学版），2007，35（1）：26-33.

[252] 朱霁．论社会主义核心价值观的对外传播及其实践路径［J］．马克思主义研究，2016（8）：102-107.

[253] 朱长春．基于SWOT分析的我国网络文化产业战略研究［J］．北京邮电大学学报（社会科学版），2008（4）：32-34.

[254] 祝智庭，雒亮．从创客运动到创客教育：培植众创文化［J］．电化教育研究，2015，36（7）：5-13.

[255] 史征．文化创意产业发展指数的框架设计［J］．统计与决策，2010（7）：32-34.

[256] 卓越，孟蕾，林敏娟．构建整体性绩效管理框架：西方政府绩效管理的新视点［J］．中国行政管理，2011（4）：26-30.

附　录

一、数字创意产业列入《"十三五"国家战略性新兴产业发展规划》

国务院关于印发"十三五"国家战略性新兴产业发展规划的通知

国发〔2016〕67号

各省、自治区、直辖市人民政府，国务院各部委、各直属机构：

　　现将《"十三五"国家战略性新兴产业发展规划》印发给你们，请认真贯彻执行。

国务院
2016年11月29日

"十三五"国家战略性新兴产业发展规划（节选）

　　战略性新兴产业代表新一轮科技革命和产业变革的方向，是培育发展新动能、获取未来竞争新优势的关键领域。"十三五"时期，要把战略性新兴产业摆在经济社会发展更加突出的位置，大力构建现代产业新体系，推动经济社会持续健康发展。根据"十三五"规划纲要有关部署，特编制本规划，规划期为 2016—2020 年。

一、加快壮大战略性新兴产业，打造经济社会发展新引擎（内容略）

二、推动信息技术产业跨越发展，拓展网络经济新空间（内容略）

三、促进高端装备与新材料产业突破发展，引领中国制造新跨越（内容略）

四、加快生物产业创新发展步伐，培育生物经济新动力（内容略）

五、推动新能源汽车、新能源和节能环保产业快速壮大，构建可持续发展新模式（内容略）

六、促进数字创意产业蓬勃发展，创造引领新消费

以数字技术和先进理念推动文化创意与创新设计等产业加快发展，促进文化科技深度融合、相关产业相互渗透。到 2020 年，形成文化引领、技术先进、链条完整的数字创意产业发展格局，相关行业产值规模达到 8 万亿元。

（一）创新数字文化创意技术和装备。适应沉浸式体验、智能互动等趋势，加强内容和技术装备协同创新，在内容生产技术领域紧跟世界潮流，在消费服务装备领域建立国际领先优势，鼓励深度应用相关领域最新创新成果。

提升创作生产技术装备水平。加大空间和情感感知等基础性技术研发力度，加快虚拟现实、增强现实、全息成像、裸眼三维图形显示（裸眼 3D）、交互娱乐引擎开发、文化资源数字化处理、互动影视等核心技术创新发展，加强大数据、物联网、人工智能等技术在数字文化创意创作生产领域的应用，促进创新链和产业链紧密衔接。鼓励企业运用数字创作、网络协同等手段提升生产效率。

增强传播服务技术装备水平。研发具有自主知识产权的超感影院、混合现实娱乐、广播影视融合媒体制播等配套装备和平台，开拓消费新领域。大力研发数字艺术呈现技术，提升艺术展演展陈数字化、智能化、网络化应用水平，支持文物保护装备产业化及应用。研究制定数字文化创意技术装备关键标准，推动自主标准国际化，完善数字文化创意技术装备和相关服务的质量管理体系。

专栏19　数字文化创意技术装备创新提升工程

以企业为主体、产学研用相结合，构建数字文化创意产业创新平台，加强基础技术研发，大力发展虚拟现实、增强现实、互动影视等新型软硬件产品，促进相关内容开发。完善数字文化创意产业技术与服务标准体系，推动手机（移动终端）动漫、影视传媒等领域标准体系广泛应用，建立文物数字化保护和传承利用、智慧博物馆、超高清内容制作传输等标准。完善数字创意"双创"服务体系。

（二）丰富数字文化创意内容和形式。通过全民创意、创作联动等新方式，挖掘优秀文化资源，激发文化创意，适应互联网传播特点，创作优质、多样、个性化的数字创意内容产品。

促进优秀文化资源创造性转化。鼓励对艺术品、文物、非物质文化遗产等文化资源进行数字化转化和开发。依托地方特色文化，创造具有鲜明区域特点和民族特色的数字创意内容产品。加强现代设计与传统工艺对接，促进融合创新。提高图书馆、美术馆、文化馆、体验馆数字化、智能化水平，加强智慧博物馆和智慧文化遗产地建设，创新交互体验应用。

鼓励创作当代数字创意内容精品。强化高新技术支撑文化产品创作的力度，提高数字创意内容产品原创水平，加快出版发行、影视制作、演艺娱乐、艺术品、文化会展等行业数字化进程，提高动漫游戏、数字音乐、网络文学、网络视频、在线演出等文化品位和市场价值。鼓励多业态联动的创意开发模式，提高不同内容形式之间的融合程度和转换效率，努力形成具有世界影响力的数字创意品牌，支持中华文化"走出去"。

> 专栏 20　数字内容创新发展工程
>
> 依托先进数字技术，推动实施文化创意产品扶持计划和"互联网＋"中华文明行动计划，支持推广一批数字文化遗产精品，打造一批优秀数字文化创意产品，建设数字文化资源平台，实现文化创意资源的智能检索、开发利用和推广普及，拓展传播渠道，引导形成产业链。

（三）提升创新设计水平。挖掘创新设计产业发展内生动力，推动设计创新成为制造业、服务业、城乡建设等领域的核心能力。

强化工业设计引领作用。积极发展第三方设计服务，支持设计成果转化。鼓励企业加大工业设计投入，推动工业设计与企业战略、品牌深度融合，促进创新设计在产品设计、系统设计、工艺流程设计、商业模式和服务设计中的应用。支持企业通过创新设计提升传统工艺装备，推进工艺装备由单机向互联、机械化向自动化持续升级。以创意和设计引领商贸流通业创新，加强广告服务，健全品牌价值体系。制定推广行业标准，推动产业转型升级。支持建设工业设计公共服务平台。通过工业设计推动中国制造向中国创造、中国速度向中国质量转变。

提升人居环境设计水平。创新城市规划设计，促进测绘地理信息技术与城市规划相融合，利用大数据、虚拟现实等技术，建立覆盖区域、城乡、地上地下的规划信息平台，引导创新城市规划。从宏观、中观、微观等多层面加强城市设计，塑造地域特色鲜明的风貌。鼓励建筑设计创作，完善招投标制度和专家评标制度，扩展建筑师执业服务范围，引导建筑师参与项目策划、建筑设计、项目管理，形成激励建筑师创作的政策环境。加大建筑师培养力度，培育既有国际视野又有文化自信的建筑师队伍。倡导新型景观设计，改善人居环境。进一步提高装饰设计水平。

专栏 21　　创新设计发展工程
制定实施制造业创新设计行动纲要，建设一批国家级工业设计中心，建设一批具有国际影响力的工业设计集聚区。建设增材制造等领域设计大数据平台与知识库，促进数据共享和供需对接。通过发展创业投资、政府购买服务、众筹试点等多种模式促进创新设计成果转化。

　　（四）推进相关产业融合发展。推动数字文化创意和创新设计在各领域应用，培育更多新产品、新服务以及多向交互融合的新业态，形成创意经济无边界渗透格局。

　　加快重点领域融合发展。推动数字创意在电子商务、社交网络中的应用，发展虚拟现实购物、社交电商、"粉丝经济"等营销新模式。推动数字创意在教育领域的应用，提升学习内容创意水平，加强数字文化教育产品开发和公共信息资源深度利用，推动教育服务创意化。提升旅游产品开发和旅游服务设计的文化内涵和数字化水平，促进虚拟旅游展示等新模式创新发展。挖掘创意"三农"发展潜力，提高休闲农业创意水平，促进地理标志农产品、乡村文化开发，以创意民宿推动乡村旅游发展和新农村建设。推动数字创意在医疗、展览展示、地理信息、公共管理等领域应用。构建数字创意相关项目资源库和对接服务平台，创新使用多种形式的线上线下推广手段，广泛开展会展活动，鼓励行业协会、研究机构积极开展跨领域交流合作。

　　推进数字创意生态体系建设。建立涵盖法律法规、行政手段、技术标准的数字创意知识产权保护体系，加大打击数字创意领域盗版侵权行为力度，保障权利人合法权益。积极研究解决虚拟现实、网络游戏等推广应用中存在的风险问题，切实保护用户生理和心理健康。改善数字创意相关行业管理规制，进一步放宽准入条件，简化审批程序，加强事中事后监管，促进融合发展。

　　七、超前布局战略性产业，培育未来发展新优势（内容略）

　　八、促进战略性新兴产业集聚发展，构建协调发展新格局（内容略）

九、推进战略性新兴产业开放发展，拓展合作新路径（内容略）

十、完善体制机制和政策体系，营造发展新生态（内容略）

二、国家《战略性新兴产业分类》中的"数字创意产业"

《战略性新兴产业分类（2018）》

国家统计局令〔第23号〕

《战略性新兴产业分类（2018）》已经2018年10月12日国家统计局第15次常务会议通过。现予公布，自公布之日起实施。

局长　宁吉喆
2018年11月7日

一、分类目的

根据《国务院关于加快培育和发展战略性新兴产业的决定》（国发〔2010〕32号）的要求，为准确反映"十三五"国家战略性新兴产业发展规划情况，满足统计上测算战略性新兴产业发展规模、结构和速度的需要，制定本分类。

二、分类范围和适用领域

本分类规定的战略性新兴产业是以重大技术突破和重大发展需求为基础，对经济社会全局和长远发展具有重大引领带动作用，知识技术密集、物质资源消耗少、成长潜力大、综合效益好的产业，包括：新一代信息技术产业、高端装备制造产业、新材料产业、生物产业、新能源汽车产业、新能源产业、节能环保产业、数字创意产业、相关服务业等9大领域。

本分类适用于对"十三五"国家战略性新兴产业发展规划进行宏观监测和管理；适用于各地区、各部门依据本分类开展战略性新兴产业统计监测。

三、编制原则

（一）以国家战略性新兴产业发展政策为指导。根据《国务院关于加快培育和发展战略性新兴产业的决定》（国发〔2010〕32号），以落实《"十三五"国家战略性新兴产业发展规划》为目的，以国家发展改革委发布的《战略性新兴产业重点产品和服务指导目录（2016）》和国家其他相关文件为主线，确定编制的总体思路、框架设计和范围，以确保本分类内容能够涵盖国家战略性新兴产业"十三五"规划的产品和服务。

（二）以现行《国民经济行业分类》（GB/T 4754-2017）为基础，对其中符合"战略性新兴产业"特征的有关活动进行再分类。

（三）注重实际可操作性，立足现行统计制度和方法，充分考虑数据的可获得性，以保证统计部门能够采集到"战略性新兴产业"活动的数据。

四、结构和编码

本分类为独立的分类体系，采用线分类法、分层次和可变递增格式编码方法。本分类主体编码分为一、二、三层，新材料产业采用可变递增格式编码，增加至四层。所有编码分层用"."隔开，每一层采用阿拉伯数字编码。除新材料产业以外的类别，第二层如果不再细分，则第三层代码补一位"0"。新材料产业第三层如果不再细分，则第四层代码补一位"0"。本分类第一层共有9个类别，第二层有40个类别，第三层有189个类别，第四层有166个类别。

除新材料产业以外的类别代码结构（内容略）

五、有关说明

（一）本分类建立了与《国民经济行业分类》（GB/T 4754–2017）的对应关系。国民经济某行业类别仅部分活动属于战略性新兴产业，则在行业代码后加"*"做标识，并在《重点产品和服务目录》中给出对应的重点产品和服务；国民经济某行业类别全部纳入战略性新兴产业，则对应的行业类别的具体范围和说明参见《2017 国民经济行业分类注释》。

（二）本分类为统计工作提供了重点产品和服务目录，对第三层、第四层所有加"*"类别列出了重点产品和服务。

六、战略性新兴产业分类表（代码 1–7、代码 9 内容略）

代码	战略性新兴产业分类名称	国民经济行业代码（2017）	国民经济行业名称
8	**数字创意产业**		
8.1	**数字创意技术设备制造**		
8.1.0	数字创意技术设备制造	3471*	电影机械制造
		3931*	广播电视节目制作及发射设备制造
		3932*	广播电视接收设备制造
		3934*	专业音响设备制造
		3939*	应用电视设备及其他广播电视设备制造
		3951*	电视机制造
		3952*	音响设备制造
		3969*	其他智能消费设备制造

续表

代码	战略性新兴产业分类名称	国民经济行业代码（2017）	国民经济行业名称
8.2	数字文化创意活动		
8.2.1	数字文化创意软件开发	6513*	应用软件开发
8.2.2	数字文化创意内容制作服务	6572	动漫、游戏数字内容服务
		6579*	其他数字内容服务
8.2.3	新型媒体服务	6429*	互联网其他信息服务
		6579*	其他数字内容服务
		8626	数字出版
8.2.4	数字文化创意广播电视服务	6321*	有线广播电视传输服务
		6322*	无线广播电视传输服务
8.2.5	其他数字文化创意活动	6319*	其他电信服务
		6422*	互联网游戏服务
		6571*	地理遥感信息服务
		6579*	其他数字内容服务
		7519*	其他技术推广服务
		8710*	广播
		8720*	电视
		8730*	影视节目制作
		8740*	广播电视集成播控
		8760*	电影放映
		8770*	录音制作
		8810*	文艺创作与表演
8.3	设计服务		
8.3.0	数字设计服务	7484*	工程设计活动
		7485*	规划设计管理
		7491*	工业设计服务
		7492*	专业设计服务

续表

代码	战略性新兴产业分类名称	国民经济行业代码（2017）	国民经济行业名称
8.4	**数字创意与融合服务**		
8.4.0	数字创意与融合服务	7251	互联网广告服务
		7259*	其他广告服务
		7281*	科技会展服务
		7282*	旅游会展服务
		7283*	体育会展服务
		7284*	文化会展服务
		7291*	旅行社及相关服务
		8625*	电子出版物出版
		8831*	图书馆
		8850*	博物馆

七、重点产品和服务目录（代码1-7、代码9内容略）

代码	战略性新兴产业分类名称	国民经济行业代码（2017）	国民经济行业名称	重点产品和服务
8	**数字创意产业**			
8.1	**数字创意技术设备制造**			
8.1.0	数字创意技术设备制造	3471*	电影机械制造	数字电影机械及设备制造
		3931*	广播电视节目制作及发射设备制造	数字广播电视发射设备
				数字电视广播前端设备（摄像、录制、编辑、存储、播放等数字电视前端设备）
				传输网设备
				下一代融合媒体分发网设备

215

续表

代码	战略性新兴产业分类名称	国民经济行业代码（2017）	国民经济行业名称	重点产品和服务
		3932＊	广播电视接收设备制造	移动多媒体广播发射设备
				移动多媒体广播接收设备
				高清/超高清广播电视制播设备
				下一代广播电视网接入网设备
				地面数字广播电视接收设备
				家庭桥接设备
				家庭网关设备
				接入网设备
				电视卫星直播业务（卫星数字音频广播）和互联网宽带接入等四大业务相关的地面终端设备及其关键配套件
				下一代广播电视网宽带接入设备
				下一代广播电视网宽带接收设备
				下一代广播电视骨干网交换设备
				下一代广播电视传输设备
				地面数字电视
				新型/便携信息接收显示终端
				高清、低照度、宽动态、无线视频监控系统
		3934＊	专业音响设备制造	数字专业音响设备
		3939＊	应用电视设备及其他广播电视设备制造	视频监控存储设备
				视频监控处理设备
		3951＊	电视机制造	交互电视机
				节能电视机
				3D 电视机
				OLED 电视机

续表

代码	战略性新兴产业分类名称	国民经济行业代码（2017）	国民经济行业名称	重点产品和服务
		3952*	音响设备制造	激光投影电视机
				网络及智能电视机
				高清/超高清电视机
				新型数字显示终端
				高保真超薄音响产品
				全息大容量可刻录3D播放器
				高保真新一代光盘
				专用数字音响系统
				数字功放
				车载数字音视频接收播放终端
		3969*	其他智能消费设备制造	虚拟现实、数字技术制播放设备（指虚拟现实、增强现实、全息成像、裸眼3D、交互娱乐引擎开发、文化资源数字化处理、互动影视等领域先进装备，包括虚拟现实头戴显示设备和增强现实眼镜等数据手套、游戏控制器等动作感知、追踪定位和人机交互装置）
				个人穿戴虚拟现实设备
				虚拟现实头戴显示设备
				混合现实娱乐设备
				VR制播放装备
				数据手套
				游戏控制器
				动作感知装置
				追踪定位装置
				其他人机交互装置
				增强现实眼镜
				文化场馆数字化装备

续表

代码	战略性新兴产业分类名称	国民经济行业代码（2017）	国民经济行业名称	重点产品和服务
8.2	数字文化创意活动			
8.2.1	数字文化创意软件开发	6513*	应用软件开发	虚拟现实处理软件 动漫游戏制作引擎软件和开发系统 家庭娱乐产品软件 数字文化产品制作软件 数字文化创意软件 数字文化创意设计 教育行业软件、新闻行业软件、文化内容行业软件 游戏动漫软件 数字出版软件
8.2.2	数字文化创意内容制作服务	6572	动漫、游戏数字内容服务	
		6579*	其他数字内容服务	数字影视开发制作 数字演出开发制作 数字音乐开发制作 数字艺术品开发制作 电子出版物开发制作 数字广告开发制作 数字移动多媒体开发制作
8.2.3	新型媒体服务	6429*	互联网其他信息服务	网络图书馆服务 数字家庭图书馆服务 数字电视电影院线服务 网络广播服务 互联网电视服务

续表

代码	战略性新兴产业分类名称	国民经济行业代码（2017）	国民经济行业名称	重点产品和服务
		6579*	其他数字内容服务	交互式网络电视（IPTV）服务
				互联网社交服务
				手机新媒体服务
				新媒体数字化制作服务
				数字媒体版权保护服务
		8626	数字出版	
8.2.4	数字文化创意广播电视服务	6321*	有线广播电视传输服务	高清/超高清电视服务
				3D电视服务
				交互电视服务
				视频点播服务
				时移播放服务
				有线广播电视网
				有线网与无线网、卫星等互联互通服务（基于有线、无线和卫星的下一代广播电视网网络建设、组网，实现运营商网络和业务的互联互通）
				下一代有线网广播电视网音视频服务（指依托下一代广播电视网，为电视终端、移动终端等提供的音视频服务，如高清、4K、8K数字电视和交互电视服务等）
				下一代有线广播电视网数据及信息服务（指依托下一代广播电视网，提供的数据及互联网信息服务）
				下一代有线广播电视网语音业务（指依托下一代广播电视网，提供的IP语音服务）
				新一代数字电视接收机

续表

代码	战略性新兴产业分类名称	国民经济行业代码（2017）	国民经济行业名称	重点产品和服务
		6322*	无线广播电视传输服务	新一代数字电视发射机
				无线广播电视网
				无线网与有线网、卫星互联互通服务（基于有线、无线和卫星的下一代广播电视网网络建设、组网，实现运营商网络和业务的互联互通）
				下一代无线广播电视网音视频服务（指依托下一代广播电视网，为电视终端、移动终端等提供的音视频服务，如高清、4K、8K数字电视和交互电视服务等）
				下一代无线广播电视网数据及信息服务（指依托下一代广播电视网，提供的数据及互联网信息服务）
				下一代无线广播电视网语音业务（指依托下一代广播电视网，提供的IP语音服务）
8.2.5	其他数字文化创意活动	6319* 6422*	其他电信服务 互联网游戏服务	数字内容多网络通道传输
				互联网游戏
				电子竞技
		6571*	地理遥感信息服务	地理信息加工处理服务
		6579*	其他数字内容服务	文化创意内容数字化加工整合
				公益事业可视化数字展示
				三维城市展示数字服务
				可视化城市基础设施管理数字服务
				城市监控和工业设计数字服务
				数字图书馆展示体验服务

续表

代码	战略性新兴产业分类名称	国民经济行业代码（2017）	国民经济行业名称	重点产品和服务
				数字美术馆展示体验服务
				数字文化馆展示体验服务
				智慧博物馆展示体验服务
				其他公共领域数字化服务
				传统文化产品的数字化转化和开发服务
				为新数字设备和终端提供数字文化内容服务
		7519*	其他技术推广服务	行业领域数字技术创新推广应用服务
		8710*	广播	数字广播（数字广播节目制作、播放和基于广播电视网、专网及定向传播数字广播节目）
		8720*	电视	数字电视［数字电视节目的制作、播放和基于广播电视网、专网及定向传播数字电视节目（包括虚拟现实节目）］
		8730*	影视节目制作	数字影视节目制作（主要包括依托互联网、移动智能终端等新兴媒体进行传播的数字化音乐、动漫、影视、游戏、演出、艺术品、电子出版物、广告和移动多媒体等的设计开发制作）
		8740*	广播电视集成播控	网络广播电视集成播控（交互式网络电视（IPTV）、互联网电视集成播控）
				电视剧制作
		8760*	电影放映	数字电视电影院线
				数字电影放映

221

续表

代码	战略性新兴产业分类名称	国民经济行业代码（2017）	国民经济行业名称	重点产品和服务
		8770*	录音制作	超感影院 数字化音乐
		8810*	文艺创作与表演	数字创意文艺创作与表演（包括专门为数字文化创意而提供的音乐、舞蹈、戏曲、戏剧、歌剧、歌曲、曲艺等舞台艺术表演，以及动漫、游戏、艺术品、工艺品等设计制作，还包括数字文化创意内容的前期服务和文艺表演相关服务）
8.3	设计服务			
8.3.0	数字设计服务	7484*	工程设计活动	人居环境设计服务（基于大数据、虚拟现实等先进技术和先进理念的人居环境设计服务，在城乡规划、园区和建筑设计、园林设计和装饰设计等方面的应用）
		7485*	规划设计管理	数字化城乡规划 数字化园区设计 数字化建筑设计 数字化园林设计 数字化装饰设计 数字化城市设计
		7491*	工业设计服务	数字化工业生产工艺设计 数字化工业产品设计 数字化工业生产流程设计 数字化工业商业模式设计 数字化工业服务设计 数字化工业品牌体系设计 数字化工业营销战略规划设计

续表

代码	战略性新兴产业分类名称	国民经济行业代码（2017）	国民经济行业名称	重点产品和服务
		7492*	专业设计服务	3D打印等领域工业设计
				大数据及工业创新设计
				时装设计服务
				包装装潢设计服务
				多媒体设计服务
				动漫及衍生产品设计服务：动漫产品设计服务、动漫衍生产品设计服务
				饰物装饰设计服务
				美术图案设计服务
				展台设计服务
				模型设计服务
				体现交互式创意设计
				虚拟化文化创意设计
				数字化文化创意设计
				网络化文艺创作设计
				网络化文化创意设计
				其他专业设计服务
8.4	**数字创意与融合服务**			
8.4.0	数字创意与融合服务	7251	互联网广告服务	
		7259*	其他广告服务	广告和移动多媒体等的设计开发制作
		7281*	科技会展服务	数字化会议及展览服务
		7282*	旅游会展服务	数字化旅游会展服务
		7283*	体育会展服务	数字化体育会展服务
		7284*	文化会展服务	数字创意文化会展服务（以数字图书馆、美术馆、体验馆和智慧博物馆等数字文化场馆为载体的数字文化展示体验服务。数字创意在展览展示领域的应用业态）

223

续表

代码	战略性新兴产业分类名称	国民经济行业代码（2017）	国民经济行业名称	重点产品和服务
		7291*	旅行社及相关服务	旅游创意服务（数字创意在旅游领域的应用，包括旅游项目策划服务、旅游咨询服务等）
		8625*	电子出版物出版	电子出版物出版服务
		8831*	图书馆	网络图书馆、数字图书馆
		8850*	博物馆	数字博物馆（指运用虚拟现实技术、三维图形图像技术、计算机网络技术、立体显示系统、互动娱乐技术、特种视效技术，将实体博物馆及现实展品、实物、解说、背景等，以数字博物馆（或数字）的形式呈现在观众面前）

三、全球文化创意产业上市公司"龙文化指数"100强

本书作者及研究团队基于国际主流产业分类标准，采用搜集整理的上百万条全球上市公司数据，形成了《全球文化创意产业上市公司发展报告》（《中国社会科学出版社》2019年出版）。在该研究中，研究团队从经济效益、创新创意和社会贡献基础上构建了全球统一标准的文化创意产业"龙文化指数"，研究得到了2012—2016年全球文化创意产业"龙文化指数"100强。作者发现，在这100强中的大部分公司实际上属于数字创意产业，因此，本书将全球文化创意产业"龙文化指数"100强附录在此，从而为希望了解全球有实力的数字创意产业企业提供上市公司层面的参考。[①]

---

① 臧志彭，解学芳. 全球文化创意产业上市公司发展报告［M］. 中国社会科学出版社，2019. 特别感谢华东政法大学文化产业管理专业硕士研究生伍倩颖对全球文化创意产业"龙文化指数"100强研究作出的重要贡献。

2012—2016 年全球文化创意产业上市公司龙文化指数 100 强

排名	2012 年 公司名称	2012 年 "龙文化指数"	2013 年 公司名称	2013 年 "龙文化指数"	2014 年 公司名称	2014 年 "龙文化指数"	2015 年 公司名称	2015 年 "龙文化指数"	2016 年 公司名称	2016 年 "龙文化指数"
1	苹果(Apple Inc)	212.82	AT & T Inc	253.28	苹果(Apple Inc)	215.22	AT & T Inc	318.56	AT & T Inc	330.31
2	AT & T Inc	177.38	苹果(Apple Inc)	199.33	AT & T Inc	187.97	苹果(Apple Inc)	294.50	苹果(Apple Inc)	261.46
3	康卡斯特(Comcast Corp)	153.19	威瑞森通信（Verizon Communications Inc)	186.68	威瑞森通信（Verizon Communications Inc)	158.22	威瑞森通信（Verizon Communications Inc)	257.50	威瑞森通信（Verizon Communications Inc)	240.43
4	沃达丰(Vodafone Group PLC)	140.10	康卡斯特(Comcast Corp)	152.22	康卡斯特(Comcast Corp)	151.92	康卡斯特(Comcast Corp)	174.75	康卡斯特(Comcast Corp)	193.78
5	日本电报电话（Nippon Telegraph & Telephone Corp）	130.40	三星（Samsung Electronics Co Ltd)	131.78	软银（Softbank Group Corp)	147.03	沃达丰(Vodafone Group PLC)	137.81	三星（Samsung Electronics Co Ltd)	131.43
6	威瑞森通信（Verizon Communications Inc)	119.94	软银（Softbank Group Corp)	126.15	微软（Microsoft Corp)	111.32	软银（Softbank Group Corp)	117.88	沃达丰(Vodafone Group PLC)	129.06
7	三星（Samsung Electronics Co Ltd)	106.04	日本电报电话（Nippon Telegraph & Telephone Corp）	108.24	三星（Samsung Electronics Co Ltd)	93.61	微软（Microsoft Corp)	117.33	软银（Softbank Group Corp)	114.33

续表

排名	2012年 公司名称	2012年 "龙文化指数"	2013年 公司名称	2013年 "龙文化指数"	2014年 公司名称	2014年 "龙文化指数"	2015年 公司名称	2015年 "龙文化指数"	2016年 公司名称	2016年 "龙文化指数"
8	中国移动(China Mobile Ltd)	106.00	中国移动(China Mobile Ltd)	98.79	迪士尼（Walt Disney Co）	92.67	三星（Samsung Electronics Co Ltd）	114.73	迪士尼（Walt Disney Co）	111.94
9	西班牙电话(Telefonica SA)	97.18	微软（Microsoft Corp）	94.38	德国电信(Deutsche Telekom)	92.41	迪士尼（Walt Disney Co）	104.69	日本电报电话（Nippon Telegraph & Telephone Corp）	105.45
10	微软（Microsoft Corp）	96.29	西班牙电话(Telefonica SA)	84.90	中国移动(China Mobile Ltd)	91.71	中国移动(China Mobile Ltd)	96.34	Alphabet Inc	99.68
11	松下（Panasonic Corp）	87.36	德国电信(Deutsche Telekom)	81.60	日本电报电话（Nippon Telegraph & Telephone Corp）	90.49	德国电信(Deutsche Telekom)	87.61	德国电信(Deutsche Telekom)	99.44
12	迪士尼（Walt Disney Co）	74.39	迪士尼（Walt Disney Co）	75.76	沃达丰(Vodafone Group PLC)	76.40	日本电报电话（Nippon Telegraph & Telephone Corp）	76.70	中国移动(China Mobile Ltd)	98.83
13	意大利电信（Telecom Italia SPA）	74.07	沃达丰(Vodafone Group PLC)	75.55	西班牙电话(Telefonica SA)	74.60	Alphabet Inc	74.02	微软（Microsoft Corp）	77.56

续表

排名	2012年 公司名称	2012年 "龙文化"指数	2013年 公司名称	2013年 "龙文化"指数	2014年 公司名称	2014年 "龙文化"指数	2015年 公司名称	2015年 "龙文化"指数	2016年 公司名称	2016年 "龙文化"指数
14	软银(Softbank Group Corp)	66.87	意大利电信(Telecom Italia SPA)	66.22	Alphabet Inc	71.58	时代华纳(Time Warner Inc)	58.22	西班牙电话(Telefonica SA)	76.01
15	墨西哥美洲电信(America Movil SA)	66.10	时代华纳(Time Warner Inc)	62.36	墨西哥美洲电信(America Movil SA)	65.75	Facebook Inc	54.05	特许通信(Charter Communications Inc)	73.27
16	德国电信(Deutsche Telekom)	61.55	Alphabet Inc	55.04	意大利电信(Telecom Italia SPA)	63.58	西班牙电话(Telefonica SA)	50.60	Altice NV	56.92
17	时代华纳(Time Warner Inc)	61.05	墨西哥美洲电信(America Movil SA)	50.21	雅虎(Yahoo Inc)	55.53	鸿海科技(Hon Hai Precision Industry Co Ltd)	48.02	时代华纳(Time Warner Inc)	56.77
18	维旺迪(Vivendi)	60.62	Kddi Corp	48.70	eBay Inc	54.83	时代华纳有线(Time Warner Cable Inc)	45.54	Facebook Inc	55.9
19	Alphabet Inc	58.94	21世纪福克斯(Twenty-First Century Fox Inc)	45.68	Kddi Corp	46.34	意大利电信(Telecom Italia SPA)	45.52	意大利电信(Telecom Italia SPA)	55.6

续表

排名	2012年 公司名称	2012年 "龙文化指数"	2013年 公司名称	2013年 "龙文化指数"	2014年 公司名称	2014年 "龙文化指数"	2015年 公司名称	2015年 "龙文化指数"	2016年 公司名称	2016年 "龙文化指数"
20	索尼（Sony Corp）	52.61	时代华纳有线（Time Warner Cable Inc）	43.66	时代华纳（Time Warner Inc）	46.33	Kddi Corp	43.01	Kddi Corp	52.47
21	时代华纳有线（Time Warner Cable Inc）	45.62	索尼（Sony Corp）	39.72	Facebook Inc	45.89	墨西哥美洲电信（America Movil SA）	41.19	亚马逊（Amazon.com Inc）	51.92
22	Kddi Corp	38.26	鸿海科技（Hon Hai Precision Industry Co Ltd）	38.29	时代华纳有线（Time Warner Cable Inc）	45.44	Altice NV	40.30	阿里巴巴（Alibaba Group Holding Ltd）	51.26
23	鸿海科技（Hon Hai Precision Industry Co Ltd）	37.85	维旺迪（Vivendi）	37.43	21世纪福克斯（Twenty-First Century Fox Inc）	44.78	自由环球（Liberty Global Plc）	39.34	鸿海科技（Hon Hai Precision Industry Co Ltd）	47.97
24	21世纪福克斯（Twenty-First Century Fox Inc）	35.11	汤森路透（Thomson Reuters Corp）	35.96	鸿海科技（Hon Hai Precision Industry Co Ltd）	44.73	美国全国广播公司（NBC Universal Media LLC）	39.08	美国全国广播公司（NBC Universal Media LLC）	45.78
25	美国全国广播公司（NBC Universal Media LLC）	34.35	自由环球（Liberty Global Plc）	33.43	自由环球（Liberty Global Plc）	36.6	21世纪福克斯（Twenty-First Century Fox Inc）	38.24	索尼（Sony Corp）	39.61

续表

排名	2012 年 公司名称	2012 年 "龙文化指数"	2013 年 公司名称	2013 年 "龙文化指数"	2014 年 公司名称	2014 年 "龙文化指数"	2015 年 公司名称	2015 年 "龙文化指数"	2016 年 公司名称	2016 年 "龙文化指数"
26	诺基亚（Nokia Corp）	33.54	美国全国广播公司（NBC Universal Media LLC）	33.15	索尼（Sony Corp）	35.54	亚马逊（Amazon.com Inc）	37.28	21世纪福克斯（Twenty-First Century Fox Inc）	39.20
27	雅虎（Yahoo Inc）	29.07	松下（Panasonic Corp）	32.83	美国全国广播公司（NBC Universal Media LLC）	32.24	英国电信（BT Group PL）C	35.34	墨西哥美洲电信（America Movil SA）	34.57
28	DIRECTV	28.83	中国电信（China Telecom Corp Ltd）	30.45	DIRECTV	31.41	索尼（Sony Corp）	32.19	英国电信（BT Group PL）C	34.11
29	汤森路透（Thomson Reuters Corp）	28.05	DIRECTV	30.17	中国电信（China Telecom Corp Ltd）	30.05	阿里巴巴（Alibaba Group Holding Ltd）	31.91	松下（Panasonic Corp）	32.64
30	中国电信（China Telecom Corp Ltd）	28.05	哥伦比亚广播公司（CBS Corp）	28.11	WPP PLC	26.63	中国电信（China Telecom Corp Ltd）	29.36	Liberty Media Corp	31.40
31	哥伦比亚广播公司（CBS Corp）	27.6	维亚康姆（Viacom Inc）	25.78	维亚康姆（Viacom Inc）	26.09	Liberty Media Corp SiriusXM Group	26.05	WPP PLC	30.84

229

续表

排名	2012年 公司名称	2012年 "龙文化指数"	2013年 公司名称	2013年 "龙文化指数"	2014年 公司名称	2014年 "龙文化指数"	2015年 公司名称	2015年 "龙文化指数"	2016年 公司名称	2016年 "龙文化指数"
32	佳能（Canon Inc）	26.81	WPP PLC	25.49	汤森路透（Thomson Reuters Corp）	25.2	WPP PLC	25.41	腾讯（Tencent Holdings LTD）	30.56
33	维亚康姆（Viacom Inc）	26.68	爱立信（Ericsson）	22.38	Liberty Media Corp SiriusXM Group	23.7	汤森路透（Thomson Reuters Corp）	24.41	DISH Network Corp	30.03
34	WPP PLC	23.89	佳能（Canon Inc）	22.07	哥伦比亚广播公司（CBS Corp）	23.22	Numericable SFR SA	23.83	中国电信（China Telecom Corp Ltd）	28.99
35	爱立信（Ericsson）	21.53	贝塔斯曼（Bertelsmann SE & Co KGaA）	21.56	亚马逊（Amazon.com Inc）	23.01	佳能（Canon Inc）	23.77	佳能（Canon Inc）	26.72
36	亚马逊（Amazon.com Inc）	20.55	Liberty Media Corp SiriusXM Group	21.25	Altice NV	22.81	DISH Network Corp	21.75	汤森路透（Thomson Reuters Corp）	22.51
37	夏普（Sharp Corp）	19.1	Tribune Media Co	20.43	阿里巴巴（Alibaba Group Holding Ltd）	22.45	哥伦比亚广播公司（CBS Corp）	20.87	Liberty Expedia Holdings Inc	21.87
38	富士（Fujifilm Holdings Corp）	18.96	eBay Inc	19.56	爱立信（Ericsson）	21.42	爱立信（Ericsson）	20.42	贝塔斯曼（Bertelsmann SE & Co KGaA）	21.32

续表

排名	2012年 公司名称	2012年 "龙文化指数"	2013年 公司名称	2013年 "龙文化指数"	2014年 公司名称	2014年 "龙文化指数"	2015年 公司名称	2015年 "龙文化指数"	2016年 公司名称	2016年 "龙文化指数"
39	英国电信（BT Group PL）C	18.54	亚马逊（Amazon.com Inc）	19.37	佳能（Canon Inc）	21.04	松下（Panasonic Corp）	19.82	维亚康姆（Viacom Inc）	20.6
40	自由环球（Liberty Global Plc）	18.45	探索传媒（Discovery Communications Inc）	18.62	英国电信（BT Group PL）C	20.71	腾讯（Tencent Holdings LTD）	19.56	RELX PLC	20.23
41	贝塔斯曼（Bertelsmann SE & Co KGaA）	18.19	Facebook Inc	18.46	贝塔斯曼（Bertelsmann SE & Co KGaA）	20.54	维亚康姆（Viacom Inc）	19.50	宏盟（Omnicom Group Inc）	20.11
42	宏盟（Omnicom Group Inc）	17.84	宏盟（Omnicom Group Inc）	17.93	中国联通（China United Telecommunications Corp Ltd）	20.53	阳狮广告（Publicis Groupe SA）	19.16	探索传媒（Discovery Communications Inc）	18.4
43	eBay Inc	17.49	中国联通（China United Telecommunications Corp Ltd）	17.72	探索传媒（Discovery Communications Inc）	19.42	RELX Group plc	19.02	阳狮广告（Publicis Groupe SA）	18.26
44	电通（Dentsu Inc）	15.82	电通（Dentsu Inc）	16.97	松下（Panasonic Corp）	19.28	贝塔斯曼（Bertelsmann SE & Co KGaA）	18.95	哥伦比亚广播公司（CBS Corp）	18.2

续表

排名	2012年 公司名称	2012年 "龙文化指数"	2013年 公司名称	2013年 "龙文化指数"	2014年 公司名称	2014年 "龙文化指数"	2015年 公司名称	2015年 "龙文化指数"	2016年 公司名称	2016年 "龙文化指数"
45	探索传媒（Discovery Communications Inc）	15.68	富士（Fujifilm Holdings Corp）	16.87	RELX Group plc	19.09	维旺迪（Vivendi）	18.84	Lg电子（Lg Electronics Inc）	17.84
46	RELX Group plc	15.33	英国电信（BT Group PLC）	15.46	宏盟（Omnicom Group Inc）	18.37	天空广播（Sky PLC）	18.42	维旺迪（Vivendi）	17.17
47	Lg电子（Lg Electronics Inc）	14.52	阳狮广告（Publicis Groupe SA）	15.43	Lg电子（Lg Electronics Inc）	18.15	宏盟（Omnicom Group Inc）	18.42	Best Buy Co Inc	16.82
48	阳狮广告（Publicis Groupe SA）	14.31	Lg电子（Lg Electronics Inc）	15.16	富士（Fujifilm Holdings Corp）	16.83	探索传媒（Discovery Communications Inc）	18.37	天空广播（Sky PLC）	16.78
49	中国联通（China United Telecommunications Corp Ltd）	14.17	RELX Group plc	13.95	阳狮广告（Publicis Groupe SA）	16.24	中国联通（China United Telecommunications Corp Ltd）	18.15	电通（Dentsu Inc）	15.63
50	培生（Pearson PLC）	13.76	百思买（Best Buy Co. Inc）	13.62	维旺迪（Vivendi）	15.87	百度（Baidu Inc）	15.28	富士（Fujifilm Holdings Corp）	14.95
51	百思买（Best Buy Co. Inc）	12.75	TUI Travel PLC	12.85	Numericable SFR SA	15.39	百思买（Best Buy Co. Inc）	14.60	Telefonaktiebolaget LM 爱立信（Ericsson）	14.44

续表

排名	2012年 公司名称	2012年 "龙文化指数"	2013年 公司名称	2013年 "龙文化指数"	2014年 公司名称	2014年 "龙文化指数"	2015年 公司名称	2015年 "龙文化指数"	2016年 公司名称	2016年 "龙文化指数"
52	雅虎日本（Yahoo Japan Corp）	12.58	理光（Ricoh Co Ltd）	12.27	电通（Dentsu Inc）	14.88	Lg电子（Lg Electronics Inc）	14.57	动视暴雪（Activision Blizzard Inc）	14.30
53	TUI Travel PLC	12.24	培生（Pearson PLC）	11.82	TUI Travel PLC	14.47	Priceline Group Inc	14.07	自由环球（Liberty Global Plc）	14.19
54	动视暴雪（Activision Blizzard Inc）	11.85	途易（TUI AG）	11.51	腾讯（Tencent Holdings LTD）	14.11	富士（Fujifilm Holdings Corp）	13.93	Priceline Group Inc	14.11
55	理光（Ricoh Co Ltd）	11.83	动视暴雪（Activision Blizzard Inc）	11.34	Priceline Group Inc	13.63	亿客行（Expedia Inc）	13.54	国际游戏科技（International Game Technology PLC）	12.15
56	特许通信（Charter Communications Inc）	11.82	诺基亚（Nokia Corp）	11.23	途易（TUI AG）	13.22	eBay Inc	11.56	雅虎日本（Yahoo Japan Corp）	11.73
57	途易（TUI AG）	11.04	肖氏通信（Shaw Communications Inc）	11.05	理光（Ricoh Co Ltd）	12.26	国际游戏科技（International Game Technology PLC）	11.35	中国联通（China United Telecommunications Corp Ltd）	11.59
58	肖氏通信（Shaw Communications Inc）	10.98	雅虎日本（Yahoo Japan Corp）	10.95	特许通信（Charter Communications Inc）	12.16	电通（Dentsu Inc）	10.86	携程（Ctrip.com International Ltd）	11.03

续表

排名	2012年 公司名称	2012年 "龙文化指数"	2013年 公司名称	2013年 "龙文化指数"	2014年 公司名称	2014年 "龙文化指数"	2015年 公司名称	2015年 "龙文化指数"	2016年 公司名称	2016年 "龙文化指数"
59	天空广播（Sky PLC）	9.94	特许通信（Charter Communications Inc）	10.78	培生（Pearson PLC）	11.96	动视暴雪（Activision Blizzard Inc）	10.66	京东（JD.com Inc）	10.62
60	DISH Network Corp	9.84	历峰集团（Cie Financiere Richemont AG）	10.5	美高梅（MGM Resorts International）	11.83	肖氏通信（Shaw Communications Inc）	10.04	途易（TUI AG）	10.41
61	历峰集团（Cie Financiere Richemont AG）	9.63	夏普（Sharp Corp）	10.42	DISH Network Corp	10.75	乐天（Rakuten Inc）	9.92	百度（Baidu Inc）	10.34
62	途迈酷客（Thomas Cook Group PLC）	9.57	阿里巴巴（Alibaba Group Holding Ltd）	10.16	TEGNA Inc	10.75	iHeartMedia Inc	9.90	乐天（Rakuten Inc）	10.33
63	Univision Communications Inc	9.06	腾讯（Tencent Holdings LTD）	10.06	肖氏通信（Shaw Communications Inc）	10.66	途易（TUI AG）	9.74	TEGNA Inc	10.29
64	国际游戏科技（International Game Technology PLC）	8.59	天空广播（Sky PLC）	9.95	百思买（Best Buy Co. Inc）	10.05	理光（Ricoh Co Ltd）	9.64	诺基亚（Nokia Corp）	10.25
65	威科（Wolters Kluwer NV）	8.36	DISH Network Corp	9.42	雅虎日本（Yahoo Japan Corp）	10	Dixons Carphone Plc	9.50	理光（Ricoh Co Ltd）	9.84

续表

排名	2012年 公司名称	2012年 "龙文化指数"	2013年 公司名称	2013年 "龙文化指数"	2014年 公司名称	2014年 "龙文化指数"	2015年 公司名称	2015年 "龙文化指数"	2016年 公司名称	2016年 "龙文化指数"
66	Jupiter Telecommunications Co Ltd	8.25	乐天（Rakuten Inc)	8.84	天空广播（Sky PLC）	9.91	TEGNA Inc	9.41	Tribune Media Co	9.79
67	Naspers Ltd	8.06	威科（Wolters Kluwer NV）	8.82	iHeartMedia Inc	9.72	携程（Ctrip.com International Ltd）	9.09	Univision Communications Inc	9.62
68	Facebook Inc	7.82	国际游戏科技（International Game Technology PLC）	8.81	历峰集团（Cie Financiere Richemont AG）	9.52	雅虎日本（Yahoo Japan Corp）	8.82	Dixons Carphone Plc	9.42
69	乐天（Rakuten Inc）	7.75	美高梅（MGM Resorts International）	8.78	Tribune Media Co	9.36	墨西哥电视（Grupo Televisa SAB）	8.80	Scripps Networks Interactive Inc	9.05
70	云顶集团（Genting Berhad）	7.64	Priceline Group Inc	8.76	动视暴雪（Activision Blizzard Inc）	9.32	特许通信（Charter Communications Inc）	8.60	历峰集团（Cie Financiere Richemont AG）	8.77
71	摩托罗拉（Motorola Solutions Inc）	7.45	Jupiter Telecommunications Co Ltd	8.36	Dixons Carphone Plc	9.28	Interpublic Group of Companies Inc	8.44	肖氏通信（Shaw Communications Inc）	8.67
72	Interpublic Group of Companies Inc	7.43	途迈酷客（Thomas Cook Group PLC）	8.1	国际游戏科技（International Game Technology PLC）	9.21	历峰集团（Cie Financiere Richemont AG）	8.23	iHeartMedia Inc	8.38

续表

排名	2012年 公司名称	2012年 "龙文化指数"	2013年 公司名称	2013年 "龙文化指数"	2014年 公司名称	2014年 "龙文化指数"	2015年 公司名称	2015年 "龙文化指数"	2016年 公司名称	2016年 "龙文化指数"
73	Liberty TripAdvisor Holdings Inc	7.39	Naspers Ltd	7.84	夏普（Sharp Corp）	9.15	诺基亚（Nokia Corp）	8.15	ProSiebenSat.1 Media SE	7.91
74	美高梅（MGM Resorts International）	7.2	百度（Baidu Inc）	7.73	乐天（Rakuten Inc）	9.05	美国新闻集团（News Corp）	8.14	Interpublic Group of Companies Inc	7.90
75	腾讯（Tencent Holdings LTD）	6.73	iHeartMedia Inc	7.72	百度（Baidu Inc）	8.96	威科（Wolters Kluwer NV）	8.11	Naspers Ltd	7.90
76	凸版印刷（Toppan Printing Co Ltd）	6.72	雅虎（Yahoo Inc）	7.27	Naspers Ltd	7.9	Naspers Ltd	8.04	美高梅（MGM Resorts International）	7.88
77	大日本印刷（Dai Nippon Printing Co Ltd）	6.68	TEGNA Inc	7.01	威科（Wolters Kluwer NV）	7.61	Scripps Networks Interactive Inc	7.68	Liberty Broadband Corp	7.46
78	时代公司（Time Inc）	6.57	Interpublic Group of Companies Inc	6.94	Interpublic Group of Companies Inc	7.51	ProSiebenSat.1 Media SE	6.93	夏普（Sharp Corp）	7.26
79	TEGNA Inc	6.56	拉加代尔（Lagardere SCA）	6.72	Univision Communications Inc	7	培生（Pearson PLC）	6.86	施乐（Xerox Corp）	7.16
80	Tatts Group Ltd	6.35	东方乐园（Oriental Land Co Ltd）	6.37	途迈酷客（Thomas Cook Group PLC）	6.93	Univision Communications Inc	6.82	Axel Springer SE	6.99

续表

排名	2012 年 公司名称	2012 年 "龙文化指数"	2013 年 公司名称	2013 年 "龙文化指数"	2014 年 公司名称	2014 年 "龙文化指数"	2015 年 公司名称	2015 年 "龙文化指数"	2016 年 公司名称	2016 年 "龙文化指数"
81	DeNA Co Ltd	6.26	亿客行(Expedia Inc)	6.15	亿客行(Expedia Inc)	6.86	途迈酷客(Thomas Cook Group PLC)	6.80	途迈酷客(Thomas Cook Group PLC)	6.76
82	柯尼卡美能达(Konica Minolta Inc)	6.25	墨西哥电视(Grupo Televisa SAB)	6.13	云顶集团(Genting Berhad)	6.8	美高梅(MGM Resorts International)	6.74	美国新闻集团(News Corp)	6.63
83	墨西哥电视(Grupo Televisa SAB)	6.15	Mediaset SPA	6.11	Mediaset SPA	6.72	夏普(Sharp Corp)	6.61	摩托罗拉(Motorola Solutions Inc)	6.49
84	Gree Inc	6.1	时代公司(Time Inc)	5.99	拉加代尔(Lagardere SCA)	6.53	京东(JD.com Inc)	6.52	英富曼(Informa Plc)	6.21
85	阿里巴巴(Alibaba Group Holding Ltd)	6.05	大日本印刷(Dai Nippon Printing Co Ltd)	5.93	ProSiebenSat.1 Media SE	6.48	Axel Springer SE	6.50	Sinclair Broadcast Group Inc	6.08
86	Quebecor Inc	6.03	ProSiebenSat.1 Media SE	5.91	墨西哥电视(Grupo Televisa SAB)	6.43	GameStop Corp.	6.30	深圳华侨城(Shenzhen Overseas Chinese Town Holdings Co Ltd)	6.06
87	Priceline Group Inc	6.02	GameStop Corp.	5.83	Liberty TripAdvisor Holdings Inc	6.25	深圳华侨城(Shenzhen Overseas Chinese Town Holdings Co Ltd)	5.87	CommScope Holding Co Inc	6.02

续表

排名	2012年 公司名称	2012年 "龙文化指数"	2013年 公司名称	2013年 "龙文化指数"	2014年 公司名称	2014年 "龙文化指数"	2015年 公司名称	2015年 "龙文化指数"	2016年 公司名称	2016年 "龙文化指数"
88	GameStop Corp.	5.99	尼康（Nikon Corp）	5.78	Videocon Industries Ltd	6.23	Tribune Media Co	5.86	GameStop Corp.	5.95
89	尼康（Nikon Corp）	5.98	任天堂（Nintendo Co Ltd）	5.55	深圳华侨城（Shenzhen Overseas Chinese Town Holdings Co Ltd）	6.11	Mediaset SPA	5.82	Liberty TripAdvisor Holdings Inc	5.95
90	iHeartMedia Inc	5.84	云顶集团（Genting Berhad）	5.53	金沙集团（Las Vegas Sands Corp）	5.97	R. R. Donnelley & Sons Co	5.82	柯尼卡美能达（Konica Minolta Inc）	5.89
91	拉加代尔（Lagardere SCA）	5.79	Eutelsat Communications SA	5.49	Cyfrowy Polsat SA	5.94	柯尼卡美能达（Konica Minolta Inc）	5.72	云顶集团（Genting Berhad）	5.72
92	东方乐园（Oriental Land Co Ltd）	5.75	Scripps Networks Interactive Inc	5.39	GameStop Corp.	5.92	Liberty TripAdvisor Holdings Inc	5.66	金沙集团（Las Vegas Sands Corp）	5.69
93	Axel Springer SE	5.73	Tatts Group Ltd	5.32	柯尼卡美能达（Konica Minolta Inc）	5.77	英国独立广播（ITV PLC）	5.66	哈曼（Harman International Industries Inc）	5.58
94	Seven West Media Ltd	5.29	凸版印刷（Toppan Printing Co Ltd）	5.3	Eutelsat Communications SA	5.68	纽威（Newell Brands Inc）	5.62	Eutelsat Communications SA	5.31

续表

排名	2012年 公司名称	2012年 "龙文化指数"	2013年 公司名称	2013年 "龙文化指数"	2014年 公司名称	2014年 "龙文化指数"	2015年 公司名称	2015年 "龙文化指数"	2016年 公司名称	2016年 "龙文化指数"
95	ProSiebenSat.1 Media SE	5.17	美泰（Mattel Inc)	5.24	Axel Springer SE	5.6	CSC Holdings LLC	5.62	AMC Entertainment Holdings Inc	5.30
96	Tabcorp Holdings Ltd	5.14	纽威（Newell Brands Inc)	5.23	大日本印刷（Dai Nippon Printing Co Ltd)	5.59	Cyfrowy Polsat SA	5.54	Cyfrowy Polsat SA	5.30
97	美泰（Mattel Inc)	5.04	金沙集团（Las Vegas Sands Corp)	5.12	东方乐园（Oriental Land Co Ltd)	5.46	拉加代尔（Lagardere SCA)	5.40	United Internet AG	5.22
98	Eutelsat Communications SA	4.95	Axel Springer SE	4.97	TCL（TCL Corporation)	5.42	金沙集团（Las Vegas Sands Corp)	5.38	ARRIS International plc	5.13
99	亿客行（Expedia Inc)	4.85	Liberty Trip Advisor Holdings Inc	4.95	Scripps Networks Interactive Inc	5.29	云顶集团（Genting Berhad)	5.29	凸版印刷（Toppan Printing Co Ltd)	5.04
100	Mediaset SPA	4.83	GungHo Online Entertainment Inc	4.94	凸版印刷（Toppan Printing Co Ltd)	5.27	Sabre Corp	5.03	Sabre Corp	5.01

注：由于某些公司没有规范的中文翻译，所以仅保留了英文名称。

四、全球数字创意相关细分行业上市公司数量前十强：2008—2017 年

本书根据国家统计局《战略性新兴产业分类》中的"数字创意产业"分类标准，结合北美产业分类体系（North American Industry Classification System，NAICS），基于搜集整理的国际权威的全球上市公司数据，形成2008—2017 年全球数字创意及相关产业上市公司数量前十强行业。

2008 年全球数字创意及相关产业上市公司数量前十强行业

序号	行业名称（中文）	行业名称（NAICS）	公司数量（家）
1	软件出版	Software Publishers	1117
2	互联网出版广播与网络搜索门户	Internet Publishing and Broadcasting and Web Search Portals	560
3	广播电视与无线通信设备制造	Radio and Television Broadcasting and Wireless Communications Equipment Manufacturing	371
4	所有其他电信（运营商）	All Other Telecommunications	251
5	有线通信运营商	Wired Telecommunications Carriers	219
6	数据处理托管及相关服务	Data Processing, Hosting, and Related Services	187
7	电影和视频制作	Motion Picture and Video Production	170
8	视听设备制造	Audio and Video Equipment Manufacturing	165
9	无线通信运营商（不含卫星）	Wireless Telecommunications Carriers (except Satellite)	157
10	电视广播	Television Broadcasting	133

2009 年全球数字创意及相关产业上市公司数量前十强行业

序号	行业名称（中文）	行业名称（NAICS）	公司数量（家）
1	软件出版	Software Publishers	1070
2	互联网出版广播与网络搜索门户	Internet Publishing and Broadcasting and Web Search Portals	608
3	广播电视与无线通信设备制造	Radio and Television Broadcasting and Wireless Communications Equipment Manufacturing	367
4	所有其他电信（运营商）	All Other Telecommunications	243
5	有线通信运营商	Wired Telecommunications Carriers	214
6	数据处理托管及相关服务	Data Processing, Hosting, and Related Services	185
7	视听设备制造	Audio and Video Equipment Manufacturing	163
8	电影和视频制作	Motion Picture and Video Production	163
9	无线通信运营商（不含卫星）	Wireless Telecommunications Carriers (except Satellite)	144
10	电视广播	Television Broadcasting	131

2010 年全球数字创意及相关产业上市公司数量前十强行业

序号	行业名称（中文）	行业名称（NAICS）	公司数量（家）
1	软件出版	Software Publishers	1058
2	互联网出版广播与网络搜索门户	Internet Publishing and Broadcasting and Web Search Portals	642
3	广播电视与无线通信设备制造	Radio and Television Broadcasting and Wireless Communications Equipment Manufacturing	352
4	所有其他电信（运营商）	All Other Telecommunications	239
5	有线通信运营商	Wired Telecommunications Carriers	199

续表

序号	行业名称（中文）	行业名称（NAICS）	公司数量（家）
6	数据处理托管及相关服务	Data Processing, Hosting, and Related Services	178
7	视听设备制造	Audio and Video Equipment Manufacturing	164
8	电影和视频制作	Motion Picture and Video Production	160
9	无线通信运营商（不含卫星）	Wireless Telecommunications Carriers (except Satellite)	141
10	计算机系统设计及相关服务	Computer Systems Design and Related Services	138

2011年全球数字创意及相关产业上市公司数量前十强行业

序号	行业名称（中文）	行业名称（NAICS）	公司数量（家）
1	软件出版	Software Publishers	1062
2	互联网出版广播与网络搜索门户	Internet Publishing and Broadcasting and Web Search Portals	727
3	广播电视与无线通信设备制造	Radio and Television Broadcasting and Wireless Communications Equipment Manufacturing	346
4	所有其他电信（运营商）	All Other Telecommunications	237
5	数据处理托管及相关服务	Data Processing, Hosting, and Related Services	188
6	有线通信运营商	Wired Telecommunications Carriers	183
7	视听设备制造	Audio and Video Equipment Manufacturing	165
8	电影和视频制作	Motion Picture and Video Production	160
9	无线通信运营商（不含卫星）	Wireless Telecommunications Carriers (except Satellite)	141
10	计算机系统设计及相关服务	Computer Systems Design and Related Services	136

2012 年全球数字创意及相关产业上市公司数量前十强行业

序号	行业名称（中文）	行业名称（NAICS）	公司数量（家）
1	软件出版	Software Publishers	1050
2	互联网出版广播与网络搜索门户	Internet Publishing and Broadcasting and Web Search Portals	782
3	广播电视与无线通信设备制造	Radio and Television Broadcasting and Wireless Communications Equipment Manufacturing	336
4	所有其他电信（运营商）	All Other Telecommunications	237
5	数据处理托管及相关服务	Data Processing, Hosting, and Related Services	190
6	有线通信运营商	Wired Telecommunications Carriers	182
7	电影和视频制作	Motion Picture and Video Production	164
8	视听设备制造	Audio and Video Equipment Manufacturing	159
9	无线通信运营商（不含卫星）	Wireless Telecommunications Carriers (except Satellite)	142
10	电视广播	Television Broadcasting	132

2013 年全球数字创意及相关产业上市公司数量前十强行业

序号	行业名称（中文）	行业名称（NAICS）	公司数量（家）
1	软件出版	Software Publishers	1055
2	互联网出版广播与网络搜索门户	Internet Publishing and Broadcasting and Web Search Portals	800
3	广播电视与无线通信设备制造	Radio and Television Broadcasting and Wireless Communications Equipment Manufacturing	337
4	所有其他电信（运营商）	All Other Telecommunications	228
5	数据处理托管及相关服务	Data Processing, Hosting, and Related Services	201

续表

序号	行业名称（中文）	行业名称（NAICS）	公司数量（家）
6	有线通信运营商	Wired Telecommunications Carriers	184
7	电影和视频制作	Motion Picture and Video Production	162
8	视听设备制造	Audio and Video Equipment Manufacturing	155
9	无线通信运营商（不含卫星）	Wireless Telecommunications Carriers（except Satellite）	141
10	电子购物	Electronic Shopping	135

2014年全球数字创意及相关产业上市公司数量前十强行业

序号	行业名称（中文）	行业名称（NAICS）	公司数量（家）
1	软件出版	Software Publishers	1040
2	互联网出版广播与网络搜索门户	Internet Publishing and Broadcasting and Web Search Portals	834
3	广播电视与无线通信设备制造	Radio and Television Broadcasting and Wireless Communications Equipment Manufacturing	334
4	所有其他电信（运营商）	All Other Telecommunications	219
5	数据处理托管及相关服务	Data Processing, Hosting, and Related Services	207
6	有线通信运营商	Wired Telecommunications Carriers	170
7	电影和视频制作	Motion Picture and Video Production	161
8	视听设备制造	Audio and Video Equipment Manufacturing	156
9	无线通信运营商（不含卫星）	Wireless Telecommunications Carriers（except Satellite）	144
10	电子购物	Electronic Shopping	134

2015 年全球数字创意及相关产业上市公司数量前十强行业

序号	行业名称（中文）	行业名称（NAICS）	公司数量（家）
1	软件出版	Software Publishers	1023
2	互联网出版广播与网络搜索门户	Internet Publishing and Broadcasting and Web Search Portals	847
3	广播电视与无线通信设备制造	Radio and Television Broadcasting and Wireless Communications Equipment Manufacturing	327
4	所有其他电信（运营商）	All Other Telecommunications	207
5	数据处理托管及相关服务	Data Processing, Hosting, and Related Services	202
6	有线通信运营商	Wired Telecommunications Carriers	168
7	电影和视频制作	Motion Picture and Video Production	157
8	视听设备制造	Audio and Video Equipment Manufacturing	154
9	无线通信运营商（不含卫星）	Wireless Telecommunications Carriers (except Satellite)	144
10	电子购物	Electronic Shopping	139

2016 年全球数字创意及相关产业上市公司数量前十强行业

序号	行业名称（中文）	行业名称（NAICS）	公司数量（家）
1	软件出版	Software Publishers	968
2	互联网出版广播与网络搜索门户	Internet Publishing and Broadcasting and Web Search Portals	832
3	广播电视与无线通信设备制造	Radio and Television Broadcasting and Wireless Communications Equipment Manufacturing	320
4	所有其他电信（运营商）	All Other Telecommunications	200
5	数据处理托管及相关服务	Data Processing, Hosting, and Related Services	199

续表

序号	行业名称（中文）	行业名称（NAICS）	公司数量（家）
6	有线通信运营商	Wired Telecommunications Carriers	163
7	电影和视频制作	Motion Picture and Video Production	148
8	视听设备制造	Audio and Video Equipment Manufacturing	147
9	无线通信运营商（不含卫星）	Wireless Telecommunications Carriers（except Satellite）	139
10	电子购物	Electronic Shopping	131

2017年全球数字创意及相关产业上市公司数量前十强行业

序号	行业名称（中文）	行业名称（NAICS）	公司数量（家）
1	软件出版	Software Publishers	902
2	互联网出版广播与网络搜索门户	Internet Publishing and Broadcasting and Web Search Portals	752
3	广播电视与无线通信设备制造	Radio and Television Broadcasting and Wireless Communications Equipment Manufacturing	304
4	数据处理托管及相关服务	Data Processing, Hosting, and Related Services	187
5	所有其他电信（运营商）	All Other Telecommunications	176
6	有线通信运营商	Wired Telecommunications Carriers	148
7	视听设备制造	Audio and Video Equipment Manufacturing	143
8	电影和视频制作	Motion Picture and Video Production	134
9	无线通信运营商（不含卫星）	Wireless Telecommunications Carriers（except Satellite）	132
10	电子购物	Electronic Shopping	123